新能源汽车系列教材·微课版

新能源汽车发动机电控系统原理与检修

主编 赵振宁 赵晓宛

"互联网+"教材

全书富媒体资源

北京理工大学出版社
BEIJING INSTITUTE OF TECHNOLOGY PRESS

内容简介

《新能源汽车发动机电控系统原理与检修》教材特点：将新能源混合动力汽车中的发动机原理、诊断与检修与传统内燃机相同的部分保留，并做技术更新，特地增加混合动力汽车发动机电控系统原理、诊断与检修等内容，以适应新能源汽车发动机电控系统的诊断与检修。

本书共分九章，第一章汽油机燃烧理论，增加了米勒发动机的控制；第二章发动机系统传感器，增加了米勒发动机传感器和执行器；第三章燃油喷射系统和第四章点火系统控制增加了发动机单独工作模式下的燃油和点火检查；第五章怠速控制；第六章节气门体控制系统，增加了发动机直接转矩控制；第七章进气系统控制；第八章排放控制系统；第九章电控发动机的自诊断。

本书可作为高等学校"新能源汽车技术""汽车检测与维修""汽车电子技术""汽车试验技术"等汽车专业教材，也可供从事本专业工作的工程技术人员作为入门参考。

版权专有　侵权必究

图书在版编目（CIP）数据

新能源汽车发动机电控系统原理与检修/赵振宁，赵晓宛主编. —北京：北京理工大学出版社，2019.11（2019.12重印）
ISBN 978 – 7 – 5682 – 7909 – 3

Ⅰ. ①新… Ⅱ. ①赵… ②赵… Ⅲ. ①新能源 – 汽车 – 发动机 – 电子系统 – 控制系统 – 系统理论②新能源 – 汽车 – 发动机 – 电子系统 – 控制系统 – 车辆检修 Ⅳ. ①U469.703

中国版本图书馆 CIP 数据核字（2019）第 251284 号

出版发行 / 北京理工大学出版社有限责任公司
社　　址 / 北京市海淀区中关村南大街 5 号
邮　　编 / 100081
电　　话 /（010）68914775（总编室）
　　　　　（010）82562903（教材售后服务热线）
　　　　　（010）68948351（其他图书服务热线）
网　　址 / http://www.bitpress.com.cn
经　　销 / 全国各地新华书店
印　　刷 / 三河市天利华印刷装订有限公司
开　　本 / 787 毫米 × 1092 毫米　1/16
印　　张 / 22　　　　　　　　　　　　　　　责任编辑 / 多海鹏
字　　数 / 526 千字　　　　　　　　　　　　　文案编辑 / 多海鹏
版　　次 / 2019 年 11 月第 1 版　2019 年 12 月第 2 次印刷　　责任校对 / 周瑞红
定　　价 / 49.80 元　　　　　　　　　　　　　责任印制 / 李志强

图书出现印装质量问题，请拨打售后服务热线，本社负责调换

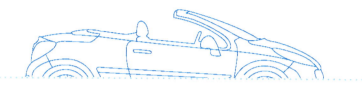

前言

如果说汽车发动机电控化是汽车的第二次技术革命,那么电动汽车(纯电动汽车、混合动力汽车、燃料电池汽车)技术将是汽车的第三次技术革命,这场革命必将引起汽车产业业结构的调整,具体在汽车研发、汽车生产和汽车售后服务三方面会发生很大的变化。

为了使现代职业教育内容跟上汽车生产和售后服务的步伐,编者基于传统燃油汽车+新能源汽车编写了这本适应新形势下的发动机教材。同时,本书配有高清二维码教学资源,方便学生和教师自学。最后,针对理论和实践进行任务驱动教学时需要任务驱动工单,本套书提供配套工单供学生完成,这样既有利于学生做好理论巩固,也对实训项目有针对的训练。

基于传统燃油汽车+新能源汽车开发的《新能源汽车发动机电控系统原理与检修》教材特点:将新能源混合动力汽车中发动机原理、诊断与检修及传统内燃机相同的部分保留,并做技术更新,特地增加了混合动力汽车发动机电控系统原理、诊断与检修内容,以适应新能源汽车发动机电控系统的诊断与检修。

本书共分九章,第一章汽油机燃烧理论,增加了米勒发动机的控制;第二章发动机系统传感器,增加了米勒发动机传感器和执行器;第三章燃油喷射系统和第四章点火系统控制,增加了发动机单独工作模式下的燃油和点火检查;第五章怠速控制;第六章节气门体控制系统,增加了发动机直接转矩控制;第七章进气系统控制;第八章排放控制系统;第九章电控发动机的自诊断。

本书由长春汽车工业高等专科学校教师赵振宁、赵晓宛任主编,其中赵晓宛编写了第六~九章共12万字,第一~五章由赵振宁老师编写。本书可作为高职高专学校"新能源汽车技术""汽车检测与维修""汽车电子技术""汽车试验技术"等汽车专业教材,也可供从事本专业工作的工程技术人员作入门参考。

基于传统燃油汽车+新能源汽车开发的《新能源汽车发动机电控系统原理与检修》在全国是第一本打样书,书中难免有瑕疵,希望读者批评指正,以利将本教材开发得更好。

最后本套教材的全套讲解视频和后台制作资源由"百慕大汽车:bmdcar.com"提供。

赵振宁

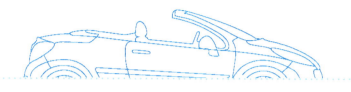

第一章 汽油机燃烧理论 ································· 001

第一节 汽油的使用性能 ································· 001
一、汽油的挥发性 ································· 002
二、含硫量 ································· 003
三、燃油添加剂 ································· 003
四、汽油的抗爆性 ································· 004
五、汽油的化学安定性和物理稳定性 ································· 005
六、汽油中腐蚀性物质的影响 ································· 006
七、汽油中机械杂质和水分的影响 ································· 006

第二节 汽油发动机正常燃烧条件 ································· 006
一、汽油发动机正常燃烧对空燃比的要求 ································· 006
二、汽油发动机正常燃烧对点火正时和能量的要求 ································· 013

第三节 汽油机排放基本理论 ································· 017
一、不充分燃烧造成废气排放 ································· 017
二、空气成分造成废气排放 ································· 017
三、五种主要排放气体 ································· 017
四、空燃比与五种气体的排放关系 ································· 021
五、发动机排放标准 ································· 021

第二章 发动机系统传感器 ································· 023

第一节 传感器的性能要求 ································· 023
一、发动机传感器的种类 ································· 023
二、传感器的性能要求 ································· 024

第二节 空气流量计 ································· 025
一、空气流量计的作用 ································· 025
二、空气流量计的分类 ································· 026

三、热线式空气流量计 026
　　四、空气流量计电路图 027
　　五、空气流量计故障分析 028
第三节　进气压力传感器 029
　　一、进气压力传感器的作用和失效 029
　　二、进气压力传感器的类型 029
　　三、半导体压敏电阻式进气压力传感器 029
　　四、有关压强的概念 031
　　五、进气压力传感器诊断 032
　　六、绝对压力传感器影响因素和故障 032
　　七、进气歧管压力传感器的附加内容 034
第四节　发动机温度类传感器 035
　　一、发动机温度传感器的种类 035
　　二、发动机温度传感器的分类 035
　　三、热敏式温度传感器 036
　　四、传感器信号采集 036
　　五、温度传感器替代 037
　　六、温度传感器诊断 038
第五节　爆燃控制 039
　　一、什么是爆燃 039
　　二、爆燃的危害 039
　　三、爆燃传感器类型 039
　　四、常用爆燃传感器结构 041
　　五、爆燃控制电路 042
　　六、爆燃控制 042
　　七、爆燃数据流分析 044
　　八、爆燃传感器自诊断 045
第六节　怠速转矩提升信号 046
　　一、负荷扭矩提升 046
　　二、怠速负荷提升信号 046
第七节　催化转换器 049
　　一、三元催化器 049
　　二、催化转化器的结构和类型 049
　　三、催化转化对象 050
　　四、催化转化器的工作条件 051

五、氧传感器 ··· 051
第八节　窄带型氧传感器 ··· 052
　　一、功能性陶瓷材料 ··· 052
　　二、氧化锆式氧传感器 ··· 052
　　三、氧化钛式氧传感器 ··· 053
　　四、氧传感器功能 ·· 054
　　五、氧传感器加热器 ··· 054
　　六、氧传感器故障诊断 ··· 055
　　七、氧传感器万用表检查 ·· 056
第九节　空燃比反馈控制 ··· 056
　　一、为什么要进行空燃比反馈控制 ·· 056
　　二、空燃比反馈控制过程 ·· 057
　　三、反馈控制实施条件 ··· 058
　　四、学习空燃比控制 ··· 059
第十节　宽带型氧传感器 ··· 060
　　一、宽带型氧传感器结构 ·· 060
　　二、宽带型氧传感器原理 ·· 061
第十一节　氧传感器故障诊断 ·· 062
　　一、宝来氧传感器自诊断 ·· 062
　　二、检查前/后部的氧传感器加热器 ·· 064

第三章　燃油喷射系统 ·· 065

第一节　汽油喷射系统简介 ··· 065
　　一、汽油喷射系统分类 ··· 065
　　二、缸外混合气形成系统 ·· 066
　　三、缸外汽油喷射发动机的优点 ··· 068
第二节　燃油喷射方式 ·· 069
　　一、缸外喷射燃油供给系统 ·· 069
　　二、缸外喷射方式 ·· 070
　　三、缸内直接喷射系统 ··· 073
第三节　电动燃油泵 ··· 074
　　一、燃油泵 ·· 074
　　二、燃油泵诊断 ··· 075
　　三、燃油泵电路 ··· 076
　　四、丰田油泵电路 ·· 076
　　五、燃油供给系统检修 ··· 079

第四节 喷油器 079
一、喷油器结构 079
二、喷油器分类 080
三、喷油器驱动 081
四、平衡测试 082
五、清洗喷油器 082

第五节 供油系统的其他元件 083
一、燃油滤清器 083
二、燃油导轨 084
三、燃油压力调节器 084
四、脉动阻尼减震器 086

第六节 喷油量控制 087
一、不同工况的空燃比 087
二、喷射时间 087
三、燃油停供 089

第七节 喷油器波形分析 090
一、信号的区别 090
二、喷油器驱动信号 090
三、喷油器波形分析 091
四、开关三极管的区别 094

第八节 典型燃油压力故障 094
一、加速不良 094
二、急加速不良的原因分析 095
三、急加速不良故障诊断步骤 096
四、燃油系统的日常检修注意事项 097

第九节 缸内直喷发动机简介 098
一、缸内直喷发动机分类 098
二、缸内直喷发动机优点 099

第十节 直喷稀燃发动机理论 100
一、直喷稀燃方法 100
二、直喷稀燃存在的问题 100
三、设计和构造 102
四、运行方式 102

第十一节 国内投入批量生产的直喷发动机 104
一、缸内直喷供给系统组成 104

二、低压系统元件作用 ………………………………………………… 106
三、高压系统元件作用 ………………………………………………… 106

第四章　点火系统控制 …………………………………………………… 109

第一节　传统点火系统简介 ……………………………………………… 109
一、机械触点点火系统 ………………………………………………… 110
二、电磁点火系统 ……………………………………………………… 112
三、霍尔点火系统 ……………………………………………………… 113
四、微机点火系统 ……………………………………………………… 114

第二节　点火控制 ………………………………………………………… 115
一、点火提前角的确定 ………………………………………………… 115
二、点火控制 …………………………………………………………… 117
三、点火能量控制方法 ………………………………………………… 119

第三节　尼桑汽车分电器点火系统 ……………………………………… 119
一、尼桑汽车分电器点火系统简介 …………………………………… 119
二、尼桑汽车分电器结构 ……………………………………………… 119
三、点火系统工作原理 ………………………………………………… 120

第四节　丰田汽车点火系统 ……………………………………………… 121
一、分电器点火系统 …………………………………………………… 121
二、单缸独立点火系统 ………………………………………………… 122

第五节　大众汽车点火系统 ……………………………………………… 123
一、发动机转速和曲轴位置传感器 G28 ……………………………… 123
二、凸轮轴位置传感器 G40 …………………………………………… 124
三、点火控制信号相位关系 …………………………………………… 126
四、双缸同时点火 ……………………………………………………… 126
五、单缸独立点火 ……………………………………………………… 128

第六节　气缸不做功的判断 ……………………………………………… 130
一、通过点火器监视功率三极管 ……………………………………… 131
二、检测曲轴转速的变动确定气缸做功情况 ………………………… 131
三、气缸不做功的故障 ………………………………………………… 132

第七节　分电器点火故障诊断与排除 …………………………………… 132
一、分电器点火系统 …………………………………………………… 132
二、带分电器点火系统的检测 ………………………………………… 133

第八节　点火能量不足 …………………………………………………… 134
一、点火能量不足 ……………………………………………………… 134
二、高速时耸车 ………………………………………………………… 134

第五章　怠速控制 ... 137

第一节　怠速控制内容 ... 137
一、怠速转矩 ... 138
二、怠速转速 ... 138
三、怠速控制 ... 138
四、转矩提升 ... 138
五、怠速控制内容 ... 139

第二节　怠速控制类型 ... 141
一、旁通气道式 ... 141
二、节气门直动式 ... 143

第三节　旋转滑阀式怠速控制机构 ... 144
一、旋转滑阀简介 ... 144
二、旋转滑阀电路 ... 145
三、旋转滑阀式怠速控制机构控制内容 ... 145
四、旋转滑阀式怠速控制机构检查 ... 146

第四节　步进电动机式 ... 146
一、六线步进电动机 ... 146
二、步进电动机式怠速控制执行机构的控制内容 ... 148
三、怠速控制执行机构检查 ... 149
四、四线制步进电动机检查 ... 150

第五节　电子节气门 ... 151
一、大众半电子节气门 ... 151
二、全电子节气门 ... 153

第六节　基本设定和自适应 ... 153
一、基本设定 ... 153
二、怠速基本设定 ... 153
三、自适应 ... 153
四、怠速自适应 ... 153
五、基本设定条件 ... 154
六、节气门基本设定过程 ... 154

第七节　怠速控制故障诊断与排除 ... 156
一、怠速进气量不足 ... 156
二、单、双旁通气道影响 ... 156
三、错误调整 ... 157
四、电子节气门体过脏导致 ASR 灯亮 ... 157

五、空气计量方式影响 …………………………………………………… 157
　　六、发动机 ECM 怠速接口驱动装置损坏 ……………………………… 158
　　七、怠速控制系统性检查 ………………………………………………… 158

第六章　节气门体控制系统 …………………………………………………… 161

第一节　加速踏板位置传感器 …………………………………………… 162
　　一、加速踏板位置传感器类型 …………………………………………… 162
　　二、霍尔式节气门位置传感器 …………………………………………… 162
　　三、变压器式位置传感器 ………………………………………………… 164

第二节　节气门位置传感器 ……………………………………………… 165
　　一、节气门位置传感器作用 ……………………………………………… 165
　　二、节气门位置传感器分类 ……………………………………………… 165
　　三、接触式节气门位置传感器 …………………………………………… 166
　　四、霍尔式节气门位置传感器 …………………………………………… 166
　　五、变压器式节气门位置传感器 ………………………………………… 167

第三节　全电子节气门体控制系统 ……………………………………… 169
　　一、全电子节气门体控制系统的组成 …………………………………… 169
　　二、发动机扭矩控制 ……………………………………………………… 169
　　三、加速踏板传感器失效 ………………………………………………… 170
　　四、节气门位置传感器失效 ……………………………………………… 171

第四节　节气门体故障 …………………………………………………… 171
　　一、节气门体过脏超过自适应上限 ……………………………………… 171
　　二、节气门体加热管堵塞 ………………………………………………… 172
　　三、基本设定的意义 ……………………………………………………… 173
　　四、节气门电动机 V60 扫膛 ……………………………………………… 173
　　五、紧急制动时发动机熄火 ……………………………………………… 174

第七章　进气系统控制 …………………………………………………………… 175

第一节　可变配气相位技术 ……………………………………………… 175
　　一、链张紧式可变进气相位技术 ………………………………………… 176
　　二、叶片式正时调节机构 ………………………………………………… 181

第二节　可变进气管长度技术 …………………………………………… 186
　　一、可变进气管长度 ……………………………………………………… 186
　　二、可变进气管长度技术 ………………………………………………… 187
　　三、进气管长度无级调节 ………………………………………………… 189
　　四、可变进气系统真空作用器的控制 …………………………………… 190

五、可变进气系统检查 ·· 191
第三节　发动机谐振增压 ·· 191
　　一、谐振增压作用 ·· 191
　　二、谐振增压结构 ·· 192
　　三、谐振增压控制策略 ·· 193
第四节　大众涡轮增压系统控制 ··· 194
　　一、涡轮增压简介 ·· 194
　　二、发动机改进 ··· 194
　　三、两种废气涡轮增压结构 ··· 195
　　四、涡轮增压控制 ·· 197
　　五、废气涡轮增压系统的检查 ··· 198
　　六、涡轮增压系统常见故障 ··· 201
　　七、与涡轮增压系统易混故障 ··· 202

第八章　排放控制系统 ·· 203

第一节　排放控制技术 ··· 203
　　一、汽车公害 ·· 203
　　二、汽车排污的来源 ·· 204
　　三、有害物处理办法 ·· 205
　　四、燃烧前处理控制 ·· 206
第二节　二次空气喷射控制 ··· 207
　　一、二次空气系统喷射作用 ··· 207
　　二、二次空气系统喷射两例 ··· 207
第三节　油箱蒸发物控制 ·· 209
　　一、活性碳罐蒸发控制 ·· 210
　　二、油箱泄漏检测控制 ·· 212
第四节　废气再循环控制 ·· 213
　　一、废气再循环控制作用 ·· 213
　　二、废气再循环控制基本原理 ··· 213
　　三、EGR 率 ·· 214
　　四、开环和闭环控制 ·· 214
　　五、宝来 1.8 L 发动机 EEGR 系统 ·· 215
　　六、宝来 1.8 L 发动机 EEGR 系统检修 ·· 216
　　七、EGR 系统自诊断 ··· 217
第五节　曲轴箱强制通风系统 ·· 217
　　一、曲轴箱强制通风系统作用 ··· 217

二、开式和闭式曲轴箱强制通风 217
　　三、PCV 阀量控制 218

第九章　电控发动机的自诊断 220

第一节　车间技术 220
　　一、汽车修理行业发展趋势 220
　　二、汽车修理行业发展产生的影响 221
　　三、车间维修流程 221
　　四、电子服务信息 222
　　五、汽车—系统—分析 223
　　六、测试方法 224
　　七、车间修理流程实例 224

第二节　汽车 OBD Ⅱ 224
　　一、通信协议 225
　　二、故障诊断连接器 225
　　三、故障代码 226

第三节　数据分析 227
　　一、什么是串行数据 227
　　二、串行数据诊断的局限性 229
　　三、汽车电脑诊断仪 230

第四节　电控发动机诊断技巧 230
　　一、诊断顺序和原则 230
　　二、发动机电控系统的软故障诊断 231
　　三、故障码的分类 232

第五节　数据流分析 233
　　一、信号偏差 233
　　二、数据流的读取 234
　　三、数据的分类 234
　　四、数据的含义 234
　　五、数据分析实例 235
　　六、数据分析小结 236

理论 + 实训一体工单 237

第一章
汽油机燃烧理论

一辆 2008 年款大众迈腾 B6 轿车，发动机加速无力，燃油消耗量接近 14 L/100 km，车主非常着急。

如果你是接车的修理技术人员，应如何使用尾气分析仪来分析发动机故障，修理方案应如何制定。

- 能说出发动机排放有害气体的组成。
- 能说出一氧化碳生成过高的原因。
- 能说出碳氢化合物生成过高的原因。
- 能说出氮氧化合物生成过高的原因。
- 能说出水生成过高的原因。

- 能够使用尾气分析仪测量正常发动机的排放值。
- 能够使用尾气分析仪测量发动机多缸失火时的排放值。
- 能够使用尾气分析仪测量发动机单缸失火时的排放值。

第一节　汽油的使用性能

[技师指导]　汽油在常温下为无色至淡黄色的易流动液体（图 1-1），很难溶解于水，易燃，馏程为 30~220 ℃，在空气中含量为 74~123 g/m³ 时遇火爆炸。汽油的热值约为 44 000 kJ/kg（燃料的热值是指 1 kg 燃料完全燃烧后所产生的热量）。

汽油一般都是由催化汽油、重整汽油、烷基化汽油等调和而成的，正常的颜色是淡黄色或者是淡绿色，也有少部分没有催化装置生产的汽油是无色的（透明），所以汽油颜色的深浅与汽油的品质无关。其实汽油的颜色没有明确的标准，不同的炼油厂加工工艺不同，且会添加不同的添加剂。目前,国家对成品油的颜色没有统一规定,因为汽油颜色与产品质量没有必然联系。较常见的颜色有水白色和淡黄色。

执行国四标准期间汽油牌号有3个,分别为90#、93#、97#,在执行国五期间分别为89#、92#、95#、98#。图1-2所示为某加油站的汽、柴油牌号与价格。汽油的牌号是按辛烷值划分的。例如,97#汽油指与含97%的异辛烷、3%的正庚烷抗爆性能相当的汽油燃料。标号越大,抗爆性能越好。

应根据发动机压缩比的不同来选择不同牌号的汽油,这在每辆车的使用手册上都会标明。在国四期间压缩比在8.5~9.5的中档轿车一般应使用90号(国四)汽油,压缩比大于9.5的轿车应使用93号(国四)汽油,即压缩比大的发动机使用更高标号的汽油。

图1-1 同种标号下汽油的不同颜色

图1-2 某加油站(2018)的汽、柴油牌号与价格

一、汽油的挥发性

汽油机要求汽油能在极短的时间(0.001~0.01 s)内汽化并与空气充分混合,使每一个汽油分子都被空气中的氧包围以便可以充分燃烧。所以汽油的蒸发性对汽油机的工作影响很大。挥发性是衡量燃料汽化(形成蒸汽)难易程度的,当燃料不易挥发时,称这种燃料是低挥发性的。

低挥发性的燃油可能导致下列情况发生。

(1)发动机冷起动困难。

(2)在环境温度较低时汽车的操纵性能和燃油的经济性下降。

(3)火花塞和燃烧室的积炭增加。

在化油器发动机或者节气门体喷射发动机中,低的燃油挥发性可导致燃油分配不均匀,进而导致气缸间的燃烧不均衡,在进气管中汽化燃油比液体燃油传播得更远、更快。

在环境温度较高时,挥发性过强的燃油在油管和油泵内可以形成蒸气泡沫,这种蒸气泡沫可以导致气阻或者发动机性能的下降,还可能引起以下问题。

(1)较多的蒸发排放物。

(2)发动机过热时汽车的操纵性能变差。

(3)燃油经济性变差。

(4)热浸后起动困难。

[技师指导] 气阻是由于燃油在油管或者油箱内沸腾的结果。和液体燃油不同，蒸气是可压缩的，这意味着产生气阻时，油泵不能将燃油输送到化油器或者喷油器中去，导致发动机失火。

对油管进行充分冷却后，发动机能够重新工作。

燃油喷射发动机采用电控喷油泵，系统中燃油压力较高。高压下燃油的沸点提高，气阻发生的可能性减小。

如果在夏天使用冬季汽油，则可能发生下列问题：
（1）怠速工作粗暴。
（2）游车。
（3）气阻。
（4）加速缓慢。
（5）发动机喘振。
（6）蒸发系统受损。
（7）发动机热浸时液体溢流。

二、含硫量

硫是原油的组分之一，汽油中总会包含一些硫，汽油中含硫量过高会腐蚀发动机和排放控制系统。正因为如此，在油品炼制过程中应该尽可能地除掉硫。

当汽油在燃烧室中燃烧时，燃烧的产物之一是水。燃烧的高温使得水以蒸汽的状态离开燃烧室，水蒸气经过排放控制系统时可能冷凝成为液体状态。当发动机停机并冷却后，除排放控制系统以外，燃烧室和曲轴箱中由于燃烧窜入的水蒸气也可能冷凝。当汽油中的硫燃烧时，它与氧结合生成二氧化硫。当二氧化硫与水结合时会形成硫酸，硫酸具有极强的腐蚀性，由于硫酸的腐蚀可能造成排气门腐蚀和排放控制系统损坏，且当二氧化硫流经催化转化器和排气系统时，会产生难闻的臭鸡蛋味道。为了降低硫酸的腐蚀性，应该严格限制汽油中的硫含量。在美国，现行的法律规定硫含量必须低于 0.01%（质量含量）。在许多欧洲和亚洲国家，这个标准更严格。

三、燃油添加剂

很多年以来，炼油工业一直将铅的化合物，如四乙基铅加入汽油中，以提高汽油的辛烷值。从 20 世纪 70 年代中期以来，汽车设计要求采用无铅汽油。这是由于汽车上安装了一些防止环境污染的特殊装置，如催化转化器和氧传感器，为了使这些设备能够正常工作，含铅汽油不能再作为汽车燃料，汽油车上必须使用无铅汽油。

汽油添加剂具有不同的特性和各种不同的用途。汽油添加剂价格昂贵，因此只能加入有限的量。汽油添加剂的精确加入量是各个炼油厂的机密，人们估计每 1 m^3 的汽油中至少加入了 0.598 kg 添加剂，下面是在汽油调配过程中需要加入的添加剂。

清净剂：用于保证燃油系统沉积物的清净性，控制添加剂燃烧的沉积物。聚醚胺被加入添加剂中可以帮助溶解沉积物，以保证喷油器干净。但是此类添加剂趋向于在进气管处产生沉积物。

防冻剂：在汽油中针对特定季节加入异丙醇，可防止油管在寒冷的季节结冰。

金属活性抑制剂和防锈剂：这些添加剂用于阻止燃油和燃油系统中的金属之间反应形成腐蚀性物质。

[**技师指导**] 添加清净剂最初是为了清洁喷油器并使其保持干净。喷油器发生阻塞的原因是在高温和短程驾驶条件下，汽油中的烯烃（一种有机化合物）累积并形成沉淀，附着在喷油器边上。添加清净剂的作用就在于使沉淀物分解并保持喷油器干净，但是它们自身也会在发动机进气门背部和火花塞上形成沉淀。正因为如此，添加的汽油喷油器的净化物质可能也会危害发动机的运行，但这种现象不可避免。

节气门体喷射的供油系统很少使喷油器出现阻塞现象，这是因为喷油器的位置距发动机热源足够远，从而沉淀无法形成。

四、汽油的抗爆性

爆燃是发动机发出的一种金属敲击声，通常是在发动机加速过程中产生的，是由于气缸内不正常或者不可控的燃烧造成的。

汽油在发动机中正常燃烧时，火焰的传播速率为 30～70 m/s。但当混合气已燃烧2/3～3/4 时，未燃烧的混合气中产生了高度密集的过氧化物，它的分解使混合气中出现了许多燃烧中心，燃烧速率猛增，产生了强大的压力脉冲，火焰的传播速率可达 800～1 000 m/s，甚至高达 3 000 m/s，这种情况下气缸内就会产生清脆的金属敲击声，这种燃烧就是爆燃（deflagration）。爆燃会使发动机过热，活塞、气阀、轴承等冲击变形损坏。

爆燃的程度与燃料的组成有关。已经知道，异辛烷（2，2，4—三甲基戊烷）的抗爆燃性（antiknock character）极高，将它的"辛烷值"定为100；正庚烷的抗爆性极低，将它的"辛烷值"定为0。将二者按一定比例配成混合液，便可得到辛烷值（异辛烷的体积百分数）为 0～100 的"燃料"，这就是燃料辛烷值（octane number）的标准。辛烷值是汽油抗爆性的定量指标，我国汽油机用汽油的牌号就是根据辛烷值确定的。

例如，某汽油的辛烷值是 93（93#汽油），表明这种汽油在标准的单缸内燃机中燃烧时，其爆燃噪声强度与 7 份正庚烷和 93 份异辛烷的混合物在相同条件下的爆燃噪声强度相同。

汽油的抗爆性与组成汽油的烃（与"听"同音）类有关。正构烷烃随碳原子数增多抗爆性降低，辛烷值降低；异构烷烃随支链的增多抗爆性升高。环烷烃抗爆性居中，而芳香烃及其衍生物抗爆性较高。

为了提高汽油的抗爆性，常向汽油中添加抗爆添加剂，其中四乙基铅是最有效的添加剂。四乙基铅的作用是破坏生成的过氧化物，使爆燃不能发生。然而，含铅化合物的汽车尾气是大气铅污染的主要来源。从环保出发，我国早已淘汰含铅汽油而大力发展无铅汽油。

可通过重整或加入高辛烷值组分的方法来获取高辛烷值燃料。所谓重整（reforming），就是把馏分中烃类分子的结构进行重新排列，使辛烷值高的组分如芳烃、带支链异构体等含量增加，且保证所含碳原子数仍在汽油组分范围内，因而辛烷值大大提高。例如：把下面的长直链烃重整为芳香烃。

$$CH_3—CH_2—CH_2—CH_2—CH_2—CH_3 \xrightarrow{重整} \bigcirc \qquad (1-1)$$

其他高辛烷值的化合物如甲醇、甲基叔丁基醚等加入后也可显著提高汽油的抗爆性，而无须加入四乙基铅了。为了便于与含铅汽油区分，无铅汽油不添加着色染料。我国早已经禁止加油站供应含铅汽油。

[技师指导] 2005年前，社会上常有低劣的汽油，汽油标号不达标，导致化油器发动机爆燃，只能转动分电器改变初始点火角来适应。对于电喷发动机，爆燃传感器把信号传给计算机（ECU）后，计算机（ECU）推迟点火提前角。若无检测仪，则不知什么原因造成发动机加速无力，检查很多项目、更换很多原件后仍发现不了原因。这时若有正时枪，则用正时枪看点火角推迟，点火角稳定且较小，说明是油的故障；点火角乱动不稳定，可能是油的故障，也可能是进气歧管压力波动太大造成的，这与传统分电器的点火角乱动故障排除方法相同。若有检测仪，则可直接通过故障码或数据流看到点火角推迟。

低标号汽油会导致电喷发动机推迟点火角。修理时，反过来分析，即看到点火角推迟就要怀疑汽油可能有质量问题，修理上要把握，理论上的很多描述都要倒过来才能用到实践中去。

五、汽油的化学安定性和物理稳定性

汽油中若含大量不饱和烃，在储存、运输、加注及其他作业中，会因空气中的氧气、较高温度以及光的作用而氧化生成胶质。胶质在汽油中溶解度小，会黏附在容器壁上，给汽油机的工作带来害处，降低汽油的化学安定性（chemical stability）。

胶质物或者抗氧化剂：许多调和汽油中含有芳族胺与苯酚来防止胶质物和沥青质的生成，在储存期间，由于某些汽油物质和氧结合可能形成有害的胶质物沉积，加入抗氧化剂能增加汽油的稳定性。

提高化学安定性的方法：一是通过炼制工艺，使易氧化的活泼烃类、非烃类组分尽量减少；二是向汽油中添加抗氧化添加剂，如酚类（2，6—二叔丁基—4—甲酚）、氨基酚类及胺类等物质。

汽油在储藏、运输、加注和其他作业时，保持不被蒸发损失的性能叫物理安定性（physical stability）。汽油的物理安定性主要由汽油中的低温馏分决定。

[技师指导] 不饱和烃氧化生成胶质，胶质在汽油中溶解度小，会黏附在汽油供给系统中，不能充分挥发，一般发动机的汽油供给系统无论是化油器和还是电喷系统出现喷油雾化不良以及喷油量不足时，均需要清洗一下。

六、汽油中腐蚀性物质的影响

汽油中水溶性酸和碱（H_2SO_4、NaOH、磺酸及酸性硫酸酯）等对所有的金属都有强烈的腐蚀性；环烷酸对有色金属，特别是铅和镁有较强的腐蚀性。氧化生成的有机酸，特别是有水存在时，对黑色金属也有腐蚀性。

汽油中的含硫化合物，特别是 SO_2 和噻吩，不仅有腐蚀性，还会使汽油产生恶臭，促使汽油产生胶质。硫化物燃烧后生成的 SO_2、SO_3 与水反应生成 H_2SO_3、H_2SO_4，能直接与金属作用，使气缸和活塞受到强烈腐蚀。

七、汽油中机械杂质和水分的影响

新出厂的汽油完全没有机械杂质和水分。由于运输、倒装及用小容器向汽油箱加注，到达使用者手中时，常将机械杂质（锈、灰尘、各种氧化物）及水分落入其中。机械杂质会加速化油器量孔的磨损，堵塞化油器量孔、电喷系统的喷油器和汽油滤清器等；机械杂质若进入燃烧室会使燃烧室沉积物增多，加速气缸、活塞和活塞环的磨损。水分在冬季会结冰，冰粒堆积在汽油滤清器中会堵塞油路，严重时会终止供油；水分还会导致腐蚀加速，加速汽油氧化生胶，破坏汽油中的添加剂等。所以汽油规格中规定不允许有机械杂质和水分存在。

[**技师指导**] 化油器的主供油量孔变大是由杂质的磨损导致的，而杂质、冰粒、胶质长期不运动还会堵塞化油器量孔、电喷系统的喷油器和汽油滤清器。

第二节 汽油发动机正常燃烧条件

汽油发动机正常燃烧的基本条件包括正确的空燃比、正确的点火正时和点火能量、正确的缸压和正确的配气正时。

一、汽油发动机正常燃烧对空燃比的要求

混合气的成分不同，对发动机动力性和经济性、排放污染有较大影响，而混合气的成分通常用"空燃比"或"过量空气系数 λ"来表示。

（一）空燃比和过量空气系数 λ

空燃比和过量空气系数 λ（lambda）都是表示混合气浓稀程度的术语，在表示混合气浓稀程度时根据具体使用场合选用不同的表达方式，更为方便。

内燃机的设计都是通过燃烧有机燃料来产生动力的，汽油可以认为是有机的碳氢燃料，且由于是多种碳氢有机物的混合物，所以汽油无化学分子式。在燃烧过程中，空气中的氧气

（O_2）与燃料中的氢（H）和碳（C）相结合，在汽油机中，火花塞点火即开始燃烧过程，燃烧过程持续 0.001~0.01 s。

理论上充分燃烧过程发生的基本化学反应为

氢（H）+ 碳（C）+ 氧气（O_2）+ 火花→热量 + 水（H_2O）+ 二氧化碳（CO_2）

如果燃烧过程完全，则所有的碳氢化合物（HC）与所有可用的氧（O_2）完全结合，恰好完成燃烧的空气和燃料的比例被称为理论空燃比，汽油的理论空燃比以质量比（重量比）表示为 14.7 kg 空气对应 1 kg 汽油，或用体积比表示为 1 L 燃油完全燃烧大约需要 9 500 L 空气。不同的燃料有不同的理论空燃比和热量，见表 1-1。

表 1-1 不同燃料的理论空燃比和热量

燃料	热量/(Btu·gal^{-1})	理论空燃比
汽油	约 130 000	14.7∶1
乙醇	约 76 000	9.0∶1
甲醇	约 60 000	6.4∶1

注：1 Btu = 1 055 J，1 gal = 3.785 dm^3，英热单位 British thermal unit 是英、美等国采用的一种计算热量的单位，简记作 Btu。它等于 1 lb 纯水温度升高 1 F（1°F = 5/9 ℃温度差）所需的热量。

按理论上空气和汽油充分燃烧过程发生的基本化学方程确定空气与汽油的混合比，即空气质量与汽油质量比，称为"空燃比"，通常用 A/F 表示，即 Air/Fuel 的质量之比。

汽油完全燃烧并生成 CO_2 和 H_2O 时的空燃比称为"理论空燃比"，约为 14.7。在实际的发动机燃烧过程中，燃烧 1 kg 汽油所消耗的空气不一定就是理论所需求的空气量，它与发动机的结构和使用工况密切相关，所供实际空气量可能大于或小于理论空气量，所以也可以将实际空气量与理论空气量 14.7 的比值称为"过量空气系数 λ"，可用公式表示：

$$过量空气系数\ \lambda = 实际空气质量/14.7$$

若 $\lambda > 1$，则表示所供的空气量大于理论空气量，这种混合气叫稀混合气；若 $\lambda < 1$，则表示空气量不足以燃料完全燃烧，这种混合气叫浓混合气。过量空气系数 $\lambda = 1$ 和空燃比为 14.7 是相同的混合气浓度。

例如：在气缸内燃烧 1 kg 汽油所消耗的空气为 12.23 kg，这种缸内燃烧就是不完全燃烧。

过量空气系数 λ = 12.23/14.7 ≈ 0.9（小于 1），混合气过浓。

"空燃比"和"过量空气系数 λ"都是描述混合气浓稀的术语，在书籍里有时用"空燃比"表示混合气浓稀，有时也用"过量空气系数 λ"表示混合气浓稀。

[技师指导] 若通过发动机理论空燃比进行混合气配制，实际上由于诸多因素的影响，发动机在缸内的燃烧过程发生的基本化学反应为：氢（H）+ 碳（C）+ 氧气（O_2）+ 氮气（N_2）+ 其他化学物质 + 火花→热量 + 水（H_2O）+ 一氧化碳（CO）+ 二氧化碳（CO_2）+ 碳氢化合物（HC）+ 氮氧化物（NO_x）+ 其他化学物质。

(二)不考虑排放达标的情况下空燃比对发动机动力性和经济性的影响

过量空气系数 λ 表示实际的空燃比与理论空燃比（14.7：1）的差异程度。λ 为发动机供给空气质量与理论完全燃烧空气质量之比。$\lambda=1$ 表示发动机供给空气质量与理论完全燃烧空气质量相当。图1-3所示为空燃比与输出功率和油耗率的关系。

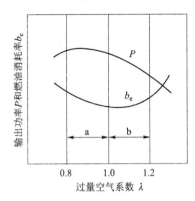

图1-3 过量空气系数 λ 对输出功率 P 和燃油消耗率 b_e 的影响

a—浓混合气（缺少空气）；b—稀混合气（空气过量）

由图1-3中可知：

当 $\lambda<1$ 时，空气不足，形成浓的混合气。在 λ 为 $0.85\sim0.95$ 时发动机发出最大的输出功率。

当 $\lambda>1$ 时，具有过量空气或称为稀燃混合气。该过量空气系数表示燃油消耗减少和发动机功率降低。λ 能达到的最大值即所谓的"稀燃极限"，它在很大程度上依赖于发动机设计和所采用的混合气形成系统。在混合气稀燃极限时，混合气不再能点着，发生燃烧失火，会明显地增加运转的不均匀性。

进气管喷射的汽油发动机在空气为 $5\%\sim10\%$（$\lambda=0.85\sim0.95$）的情况下能得到最大的功率输出，在空气为 $10\%\sim20\%$（$\lambda=1.1\sim1.2$）的情况下达到最低的燃油消耗。

[技师指导] λ 能达到的最大值即所谓的"稀燃极限"，它在很大程度上依赖于发动机设计和所采用的混合气形成系统。在混合气稀燃极限时，混合气不能点燃，或点燃后仍发生燃烧的不连续，会明显地增加运转的不稳定性。

若采用极高压力喷射与空气对冲，则可以充分地混合，点燃后不会发生燃烧的不连续，发动机运转稳定。点燃混合气则需在火花塞附近创造低于"稀燃极限"的混合气。

(三)在考虑排放达标的情况下对空燃比的要求

汽油发动机的燃油消耗基本上取决于空燃比。为了保证真正的完全燃烧，必须保证有过量空气，从而达到尽可能低的燃油消耗。这受到混合气的着火能力和燃烧时间的限制。

空燃比也对排气后处理系统的效率具有决定性的影响。三效催化转化器为了达到最大的效率，需要在理论空燃比工况工作，催化转化器可减少有害排放成分达98%以上。为了三效催化转化器有效运行，发动机在正常温度工况下保证过量空气系数为 $\lambda=1$ 是绝对必要的，为此必须准确地确定吸入的空气量及计量供给的燃油质量。

为减少有害物质排放，现有的燃烧室外形成混合气的系统，只要发动机运行工况允许，均采用理论空燃比工作。某些运行工况需要对空燃比进行专门校正，如下：

（1）当发动机在冷态时，水温在 80 ℃ 以下，这时需要采用较浓的混合气。

（2）节气门突然开大时需要采用较浓混合气。

（3）大负荷时需要采用浓混合气。

（4）节气门突然关小时需要采用稀（断油）的混合气。

为满足以上要求，混合气形成系统必须具备混合的空燃比精确和混合均匀两个功能。

1. 空燃比精确

需要计算机（ECU）控制的进气管喷射发动机能精确地喷射燃油量，并可按不同工况的空燃比喷油，是混合气形成的一个精确条件。

2. 混合均匀

空气和燃油要充分而均匀地分布在燃烧室内是充分燃烧的另一个条件，这就必须达到高度燃油雾化。如这一条件不能满足，大的油滴将沉淀在进气管或燃烧室壁上。这些大的油滴不能完全燃烧，将导致碳氢化合物排放增加。计算机（ECU）控制的燃油喷射系统提高了喷油压力，汽油和空气的对冲大大增强，可达到高度燃油雾化。

燃油喷射系统的功能在于供给尽可能适合发动机相应工况空燃比的混合气，喷射系统，特别是电子系统能较好地将混合气成分保持在规定的范围内，这有利于燃油消耗、驾驶性能和功率输出。如今，汽车工业大多数采用燃烧室外形成混合气的系统。

1）直接喷射不稀燃发动机

近几年来，汽油机发展日新月异，以前在技术、材料和生产成本上的问题一一被解决，像柴油机一样在气缸内部形成混合气系统（燃油直接喷入燃烧室内的极高压喷射系统，也称缸内直接喷射或直接喷射），能很好地将汽油进一步雾化并充分混合，从而进一步降低燃油消耗，这种系统的重要性越来越显示出来。

2）直接喷射稀燃发动机

缸内直接喷射能很好地将汽油进一步雾化并充分混合，由于充分混合，稀燃极限的中断燃烧情况消失，从而进一步降低燃油消耗。直接喷射具有不同的燃烧条件，使得稀燃极限得到极大提高。因此，这种发动机可在部分负荷工况时以极高的过量空气系数（λ 高达 4.0）条件下运行。

［技师指导］省油的化油器发动机

早期化油器发动机中负荷使用空燃比被人为地调节为 17，比缸外喷射的电喷发动机省油，但 NO_x 排放不合格，反过来想，若能解决 NO_x 排放问题，还是像化油器一样使用一定程度的稀混合气，则汽油燃烧更充分，热机效率提高。可见，汽车空燃比大小的设计总在发动机动力性、经济性与排放性之间取舍。

（四）发动机工况

1. 发动机工况分类

发动机工况分为稳定工况和不稳定工况，稳定工况是汽车阻力和动力维持平衡的工况；不稳定工况也称瞬态工况和过渡工况，是汽车阻力和动力不能维持平衡的工况。

1) 不稳定工况

（1）起动工况。

（2）暖机高怠速（水温未达到80 ℃）。

（3）急加速。

（4）急减速。

2) 稳定工况

（1）怠速工况（水温达到80 ℃）。

（2）小负荷（节气门开度由最小开至25%）。

（3）中负荷（节气门开度25% ~ 75%）。

（4）大负荷（节气门开度75% ~ 100%）。

（5）全负荷（节气门开度100%）。

五个稳定工况 + 四个不稳定工况通常也称为九大工况。

在稳定工况运转时，发动机已经完成预热，运转过程中没有转速和负荷的突然变化。混合气成分的要求根据实际运行的转速与负荷而定。

2. 化油器稳定工况的混合气要求

图1-4所示为化油器发动机节气门开度与空燃比的对应关系，它一般分为五个稳定工况，即 A 点怠速（节气门开度最小）、AB 小负荷（节气门开度由最小开至25%）、BC 中负荷（节气门开度25% ~ 75%）、CD 大负荷（节气门开度75% ~ 100%）、D 点全负荷（节气门全开）。

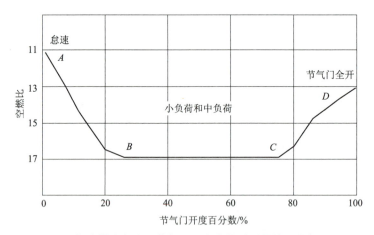

图1-4 化油器式汽油机节气门开度变化时所需的混合气空燃比

1) 怠速工况

怠速工况是发动机无负荷的运行工况，此时节气门处于关闭状态，因而进气管内的真空度很大。在进气门开启时，气缸内的压力可能高于进气管压力，于是废气膨胀冲入进气管内，随后由活塞的下移运动把这些废气和新混合气又吸入气缸内，结果气缸内的混合气中含有较大百分数的废气。为保证这种废气稀释过的混合气能正常燃烧，就必须供给很浓的混合气。

2) 小负荷工况

小负荷工况，如图1-4中的 A 点。随着负荷的增加和节气门开度的加大，稀释将逐渐减弱，所以在小负荷工况运行时要求的混合气成分用图1-4中的AB段表示，即在小负荷区运行时，供给混合气也应加浓，但加浓程度随负荷加大而变小。

3) 中等负荷工况

在中等负荷运行时，节气门已经有足够大的开度，废气稀释的影响已经不大，因此要求供给发动机稀的混合气，以获得最佳的汽油经济性，这种工况相当于图1-4中的BC段，空燃比为16~17。

4) 大负荷工况

在大负荷时，节气门开度已超过3/4，这时要随着节气门开度的加大，逐渐加浓混合气，以满足功率的要求，见图1-4中的CD段。实际上，在节气门尚未全开之前，如果需要获取更大的扭矩，只要把节气门进一步开大就可以实现，因此也就没有必要使用功率空燃比来提高功率，而应当继续使用经济混合气来达到省油的目的。因此，在节气门全开之前的所有部分负荷工况都应当供给经济混合气。

5) 全负荷工况

在全负荷工况时节气门已经全开，此时为了获取该工况的最大功率必须供给功率混合气，见图1-4中的D点。从大负荷过渡到全负荷工况，节气门达到全开位置时，混合气加浓也是逐渐变化的。

[技师指导] 化油器发动机省油就是因为汽车大多行驶在空燃比为17、混合气非常稀的BC段，但NO_x排放超标，图1-4所示的情况已经不适用于电喷发动机。

3. 电喷发动机不同工况混合气

电控发动机通常采用七大工况，即三个稳定工况加上四个不稳定工况。

三个稳定工况 = 水温80℃以上怠速 + 部分负荷 + 大负荷

四个不稳定工况 = 起动工况 + 水温不到80℃的高怠速 + 急加速 + 急减速

图1-5所示为电喷汽油机节气门变化时所需的混合气空燃比。对于电喷发动机的空燃比随节气门的变化规律，一般分为三个稳定工况。AB怠速、BC部分负荷（节气门开度由最小至75%）、CD大负荷（节气门开度75%~100%），这里只能是大致关系，原因有以下几点。

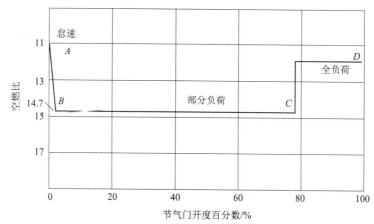

图1-5 电喷汽油机节气门变化时所需的混合气空燃比

(1) B 点和 C 点的节气门开度因车而异。

(2) AB 段和发动机水温有关，对于化油器不存在发动机温度这样的问题，所以实际 AB 段要比图中所画的曲线变化复杂得多，或者说不能用曲线来描述。

(3) 节气门开度不是表征发动机负荷的主要信号。

电喷发动机尽可能在所有稳定工况用空燃比为 14.7 的混合气，这样可充分发挥燃料的作用，保证排放达标。但实际是不可能的，急速是由浓变稀，全负荷是由稀变浓，只有 BC 段可用 14.7 的混合气，这样可以保证排放不超标。

[技师指导] 电控系统在部分负荷提供空燃比为 14.7 的混合气，经三元催化器处理后即可达到排放标准，而实际使用中相对化油器要费油。

4. 过渡工况要求的混合气

汽车实际行驶中经常使用的工况不全是稳定工况，而更多的是非稳态的过渡工况。过渡工况是指负荷或转速随时间不断变化的运行工况，主要的过渡工况有冷车起动、冷车暖机、发动机加速及减速倒拖时的工况。

1) 冷车起动时

冷车起动时，发动机要求供给很浓的混合气。只有提供足够的汽油蒸气，才能形成可燃混合气。因为在冷车起动时，汽油与空气的温度很低，汽油蒸发的百分数很小，为了保证冷车起动顺利，化油器发动机要拉阻风门或起动时多踩几脚加速踏板，才能在气缸内产生可燃的混合气。对于电控发动机，计算机（ECU）根据水温和起动工况直接供给空燃比为 2∶1 的混合气。

2) 冷车暖机

起动后，发动机进入暖机期，在暖机过程中也需要浓的混合气。暖车的加浓程度，必须在暖机过程中随水温逐渐减小，一直到发动机能以正常的混合气在稳定工况运转为止。化油器发动机急速转速稳定是靠暖机调节器实现的，精度不高，且不能直接控制急速提升。对于电控发动机，急速转速稳定是由急速控制系统实现的，其可使暖机更平顺，且能控制急速提升。

3) 发动机加速时

汽车发动机加速时，节气门突然开大，进气管压力随之增加，化油器发动机由于液体燃料流动的惯性和进气管压力增大后燃料蒸发量减少，大量的汽油颗粒被沉积在进气管壁面上，形成厚油膜，而进入气缸内的实际混合气成分则瞬间被减稀，严重时甚至出现过稀现象，使发动机转速下降，也就是踩下加速踏板后，车速不但不升高，反而呈下降的趋势。为了防止这种现象发生，在电控发动机加速时，要向进气管喷入一些附加燃料，以弥补加速时的暂时减稀，获得良好的加速过渡性能。

4) 减速倒拖时

当汽车减速倒拖时，驾驶员迅速松开加速踏板，节气门突然关闭，此时由于惯性作用，发动机仍保持很高的转速，因为进气管真空度急剧升高，进气管内压力降低，促使附着在进气管壁面上的汽油加速汽化，并在空气量不足的情况下进入气缸内，对于化油器发动机会造成混合气过浓。为避免这一现象出现，电控发动机减速时供给的燃料应减少一部分。

[技师指导] 早期发动机的负荷信号一般教材用节气门的开度来体现，因为节气门的开度大小由加速踏板通过拉索直接控制，所以说节气门开度和加速踏板深度本质上是一个概

念。现代轿车的发动机节气门体采用了电子节气门体，取消了机械拉索，所以反映负荷的信号又变成了加速踏板被踏下的深度。

二、汽油发动机正常燃烧对点火正时和能量的要求

在汽油发动机中，气缸内的混合气是由高压电火花点燃的，而产生电火花的功能是由点火系统来实现的。

点火系统应在发动机各种工况和使用条件下，保证可靠而准确的点火。为此应满足以下两个基本要求。

（一）能产生足够的点火能量

1. 能产生足以击穿火花塞电极间隙的电压

火花塞电极间产生火花时的电压，称为击穿电压，只有火花塞间隙被击穿了才有放电火花出现，形成放电电流。

实验证明，发动机在满负荷低速时，需要 8~10 kV 的击穿电压；起动时需要最高可达 17 kV 的击穿电压。为了保证可靠地点火，点火系统必须具有一定的次级电压储备，现代大多数点火系统已能提供 28 kV 以上的击穿电压。

影响击穿电压的因素很多，其中包括：火花塞电极间隙和形状，气缸内混合气的压力和温度，电极的形状、温度和极性，以及发动机的工作情况，等等。例如，火花塞电极间隙过大，会导致需要更高的击穿电压。

2. 火花应具有足够的电流和放电时间

要使混合气可靠点燃，火花塞产生的电压应具有一定的能量（火花能量 W = 火花电压 U × 火花电流 I × 火花持续时间 T）。试验证明，在一定范围内，火花能量越大，其着火性能越好。如果火花塞电极间隙过大，导致需要更高的击穿电压，则放电电流和时间将会下降，也会影响点火。

点燃混合气所必需的最低能量，与混合气的成分、浓度、火花塞电极的间隙及电极形状等有关。发动机正常工作时，由于混合气压缩终了的温度已接近其自燃温度，故所需的火花能量很小（1~5 mJ）。在发动机起动、怠速及节气门急剧打开时需要较高的火花能量，为保证可靠点火，一般应保证有 50~80 mJ 的点火能量。目前采用的高能点火装置，一般点火能量都要求超过 80 mJ。

（二）点火时刻必须适应发动机工作情况

首先，点火系统应按发动机气缸的工作顺序进行点火；其次，必须在最佳的时刻进行点火。

1. 点火时刻

点火时刻是用点火提前角来表示的。点火提前角是指从火花塞电极间跳火开始，到活塞运行至上止点时的一段时间内曲轴所转过的角度。

如果点火过迟，活塞到上止点时才点火，则活塞下行时混合气才燃烧，即燃烧是在容积增大的情况下进行的，从而使气缸中压力降低、发动机功率下降，同时由于炽热的气体与气缸壁的接触面积增大、热损失增大，导致发动机过热，油耗增大。如果点火过早，则燃烧完全在压缩过程中进行，气缸内压力急剧上升，在活塞到达上止点前即达到最大压力，给正在上升的活塞一个很大的阻力，不仅使发动机功率下降、油耗增加，还会引起爆燃。

2. 最佳点火时刻

最佳点火时刻主要是从发动机获得最大功率和最小燃料消耗来考虑的，目前也有根据改善燃烧情况和减少有害气体的排放来考虑的。

实验证明：如果点火时刻适当，当燃烧最大压力出现在上止点后10°左右时，发动机产生功率最大。在发动机气缸内，从开始点火到完全燃烧需要一定的时间（约千分之几秒）。为了使发动机发出最大功率，点火时刻不应在压缩行程终了，而应适当提前。

3. 影响最佳点火提前角的主要因素

不同发动机的最佳点火提前角各不相同，并且同一发动机在不同工况和使用条件下的最佳点火提前角也不相同。影响最佳点火提前角的主要因素有以下几个。

1）起动及怠速点火角

发动机起动和怠速时，缸内残余废气所占比例较大，燃烧速度受偶然因素的影响而变动较大，过早点火容易造成发动机运转极不平稳或反转，因此要求点火提前角减小，点火提前角一般为5°~6°。特别是现代汽车发动机，由于对排气净化要求的提高，在怠速工况时甚至推迟点火，使点火提前角为负值，这样可以降低燃烧室中的最高温度，减少NO_x的生成量，又可以提高气缸内高温持续的时间及排气温度，使未燃的HC和残留的CO有进一步燃烧的时间，从而减少HC和CO的排出量。

[技师指导] 电控发动机起动点火角为负值，即上止点后点火，这样做可防止反转。着车怠速后点火提前角一般为5°~12°，以利于三元催化预热，不再是固定的10°~12°，即加负荷后可稍变大几度。

2）发动机转速

发动机转速越高，点火提前角越大。这是因为发动机转速升高时，在同一时间内，活塞移动距离增大，曲轴相应转过的角度增大，如果混合气燃烧速率不变，则最佳点火提前角应按线性规律增长。但当转速继续升高时，由于混合气压力和温度的提高及扰流增强，会使燃烧速度也随着加快，因此当转速升高到一定程度时，最佳点火提前角虽随发动机转速的升高而增大，但增加速度减慢，因此不是线性关系。

[技师指导] 发动机转速相当于传统点火系统的离心点火提前角，由发动机转速传感器控制。

3）负荷

上坡时，节气门开度增大，但发动机转速基本不变，进气管绝对压力升高。随着发动机负荷的增大，最佳点火提前角将逐渐减小。这是由于发动机负荷增大时，吸入气缸内的混合气增多，压缩行程终了时的压力和温度增高，残存废气量相对减少，使燃烧速度加快，因此最佳点火提前角随负荷增大而减小。

[**技师指导**] 发动机负荷相当于传统点火系统的真空点火提前角，在电控发动机里由空气流量计或进气压力传感器形成负荷信号。

4）汽油辛烷值

发动机爆燃与汽油品质有密切的关系，常用"辛烷值"来表示汽油的抗爆性能。辛烷值高的汽油，抗爆性能好，不易产生爆燃，但动力性不佳，相对要费油，所以也不要使用高于厂家指定标号的汽油。

[**技师指导**] 目前国内汽车采用的汽油牌号有90#、93#、95#、97#等。因此在使用低牌号汽油时，计算机（ECU）控制点火提前角自动减小以防爆燃；而使用高牌号汽油时，计算机（ECU）控制点火提前角自动增大。计算机（ECU）需要应变不同的汽油辛烷值，进行点火提前角修正需要用到爆燃传感器信号。

5）空燃比

由图1-6所示的最佳点火提前角随空燃比而变化的关系曲线可知，当空燃比 $A/F \approx 11.7$ 时，所需点火提前角最小。这是因为当空燃比 $A/F \approx 11.7$ 时，燃烧速度最快，接近30 m/s，但跟爆燃燃烧速度相比慢得多。图1-7所示为混合气燃烧速度与空燃比的关系。

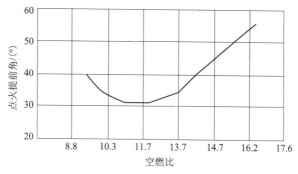

图1-6 最佳点火提前角与空燃比的关系

[**技师指导**] 计算机（ECU）要对空燃比进行修正需要用到氧传感器信号和发动负荷信号。具体来说，在部分负荷时氧传感器信号修正点火角；大负荷时混合气变浓，发动机负荷信号决定点火角变小（负荷信号是主信号）。

因此，当混合气过稀或过浓时，由于燃烧速度变慢，故必须增大点火提前角。

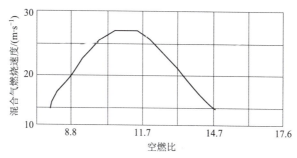

图1-7 混合气燃烧速度与空燃比的关系

6）大气压力

进气压力减小，由于混合气雾化和扰流变坏，使燃烧速度变慢，因此点火提前角应增大。例如，在高原地区，大气压力低，应适当增大点火提前角。

[技师指导] 计算机（ECU）要对进气压力值进行修正，需要用到进气压力传感器信号，此传感器集成在计算机（ECU）内。

7）冷却水温

当发动机水温较低时，压缩后的混合气温度较低，燃烧速度较低，从增大功率的角度考虑，应增大点火提前角。但发动机长时间在低温下工作，会引起气缸和活塞等严重磨损而缩短寿命。因此，快速暖机成为要解决的主要问题。通常减小点火提前角，使高温燃烧气体与气缸壁面接触面积增大，以加强对气缸壁及冷却水的传热，从而使发动机迅速升温。

[技师指导] 计算机（ECU）要对喷油和点火进行控制，需要用到冷却水温度传感器信号。

8）进气温度

当进气温度发生变化时，压缩后的温度必然发生变化，燃烧速度也将随之发生变化，因而最佳点火提前角随进气温度的变化而变化。

[技师指导] 计算机（ECU）根据进气温度修正点火提前角和喷油量。

9）压缩比

由于压缩比增大时，可使气缸压缩终了的压力和温度增高，致使混合气的燃烧速度加快。因此，随着压缩比的增高，最佳点火提前角可相应减小。这是从不同发动机的角度来考虑点火提前角的。同一台发动机使用一段时间后压缩比可能变大也可能变小。例如，燃烧室内积炭，压缩比增大；发动机气门关闭不严，压缩终了压力降低，即压缩比降低。

[技师指导] 计算机（ECU）要对发动机压缩比变化产生爆燃的点火提前角进行修正，需要用到爆燃传感器信号。

10）火花塞的数量

在气缸内同时装有两个火花塞时，由于火焰传播距离较短、燃烧过程完成较快，因此所对应的点火提前角比用一个火花塞时小。如果两个火花塞对称布置在气门两侧，若工作温度相同，则这两个火花塞应同时给出电火花。如果两个火花塞位于燃烧室中温度不同的地点，由于两处火焰传播速度不同，因此不能在同一时刻给出电火花。此外，还应考虑两处残余废气分布差异所带来的影响。位于排气门处的火花塞，由于残余废气相对较多，所以点火提前角要比位于进气门处的火花塞稍提前约2°。但实际中考虑到火花塞的磨损，可以交替先后跳火。

在正常工况下，各个气缸的点火时间都是相同的，但是如果有一个气缸或者多个气缸发生了爆燃，发生爆燃的气缸的点火时间就会被适当推迟。使用非常敏感的爆燃传感器可以识别出发生爆燃的气缸，控制系统只对发生爆燃的气缸推迟点火，以提高综合燃烧效率、降低排放。

[技师指导] 点火效果最好为每缸两个火花塞，这时点火角可适当减小，不会发生爆燃。

除上述因素外，影响点火提前角的因素还有燃烧室的形状、积炭等。另外，对点火系统还要求次级电压上升率快，以减少能量的泄漏，保证可靠点火。

第三节　汽油机排放基本理论

汽油车所产生的有害污染气体通常有三个来源：第一个是燃油系统的蒸发污染，主要是碳氢化合物；第二个是由于活塞环漏气和机油蒸气所产生的曲轴箱蒸发污染；第三个是废气排放污染，其中废气排放污染是发动机工作过程中由燃烧产生的副产品或由不完全燃烧造成的。目前主要考虑控制的污染物有碳氢化合物（HC）、一氧化碳（CO）和氮氧化物（NO_x），此三种气体又称为三元气体。

一、不充分燃烧造成废气排放

燃烧室中空气和燃料混合气的燃烧是受限制的，整个燃烧过程需要以下三个基本条件：汽油、氧气和热量。完全燃烧过程将生成下列三种主要成分：热量、二氧化碳（CO_2）和水蒸气（H_2O）。

汽油燃烧即碳氢燃料（HC）中的碳原子和空气中的氧（O_2）化合生成CO_2，碳氢燃料中的氢原子和空气中的氧结合生成水（H_2O）。在完全反应中，不会有碳氢气体从排气管中排放出来，即氧气恰好使燃料完全燃烧，生成没有毒害的二氧化碳和水蒸气。

实际在燃烧室中几乎不可能发生完全燃烧，即使现在人们利用计算机（ECU）可以非常精确地控制空燃比，但其他影响完全燃烧的因素（包括燃烧热量不足、点火正时不理想等）仍会导致生成CO和HC，仍然不可能实现完全充分燃烧，即化学反应是不可能充分进行的，否则人们就没有必要开发排放控制系统了。

二、空气成分造成废气排放

我们知道，发动机不吸入纯氧气，进入燃烧室的空气中包含21%的氧气和78%的氮气。氮气在高温1 370 ℃以上，且有氧气时，可以生成有害的氮氧化物（NO_x）。

三、五种主要排放气体

汽油发动机的动力来源于燃烧室中空气和燃料混合气的受控燃烧。燃烧过程的发生，需要以下三个基本要素：燃料、氧和热量。三个条件缺少任何一个，燃烧过程都不可能进行。

完全燃烧（图1-8）过程将生成下列三种基本成分：热量、二氧化碳（CO_2）和水蒸气（H_2O）。碳氢燃料（HC）中的碳原子和空气中的氧（O_2）化合生成二氧化碳（CO_2），碳氢燃料中的氢原子和空气中的氧结合生成水（H_2O）。在完全反应中，不会有燃料残留下来，所有能够利用的氧也都被充分利用了。也就是说，一方面足够的氧使燃料能够完全燃烧，另一方面足够的燃料恰好消耗掉了所有的氧。在完全燃烧过程中，生成的燃烧产物是完全没有毒害作用的二氧化碳和水蒸气。

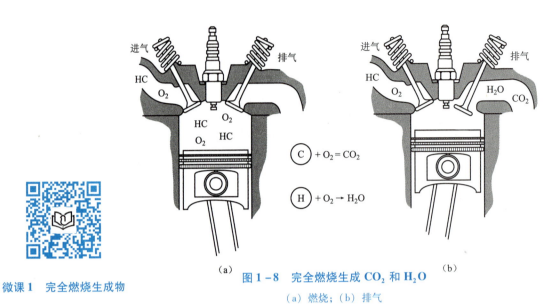

图 1-8 完全燃烧生成 CO_2 和 H_2O
(a) 燃烧；(b) 排气

微课 1 完全燃烧生成物

实际上，在汽油机中几乎不可能发生完全燃烧，即使现在人们利用计算机可以非常精确地控制空燃比，但是仍然不可能实现完全燃烧。这是因为，汽油本身就是多种碳氢的混合物。此外，进入燃烧室的空气中包含 21% 的氧气和 78% 的氮气，氮气在一定条件下会以生成有害的氮氧化物（NO_x）。

实现完全燃烧很少发生，原因如下：
(1) 空燃比不是总合适。
(2) 空气中除了氧还有其他原子。
(3) 汽油燃料中含有杂质。
(4) 燃烧放热可能不足够。
(5) 点火提前角不总是很合适。

汽车的排气中，一般有以下五种主要成分：二氧化碳（CO_2）、氧气（O_2）、一氧化碳（CO）、碳氢化合物（HC）和氮氧化物（NO_x）。

上述五种气体中，CO、HC 和 NO_x 为有害污染物；CO_2 和 O_2 不属于污染物，但是监测 CO_2 和 O_2 这两种物质的变化对于诊断车辆状况非常有帮助。有数据表明：如今大气中约 HC 的 50%、CO 的 75%、NO_x 的 50% 均来自汽车排放。

1. 二氧化碳

二氧化碳（CO_2）是完全燃烧的产物。二氧化碳是在燃烧过程中，由一个碳原子和空气中的两个氧原子结合形成的产物，它基本上是无毒的气体。

[技师指导] 正常燃烧发动机排气中二氧化碳的浓度为 14%~15%。

排气中二氧化碳的含量和空燃比直接相关。混合气在理论空燃比附近时，因充分燃烧，二氧化碳会达到峰值，混合气变浓或者变稀时，二氧化碳浓度都将下降。因此，可以用排气中的二氧化碳的浓度评价发动机燃烧燃料的效率，二氧化碳浓度越高，说明燃烧效率越高。

2. 氧气

氧气（O_2）和汽油混合形成可燃混合气，燃烧过程中将消耗氧气。只要有足够的氧气，燃烧过程就能够继续进行。如果在燃烧室中的燃料氧含量相对过剩,即混合气变稀,排气中的氧含量将增加。

无论混合气是浓还是稀,排气中氧和一氧化碳的趋势总是相反的(如果 O_2 高,CO 就低)。在理论空燃比附近,排气中的 CO 和 O_2 含量基本相同。

[技师指导] 正常燃烧发动机排气中 O_2 浓度的含量为 1%~2%。

3. 一氧化碳

一氧化碳(CO)分子是一个碳原子和一个氧原子的化合物。它是无色、无味、毒性很强的气体,产生于可燃混合气的不完全燃烧。

如果混合气过浓,燃烧室中缺氧,将导致混合气的燃烧提前停止。在这种情况下,由于大部分氧被用尽,故燃烧停止,导致一个碳原子和一个氧原子结合,即生成有害的一氧化碳(CO)。

CO 排放量的高低能够直接表明可燃混合气的浓、稀。一般情况下,如果废气分析仪的 CO 排放低,混合气一定是稀混合气;反过来,高的 CO 浓度意味着混合气较浓。浓混合气也有可能是由于喷油器泄漏,或者喷油压力过高所产生的。

因为只有燃烧才能产生 CO,气缸内失火(只喷油,不点火;或点火,但因空燃比不对也不能着火)不会额外增加 CO 的排放量。实际上,如果发动机燃烧室发生失火,CO 排放量可能会稍稍有所下降。

[技师指导] 正常燃烧发动机排气中 CO 的含量为 0.1%~1%。

4. 碳氢化合物

为了减少碳氢污染,燃烧过程中必须有足够的氧。适当的氧化过程可产生无害的二氧化碳和水,这种氧化过程发生在空燃比合适的时候。

如图 1-9(a)所示,当混合气变浓时 HC 排放升高,这主要是因为浓混合气中氧的含量低,燃烧后在燃烧室中留下了未燃产物。在理论空燃比时,HC 排放有所降低,这种趋势一直持续到空燃比稍稀的区域。当混合气进一步变稀时,如图 1-7(b)所示,HC 排放重新开始增大。这是由于混合气过稀,混合气不能完全燃烧,导致未燃碳氢排放增加。

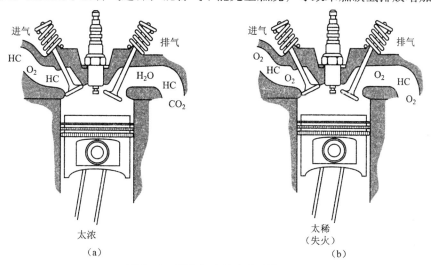

图 1-9 混合气太浓和太稀的排放

高的 HC 排放同样也可能由燃烧室的"冷激效应"所产生，在汽油机燃烧室中，温度不是均匀一致的。由于金属表面将吸收大量的燃烧热量，故气缸盖和气缸体附近区域的温度较低（图 1-10），在这些冷的区域中，火焰前锋或者熄灭，或者停止传播。由于燃烧的热量不足以保证可燃混合气的充分燃烧，故未燃碳氢燃料直接排到大气中产生碳氢污染。发动机设计时可以通过对燃烧室的设计和活塞环位置的设计减少冷激效应所产生的碳氢污染。

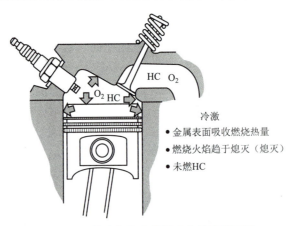

图 1-10 箭头指向为燃烧室中的冷激区域

[技师指导] 正常燃烧发动机排气中 HC 的含量为 50～150 ppm。

5. 氮氧化物

氮氧化物（NO_x）是一个氮原子和不同数目氧原子反应而生成的几种气体的总称。一个氮原子和一个氧原子反应生成一氧化氮（NO），一个氮原子和两个氧原子反应生成二氧化氮（NO_2）。因为有多种氮和氧的化合物，所以统称氮氧化物（NO_x），这里的"x"表示不定数量的氧原子。氮氧化物是燃烧过程的产物，但是它们的形成过程与 CO 和 HC 的形成过程大不相同。

NO_x 对环境是有害的，因为在来自太阳能的紫外线辐射的作用下，大气中的 NO_x 和 HC 能结合生成光化学烟雾。光化学烟雾为褐色薄雾，会刺激眼睛和呼吸系统，它对酸雨的形成也有一定影响。

NO_x 的生成过程依赖燃烧室温度。氮气通常是惰性的，不容易与其他原子结合。但是当温度超过 1 370 ℃时（燃烧温度超过 2 200 ℃是很平常的），氮就会和氧反应生成各种氧化物，其中最多的为一氧化氮（NO）。

发动机大负荷工况、高压缩比、混合气过稀、点火提前角过大、发动机过热、真空泄漏等都可能导致燃烧高温，所以通过降低燃烧温度、破坏氮和氧之间的联系可以减少 NO_x 排放。

通过降低发动机的压缩比，设计计算机（ECU）控制的可变进气门、排气门相位，空燃比控制以及 EGR（排气再循环）系统等可以达到这个目的。

[技师指导] 正常燃烧发动机排气中 NO_x 的含量为 2 000～2 500 ppm。

CO_2 是温室气体，是全球气温变暖的原因之一。但二氧化碳能进行光合作用，生成氧气，所以认为是无污染的，氧气更不能作为污染气体。作为修理人员应当注意这两种气体，五种气体分析仪可以通过二氧化碳和氧气含量确定燃烧效率，进而诊断发动机的工作状态。

四、空燃比与五种气体的排放关系

空燃比是影响三种主要污染物（CO、HC 和 NO_x）形成的基本要素。每种污染物的产生都是由于燃烧过程中不恰当的空燃比所造成的，所以正确控制空燃比是排放控制系统设计的主要目标，是目前电控发动机的主要功能。图 1-11 所示为五种气体与空燃比的关系曲线。如果空燃比偏离理论空燃比（偏浓或者偏稀），则可能会导致各种不同的后果，对发动机性能和排放都有影响。

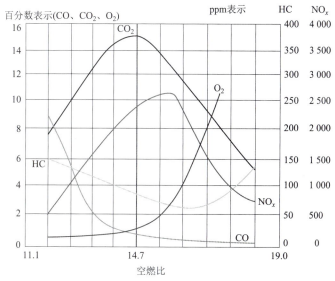

图 1-11 五种气体与空燃比的关系

微课 2 五种气体与空燃比的关系

稍稀混合气可能导致 HC 和 NO_x 排放量的增加。当混合气过稀时，混合气中由于燃料不足不能被点燃，将导致稀混合气燃烧不能连续，而那些没有燃烧的汽油就通过排气管排到大气中去，从而产生大量的 HC。混合气过稀时，有足够的氧来燃烧所有的燃料，使 CO 的排放水平接近零。

如果混合气只是稍微稀薄一点，过量的氧使得火焰温度很高，进而将导致燃烧温度增加，结果使进入燃烧室的氮气和氧气反应生成有害的氮氧化物（NO_x）。

浓混合气会使 HC 和 CO 排放的浓度增加。在浓混合气中，没有足够的氧气与碳原子反应生成无害的 CO_2，即少量的氧气与碳原子反应生成了有害的 CO。

在浓混合气中，因为燃烧室中缺少氧气，降低了最高燃烧温度，故 NO_x 排放水平不高。

[技师指导] 在五气分析仪上的数据为气体的体积比，CO、CO_2、O_2 用体积比百分数浓度来表示，而 HC 和 NO_x 则用 ppm 浓度表示。ppm 为体积百万分数，是英语 parts per million 的缩写，译意是每百万分中的一部分，即表示百万分之（几），或称百万分率。

五、发动机排放标准

尾气排放标准有汽油车（表 1-2）和柴油车（表 1-3）两种。

表1-2 汽油车废气排放标准

标准	欧Ⅰ	欧Ⅱ	欧Ⅲ	欧Ⅳ
HC/%	1.1	1.1	0.66	0.46
CO/%	4.5	4	2.1	1.5
NO_x/%	8	7	5	3.5
PM/%	0.36	0.15	0.1	0.02
执行时间	2001年4月16日	2004年7月1日	2007年7月1日	2011年7月1日

表1-3 柴油车废气排放标准

标准	欧Ⅰ	欧Ⅱ	欧Ⅲ	欧Ⅳ
HC+NO_x/%	1.36	0.9	0.56	0.3
CO/%	2.72	1.0	0.64	0.5
PM/%	0.196	0.1	0.05	0.025
执行时间	2001年4月16日	2004年7月1日	2007年7月1日	2011年7月1日

根据生态环境部颁布的《轻型汽车污染物排放限值及测量方法（中国第六阶段）》（以下简称"轻型车国六标准"），轻型车国六标准采用分步实施的方式，设置国六a和国六b两个排放限值方案，分别于2020年和2023年实施。国六a阶段的排放标准基本与国五相同，仅仅是取了国五排放要求中的最严值。国六a相当于是国五向国六的过渡阶段，而国六b才是真正的国六排放标准。

轻型汽车国六b（欧Ⅵ）标准与国五（欧Ⅴ）标准相比（表1-4），氮氧化物（NO_x）排放将下降42%，颗粒物（PM）下降33%，挥发性有机化合物蒸发排放限值下降65%，总碳氢化合物（THC）和非甲烷碳氢化合物（NMHC）分别下降50%。

国六标准没有汽、柴油之分：在原国五阶段，柴油机车型和汽油机车型的排放标准各不相同。国六采用了燃料中性的原则，即无论采用哪种燃料，排放限值都是相同的。

表1-4 欧Ⅵ排放标准与欧Ⅴ排放标准对照表

标准	欧Ⅴ	欧Ⅵ
CO 一氧化碳/(mg·km^{-1})	1 000	700
THC 非甲烷烃/(mg·km^{-1})	100	100
NO_x 氮氧化合物/(mg·km^{-1})	68	68
THC+NO_x/(mg·km^{-1})	60	60
PM 细颗粒物/(mg·km^{-1})	4.5	4.5
PN 颗粒物/(颗·km^{-1})	—	6×10^{11}
执行时间	2017年7月1日	2020年7月1日

第二章
发动机系统传感器

一辆 2008 年款大众迈腾 B6 轿车，仪表发动机故障灯点亮，诊断仪显示空气流量计信号输出过小。

如果你是接车的修理技术人员，应如何解决本故障，修理方案应如何制定。

- 能说出发动机空气流量计类传感器的类型和原理。
- 能说出发动机温度类传感器的类型和原理。
- 能说出发动机气体类传感器的类型和原理。
- 能说出发动机振动类传感器的类型和原理。
- 能说出发动机位置与转速类传感器的类型和原理。

- 能够使用万用表测量传感器的供电电压、接地电压和信号输出电压。
- 能够使用示波器分析传感器的信号输出是否正常，并能与数据流进行对比分析。

第一节 传感器的性能要求

一、发动机传感器的种类

本章将详细阐述发动机电子控制系统中传感器的结构和工作原理。丰田皇冠发动机电控系统传感器元件组成如图 2-1 和图 2-2 所示。

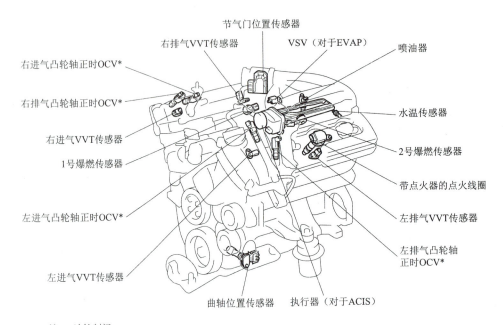

图 2-1　丰田皇冠发动机电控系统传感器元件组成（一）

注*：油控制阀。

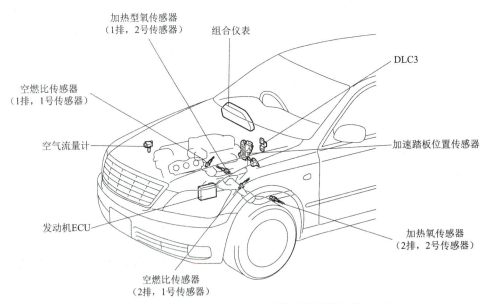

图 2-2　丰田皇冠发动机电控系统传感器元件组成（二）

二、传感器的性能要求

用于汽车发动机电子控制系统的传感器有空气流量传感器、压力传感器、速度传感器、加速度传感器、位置传感器、温度传感器、浓度传感器和爆燃传感器等，不同型号或不同生产年代的发动机电子控制系统所采用的传感器数量多少不一，即使是同一类型的传感器也有多种结构型式。

传感器的性能指标包括精度、响应特性、可靠性、耐久性、结构紧凑性、适应性、输出电压形式和制造成本等。由于现代发动机电子控制系统大多采用数字式微型计算机，因此对传感器的性能要求已变得宽松一些，如下所述。

1. 线性特性不一定重要

因为即使线性特性不良，只要再现性好，通过计算机也能修正计算。

2. 传感器的数量不受限制

发动机电子控制系统能把传感器信号完全变成电信号，则无论数量怎样多，也能轻易地处理。事实上，随着微型计算机在汽车上的应用，传感器的数量已飞速增加。只要把各种传感器的信号送入计算机处理，就可以实现发动机的高精度控制。

3. 传感器信号可以共用和加工

一种传感器信号，可以用于多个功能的控制，如可以把速度信号传到计算机内再微分，求得加速度信号等，进行类似的信号加工便形成速度和加速度两个信号。

4. 可以进行间接测量

例如，如果获得进气歧管绝对压力、密度、转速以及作为转速的函数的充气系数，并把这些数值事先存入计算机的存储器里，就能通过计算机计算求得空气质量。表 2-1 举例列出了汽车用传感器所要求的测量范围和精度。

表 2-1　汽车用传感器测定范围和特征

测定项目	测定范围	精度要求/%
进气歧管压力/kPa	10~100	±2
空气流量/(kg·h^{-1})	6~600	±2
温度/℃	-50~150	±2.5
曲轴转角/(°)	10~360	±0.5°
燃油流量/(L·h^{-1})	0~110	±1
排气中的氧浓度	0.4~1.4	±1

第二节　空气流量计

 一、空气流量计的作用

1. 作用

计算机通过瞬时采集空气流量计信号确定在此发动机转速下吸入发动机的空气量。在计算机内部，此信号用于计算喷油量、点火正时和废气再循环率。

2. 失效替代

空气流量计能产生与发动机转速和节气门开度同样的负荷信号，它是决定"喷油量"

的基本信号，一旦空气流量计信号失效，计算机即可根据发动机转速信号、节气门位置信号计算出一个替代值。

二、空气流量计的分类

空气流量计分为体积型和质量型两种。体积型包括翼片式空气流量计和卡门旋涡式空气流量计，已全部淘汰。计量空气质量的热线式空气流量计（或热膜式空气流量计）是唯一的汽车直接空气流量计量装置，图2-3所示为热线式空气流量计外形。最后，发动机ECM（发动机控制模块）通过本章第三节要讲的进气歧管压力传感器信号，再结合发动机转速、节气门开度和进气温度也可间接计算出瞬时空气质量流量。

图2-3 热线式空气流量计外形

三、热线式空气流量计

热线式空气流量计是测量流经节气门体空气量的传感器，ECM利用此信息确定燃油喷射时间。如图2-4所示，热线式空气流量计内部有一个暴露于进气气流的白金热丝，通过晶体管向白金热丝施加一个特定的电流，进气气流会同时冷却白金热丝和内部热敏电阻，从而影响它们的电阻。当空气流量增加时，白金热丝温度下降后其分压会下降，致使B端输出电压上升，而A端电压基本不变，放大器B端的输入电压大于A端的输入电压，从而使放大器有输出，放大器的输出控制晶体管将更大的电流施加到电桥上，这时白金热丝生热量增加（这时A端输出的电压也会因电流增加而增加）。因为输入到电桥的总电压增加，从而B端输出电压提高，输出电压高低与通过传感器的空气流量成比例，ECM即利用这种规律来计算进气量。

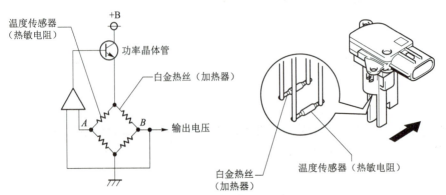

图2-4 热线式空气流量计原理图

微课3 热线式空气流量计原理

当空气流量计出现故障时，ECM 会忽略这个信号进入传感器失效保护模式。在失效保护模式下，ECM 根据发动机转速和节气门位置计算点火正时。失效保护模式持续运行，直至检测到通过条件。

[作者精解] 由图 2-4 可知，热线式空气流量计只需 3 根线（12 V 供电、信号线、接地线），因为内部放大器要采用 5 V 供电，所以在空气流量计内部还要将 12 V 稳压出 5 V 给放大器供电，但有些汽车空气流量计的放大器供电 5 V 取自 ECM，所以空气流量计有 4 根线。最后有的空气流量计还内置了进气温度传感器的信号线，所以增加到 5 根线。

热线式空气流量计信号输出形式有图 2-4 中的 B 端输出模拟信号式，也有将 B 端这个电压经内置在空气流量计的电压频率转换器转化成频率信号输出的。

由于这种空气流量计基于白金热丝表面与空气的热传导，热线上任何沉淀物都将对输出信号产生有害的影响，因此控制电路具备自动"烧净"（Burn-OFF）功能。每当发动机熄火 4 s 后，控制电路发出控制电流，使热线迅速升至 1 000 ℃ 高温，加热 1 s，将黏附于热线表面的污物完全烧净。

热线式空气流量计可直接测得进气空气的质量流量，无须温度和大气压力补偿，无运动部件，进气阻力小，响应特性好，可正确测出进气管空气流量。自 20 世纪 80 年代初研制成功后，这种空气流量计得到了广泛的应用。

在流速分布不均匀的情况下，热线式空气流量计的测量误差较大。

四、空气流量计电路图

图 2-5 所示为丰田普锐斯汽车热线式空气流量计电路，在点火开关位于 IG-ON

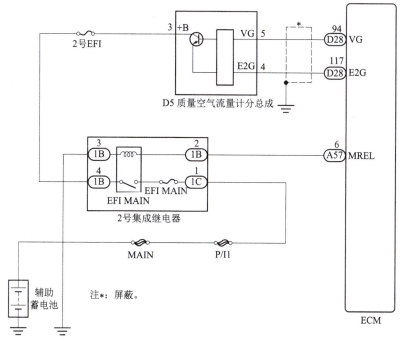

图 2-5　热线式空气流量计电路

（点火开关打开，仪表亮时）时，发动机 ECM 的 MREL 端子输出电流经 EFI MAIN 继电器（2 号集成继电器）的线圈电路后搭铁。继电器开关闭合，蓄电池电流经 MAIN 熔丝、P/I 熔丝、EFI MAIN 熔丝、继电器开关、2 号 EFI 熔丝给空气流量计 +B 端子供电，空气流量计经 E2G 在 ECM 内部接地，VG 信号为空气流量计的输出信号。

五、空气流量计故障分析

空气质量流量计的自诊断功能。计算机根据空气流量计计算的负荷决定喷油持续时间，同时计算机还通过节气门开度和发动机转速来计算出此时负荷决定的喷油时间。如果 ECU 发现与空气流量计计算的喷油时间差异过大，它首先的反应是储存这个出错记录，因为不能确定节气门是否有故障，所以先不上故障码。

当车辆继续运行时，结合如氧传感器信号，会判断出具体哪里有故障，直到控制单元能清楚地判断故障位置时，它才会记录下有故障传感器相应的错误代码。空气流量计常见故障有信号过小和信号过大两种。

1. 空气流量计信号过小时

信号过小时，实际进气量很大，混合气变稀，怠速在进气管有轻微回火和在排气管有轻微放炮声，尾气中有浓烈的 NO_x 味道，氧传感器和空气流量计上故障码、数据流中，氧传感器的调节功能要超过上限 +25%，即增加了 25% 喷油量。信号过小一般为热膜变脏所致。

空气滤清器漏灰尘使热丝过脏而引起的信号电压过低是由于热丝过脏后，散热下降，流经空气流量计热线的电流变小，造成空气流量计信号减弱、喷油量减少、空气增多、混合气必然变稀，导致发动机动力不足。拆下空气流量计，用化油器清洗剂喷洗热丝后装复试车，故障消除，证明空气流量计是因热丝过脏而引起的信号电压过低。

发动机怠速不稳，起步时易熄火，又无故障码。在常规检查中若点火和燃油均正常，数据流显示进气量少，则说明发动机怠速不稳，动力不足是由混合气过稀引起的。

2. 空气流量计信号过大时

信号过大时，实际进气量小，混合气变浓，排气管要冒一点黑烟，氧传感器和空气流量计上故障码、数据流中，氧传感器的调节功能要超过下限 -25%，即减少了 25% 喷油量。

3. 对换挡的影响

在自动变速器各工作参数中，发动机负荷是一个重要的参数，如空气流量计信号不正常也会引起变速器换挡油压不正常故障，即发动机负荷大、输出扭矩大，这就要求自动变速器提高控制油路压力，以避免换挡执行元件过分打滑。自动变速器在无发动机负荷信号的情况下，为了避免换挡时执行元件的打滑而增大了换挡油压，使得执行元件接合过快，造成动力传递系统负荷突增，要使车辆在起步、倒车时发闯一下。

4. 对空调的影响

当发动机电控系统空气流量计有较严重的故障时，为了最大限度地保护发动机，以减轻发动机的负荷，应关闭空调压缩机。空调系统中压缩机一旦关闭，由于蒸发箱的结构情况，将使得空调进气受到高温暖风水箱的影响，导致出风口温度高于环境温度。在高速行驶时，空调吹出热风，停车后再起步发现车辆闯车，开空调，不制冷。

第三节　进气压力传感器

一、进气压力传感器的作用和失效

1. 作用

节气门开度和发动机转速的负荷可以单独用进气歧管的真空度，或者说进气管绝对压力反映，所以进气管绝对压力是反映发动机负荷的参数。因此也可以根据进气歧管的真空度和发动机转速计算出气缸的充气量。

进气管绝对压力信号反映发动机的负荷状态，进气压力传感器输出的电压信号与转速信号一起输送到ECU，作为决定喷油器基本喷油量（发动机负荷）的最主要的依据。

2. 失效

进气管压力信号能产生与发动机转速和节气门开度同样的负荷信号，它是决定"喷油量"的基本信号，一旦空气流量计信号失效，计算机即可根据发动机转速信号、节气门位置信号计算出一个替代值。

进气压力传感器的优点是结构简单、体积小、成本低，但在发动机急加速和急减速时，其测量精度比直接测定法要差一些，所以在发动机急加速时发闷、响应慢，低速时遇阻力易熄火。

二、进气压力传感器的类型

进气压力传感器种类较多，就其信号产生原理可分为半导体压敏电阻式、电容式、可变电感式、表面弹性波式。

可变电感式和表面弹性波式在20世纪末以后（1995年以后）的车型中已经见不到。现在只有半导体压敏电阻式进气压力传感器在发动机电子控制系统中应用较为广泛，电容式也较为少见。

三、半导体压敏电阻式进气压力传感器

1. 压阻效应

进气压力传感器利用的是半导体的压阻效应，因其具有尺寸小、精度高、成本低，以及响应性、再现性、抗振性较好等优点，得到了广泛的应用。

2. 结构

压敏电阻式进气压力传感器及其信号输出如图 2-6 所示,它是由压力转换元件及将转换元件输出信号进行放大的混合集成电路等构成的。

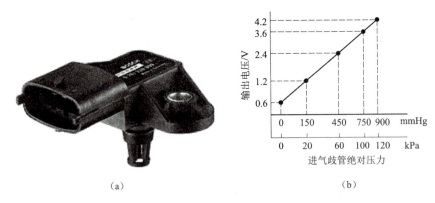

图 2-6　压敏电阻式进气压力传感器及其信号输出

压力转换元件是利用半导体的压阻效应制成的硅膜片。硅膜片的一面是真空室,另一面导入进气歧管压力。硅膜片(图 2-7)为约 3 mm 的正方形,其中部经光刻腐蚀形成直径约 2 mm、厚约 50 μm 的薄膜,薄膜周围有 4 个压敏电阻,以惠斯顿电桥方式连接。

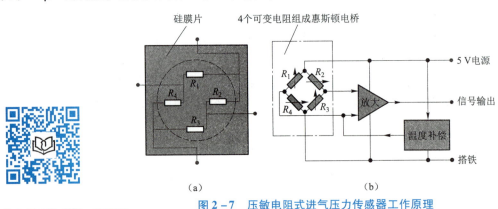

微课 4　进气压力传感器工作原理

图 2-7　压敏电阻式进气压力传感器工作原理
(a)硅膜片;(b)电路示意图

3. 工作原理

薄膜的另一侧即进气歧管内绝对压力越高,硅膜片的变形越大,其应变与压力成正比,附着在薄膜上的应变电阻的阻值随应变成正比地变化,这样即可利用惠斯顿电桥将硅膜片的变形变成电信号。因为输出的电信号很微弱,所以需用混合集成电路进行放大后输出。这种半导体压敏电阻式进气压力传感器输出的信号电压具有随进气歧管绝对压力的增大呈线性增大的特性。

根据气体摩尔公式,进气量空气分子数

$$Q = PV/(273.15 + T)$$

从公式中可以看出分母有温度 T,这种传感器需要温度传感器才能计算进气量,而体积 V 与发动机转速和节气门开度确定的空气柱体积有关。

进气歧管真空度传感器通常安装于发动机舱内，通过软管与进气歧管相连，传感器与计算机用三根线连接，如图 2-8 所示，VC 为 5 V 基准电压，E2 为信号搭铁线，PIM 为信号输出线。大多数压力传感器的接线是相同的。

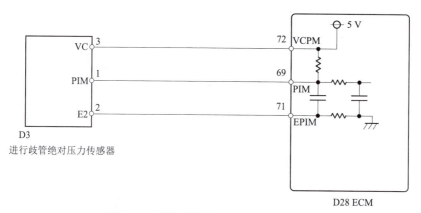

图 2-8　进气歧管真空度传感器电路图

当进气歧管真空度发生变化时，传感器会向计算机发出一个随真空度变化的电压信号。在典型的压力传感器中，信号电压从怠速时的 1~1.5 V 变化到节气门全开时的 4.5 V。

四、有关压强的概念

1. 绝对压力

以绝对真空为基准的压力数值为绝对压力。

2. 相对压力

以大气压为基准的正向压力为相对压力。

3. 真空度

以大气压为基准的负向压力为真空度。

绝对压力、相对压力和真空度三者之间的关系如图 2-9 所示。

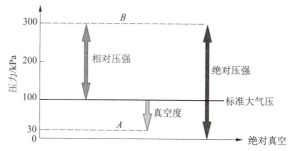

图 2-9　绝对压力、相对压力和真空度三者之间的关系

例如，B 点相对压力为 200 kPa，而绝对压力为 300 kPa，故 B 点不能用真空度表示。A 点的绝对压力为 30 kPa，真空度为 -70 kPa，故 A 点不能用相对压力表示。

五、进气压力传感器诊断

大众公司捷达1.6 L 二阀发动机采用绝对压力传感器,其安装位置如图2-10所示,压力传感器和进气温度传感器集成于一体位于进气歧管上。

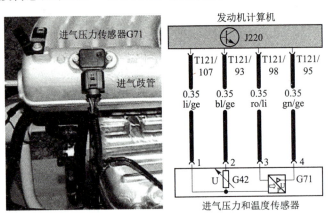

图 2-10　压力传感器和进气温度传感器

1. 信号输出检查

图 2-6 (b) 所示为进气歧管绝对压力传感器输出曲线。检查压力传感器时可以将真空管从发动机进气歧管上拔下,将真空表的枪嘴接在压力传感器的橡胶软管上,对压力传感器抽真空。读出真空表的数据并与数据流的数据进行对比,两者的压强相差不多说明传感器正常。

要注意的是压力传感器的橡胶软管不通畅会加速信号的迟滞,橡胶软管漏气会导致测量的进气压力过高。

2. 数据流检查

数据流显示单位为 mbar[①] (毫巴),温度在 80 ℃ 以上,怠速时为 280~340 mbar。

若超出范围,则可能原因为怠速不稳、节气门体过脏、怠速负荷过大或怠速开关故障、电气装置打开、转向盘转到最大位置等。关闭所有电气装置,将转向盘转置于中间位置,检查喷油器或火花塞,读取故障码。

六、绝对压力传感器影响因素和故障

实际上压力传感器很少损坏,但即使传感器本身并没有损坏,影响绝对压力器信号的因素仍然有许多。

排除故障时发现压力传感器在怠速时压力超标,应先查找影响压力传感器信号的因素。影响进气歧管真空度的主要因素有点火时间过迟、配气相位不正常、进排气系统泄漏和堵塞。

---

① 1 mbar = 0.1 kPa。

1. 点火时间过迟

（1）电喷发动机的燃油质量不好，爆燃修正后，点火角推迟过多。

（2）带分电器的电喷发动机点火正时调节得过晚。

（3）带分电器的发动机配气正时不正确，导致分电器内信号轮位置不正确，影响点火正时。

点火时间过迟会造成发动机动力不足、排气管冒黑烟。当因点火时间过迟造成发动机动力不足时，驾驶员就会加大节气门的开度来弥补发动机动力不足，以加快车速，由于节气门开度的加大，进气歧管真空度就会过多降低，导致进气压力传感器传给 ECU 进气量很大的信号，但因存在点火角，发动机转速仍较低，计算机认为车辆上坡或重载，将导致计算机计算喷油器的喷油时间较长，从而导致混合气过浓、排气管冒黑烟，也就造成了发动机动力不足。排气管冒黑烟是由于混合气过浓而造成的假象。

点火时间过迟导致的混合气过浓、排气管冒黑烟在直接测量空气流量中是没有的，在诊断时要加以区别。

2. 配气相位不正常

（1）配气相位不正常会造成发动机动力不足、进气管真空度过低，致使控制系统增加喷油量而引起混合气过浓的假故障现象。

（2）配气相位不正常还会引起无分电器点火发动机的凸轮轴位置传感器信号和曲轴位置传感器信号不同步，导致发动机起动困难、性能变差。

3. 进排气系统泄漏和堵塞

进气歧管漏气会使发动机怠速高，但不会影响混合气浓度。如果转速达到 1 500 r/min 以上，就会出现发动机转速在 1 000 ~ 1 500 r/min 游动，这是因为计算机执行了减速断油功能。

这一现象和质量流量型空气流量计是相反的。因为质量流量型进气歧管漏气，就会使一部分空气不经过空气流量计进入发动机，致使混合气过稀，发动机就会怠速不稳、转速下降。如果废气再循环系统和曲轴通风管泄漏，D 型和质量流量型喷射系统的故障现象是一样的，因为废气再循环系统和曲轴通风系统漏进去的是几乎不可燃的气体，所以发动机就会怠速不稳、加速无力、真空度过低，进而影响 ECU 的空燃比控制。除此以外，进气门密封不好、漏气，也会使进气歧管内的真空度降低，影响空燃比。

[作者解析] 排气管内的三元催化器堵塞或冬天的冰堵、排气不畅，也会造成发动机无力。进气歧管真空度过低（绝对压力过高）会导致混合气过浓，而进气压力传感器与进气歧管之间的胶管漏气或插错也会造成混合气过浓。

从上面的分析可以看出，D 型喷射系统的空燃比控制除系统本身故障外，主要受到点火正时和机械部分的影响，所以在诊断 D 型喷射系统时，一定要使用真空表测量进气歧管真空度，将用真空表测得的实际真空度与进气压力传感器传给计算机的数值进行比较，如果两个数值不相符，则说明进气压力传感器本身有问题；如果两个数值相符，则说明传感器没问题，问题出在其他方面。正常的进气歧管真空度怠速为 $-68 \sim -60$ kPa，发动机的真空度是对发动机综合性能评定的一项重要指标，它能反映出发动机点火时间是否正常、机械系统是否正常，可以防止因错误诊断而造成的不必要损失。测量进气歧管真空度对质量流量型发动机的故障诊断同样重要。

[作者解析] 绝对压力传感器有故障。故障现象是起动时能着车，且很好起动，但起动后多则 5 s，少则 1~2 s 就熄火。如果观察数据流，就会发现进气压力传感器信号不变化，一直为 0 V。控制单元检测到进气压力传感器信号电压为 0 V 时，误认为此时没有进气，发动机处于静止状态，也就停止喷油了。不喷油，则发动机运转不了。换一个进气压力传感器后，起动着车，一切正常。测量数据如下：急速时，信号电压为 1.15 V，慢慢加速可达 3 V 左右，急加速时，瞬间电压可达 4 V。注意：起动时电脑程序不用压力信号来调节喷油量，所以能着车。

这种故障现象有很多原因，压力传感器出故障的概率很低，所以应先做其他检查。例如，先检查起动后是否又无火，为此在进气管口喷入化油器清洗剂，若又能多着几秒，说明有火；检查防盗锁死，仔细观察仪表上各指示灯，是否发现防盗指示，无则不是防盗造成的；检查不供油起动发动机时油泵有电，油泵继电器应该没有问题；接好汽油压力表，测量油压为 250 kPa，正常，且发动机熄火后仍能保持油压，不是油泵问题，也不是油压不足引起熄火。

防盗系统和电控发动机系统联系非常大，试想车都不着火，还何谈其他故障判断。

[作者解析] 燃料或水分堵塞软管和软管漏气。

与进气压力传感器连接的真空软管故障可能引起动力性问题，如燃料经济性差、加速迟缓、停机及急速不稳，所以必须确保传感器到进气歧管真空管这条线路畅通。检查软管时，要注意以前是否替换过软管。软管过长会在某位置下垂，夏天，燃料或水分沉积于软管内较低位置，将导致进气压力传感器与进气管内压力变化不同步；如果是冬天，水分沉积于软管内较低位置结冰，则现象更严重。

软管周围小的漏气孔会导致燃料经济性差、急速过高，并且常常给发动机计算机设置故障码；若是硬管则因风化，可能破碎而漏气。

七、进气歧管压力传感器的附加内容

1. 电容式进气压力传感器

电容式进气压力传感器是使氧化铝膜片和底板彼此靠近排列形成电容，根据电容大小上下膜片距离变化而改变的性质，获得与压力成比例的电容值信号。把电容连接到混合集成电路的振荡器电路中，压力变化使电容大小变化，从而控制输出的频率信号变化，其输出信号的频率与进气歧管绝对压力成正比，其频率因电容电源和电容大小而不同，计算机可根据输入信号的频率确定进气歧管的绝对压力。

福特汽车公司的绝对压力传感器为电容式。这种传感器把进气歧管压力变为频率变化的数字电压信号，当节气门开度增大即发动机负荷增大时频率增加。进气压力传感器实际上感知的是大气压力与进气歧管绝对压力之间的压力差。发动机急速时，最高进气管真空度约为 −450 mmHg（一个大气压为 760 mmHg），此时进气压力传感器信号频率在 95 Hz 左右，在节气门接近全开的情况下，进气管真空度在 −50 mmHg 左右，进气压力传感器频率约为 160 Hz。

对于电容式绝对压力传感器在检测时，不宜将电压表直接与其输出端相连，否则将会有损坏绝对压力传感器的可能。车用示波器是检测此类器件的首选。

2. 大气压力传感器

大气压力传感器与进气管压力传感器的原理相同，安装在 ECU 内，不测量进气管压力，它是通过计算机壳体上的通气孔把大气压力导入传感元件表面的。它的作用是向发动机控制单元传送一个海拔高度修正信号，该值取决于海拔高度。涡轮增压发动机的控制单元可以据此计算出一个新的增压压力，其也是废气再循环的海拔高度，以及翼片式、卡门旋涡式、压力传感器式空气流量计的修正信号。

在读取电喷系统数据流或看资料的诊断分析时会发现大气压力传感器数值，由于大气压力传感器在计算机内部，故在一般海拔高度（不是高原环境）下，通过诊断仪读取发动机控制单元的绝对压力是一个大气压即可。

第四节　发动机温度类传感器

一、发动机温度传感器的种类

1. 水温传感器

为了判定发动机的热状态，需要精确地测量冷却水温度来控制起动喷油量及暖机高怠速向怠速过渡的进气量，并修正点火时刻（温度高，点火角小）。信号中断后冷车时起动困难，发动机暖机工作不良，油耗升高，排放值不正常，低温时会阻止自动变速器升入超速挡。

2. 进气温度传感器

为了计算体积型空气流量计的空气质量流量，需要精确地测量进气温度。进气温度信号用于修正喷油量、点火时刻和怠速，信号中断影响不明显。此传感器功能要比冷却液温度传感器弱得多。

3. 排气温度传感器

为了排气净化处理，需要精确地测量排气的温度，判断三元催化装置是否因过热而损坏，若损坏则点亮仪表三元催化器故障灯，并在控制单元内记录高温故障码。它的另一功能是当排气系统部件（排气管、氧传感器、催化反应器）的温度超过许用温度时，将空燃比设定在较小的浓混合气范围内，混合气浓，则燃烧温度下降，排气温度也下降。

20 世纪 80—90 年代车型装有排气温度传感器，现在已很少装配。另外，排气温度传感器损坏后汽车发动机一般反映不明显。

二、发动机温度传感器的分类

温度传感器有绕线电阻式、热敏电阻式、扩散电阻式、半导体晶体管式、金属芯式和热电偶式等，应用较多的是热敏电阻式温度传感器。

汽车发动机水温和进气温度传感器性能指标：-50 ~ +120 ℃（满量程 150 ℃），主要采用热敏电阻式。

三、热敏式温度传感器

热敏式温度传感器的工作原理是半导体的电阻随温度变化而改变的特性，灵敏度高。其有负温度系数（Negative Temperature Coefficient，NTC）和正温度系数（Positive Temperature Coefficient，PTC）两种，实际应用的多为负温度系数。热敏式传感器的响应特性优良，因而被广泛地运用于检测冷却水和进气温度。图 2-11 所示为热敏电阻式温度传感器及其工作曲线。

负温度系数虽然灵敏度高，但线性差，使温度限于 300 ℃ 以内。不过，也有像氧化锆那样的高温型热敏式传感器。

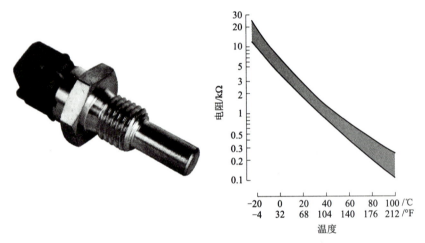

图 2-11　热敏电阻式温度传感器及其工作曲线

负温度系数水温传感器内部的热敏电阻阻值随冷却液温度变化而变化。具体来说，冷却液温度越低，其阻值越大；反之，冷却液温度越高，其阻值则越小。

四、传感器信号采集

1. 水温传感器原理

图 2-12 所示为丰田车系水温传感器电路。水温传感器或进气温度传感器与 ECU 相连，通常采用上拉电阻式接法。

ECU 的 5 V 电源电压从 THW 或 THA 端子经电阻 R 加至水温传感器，亦即 R 与传感器串联，当传感器电阻随着冷却液温度变化而相应地变化时，THW 端或 THA 端电位也会发生改变。（TH = Thermal 热量，温度；A = Air 空气；W = Water 水，冷却液。）

进气温度传感器单独装在进气管上，新型空气流量计车辆又把进气温度回装到热膜式空气流量计上，电路与水温传感器电路原理相同。

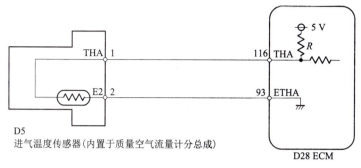

图 2-12　丰田车系水温传感器电路　　　　微课 5　水温传感器电路

2. 水温传感器的自诊断

图 2-13 所示为水温传感器的自诊断。

1）线路诊断

（1）正极线与搭铁相连造成信号电压太弱，称为对负极短路。

（2）正极线与电源相连造成信号电压太强，称为对正极短路。

（3）正极线或负极线断线造成信号电压为 5 V，称为断路。

以上三种类型是计算机对线路故障的自诊断。

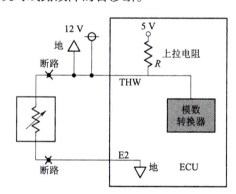

图 2-13　水温传感器的自诊断

2）时间模型诊断

故障码表中除信号线断路、对地短路、对正极短路外，还有一种称为水温信号不可靠的故障。诊断方法是发动机控制单元根据发动机起动后发动机的运行时间判断水温传感器信号不可靠。

水温传感器信号不可靠故障的原因有两种：一种是水温传感器粘水垢，插头松动、锈蚀，水介入产生隔离电阻，水温传感器损坏长时间显示水温过低；另一种是节温器内石蜡流光造成节温器打不开，只有小循环，在起动后的一段检测时间内水温过高。

五、温度传感器替代

1. 水温传感器替代值

计算机起动失效安全功能，计算机使用冷却液温度传感器在计算机内的替代温度值为

80 ℃。结果起动困难,怠速抖动。

2. 进气温度传感器替代值

计算机起动失效安全功能,使用进气温度传感器在计算机内的替代温度值为 20 ℃。

六、温度传感器诊断

1. 阻值测量

对于温度传感器本身损坏的检测,可以采用测量电阻法。表 2-2 列出了汽车用负温度系数发动机水温传感器和进气温度传感器的温度与阻值关系,只要传感器类型为负温度系数热敏电阻,本表即适用。

表 2-2 汽车用负温度系数热敏电阻

温度/℃	电阻/kΩ	电压/V
-20	16.0	4.3
0	5.9	3.4
20	2.5	2.4
40	1.2	1.5
60	0.6	0.9
80	0.3	0.5
100	0.2	0.3

实际只要测常温 20 ℃ 和高温 80 ℃ 两个温度下的传感器阻值,一般即可确认水温传感器的好坏。例如,大众水温传感器和进气温度传感器电阻特性相同,同为负温度系数,且随温度变化的规律相同,20 ℃ 为 2 000~3 000 Ω,80 ℃ 为 275~375 Ω。

2. 检测仪检测

(1) 读取水温传感器故障码。

(2) 读取水温传感器数据流。

如果温度明显不正确或温度值不变动则有故障,这是水温传感器近年来的新增功能。水温传感器一旦出现故障,计算机内的逻辑电路会用其他相关传感器的测量值来测定此传感器的测量值是否超出范围。例如,将发动机冷却液温度传感器拔下,计算机采集到的冷却介质温度显示是 -40 ℃。计算机微处理器中的逻辑电路会忽略这一明显的错误读数,并用一个值 (80 ℃) 替换冷却介质温度值,然后储存错误代码并使故障灯亮,告诉驾驶员计算机检测到故障。正常发动机风扇由发动机在散热器上的水温开关或空调的压力开关控制,有的车还能在水温传感器断路时,由发动机计算机控制将冷却风扇置于 2 挡,并保证发动机运行时一直工作,从而避免发动机过热。

第五节 爆燃控制

一、什么是爆燃

在某些条件下,如气缸内积炭导致压缩压力变高、出现炽热点、混合气温度过高等会使发动机在火花塞未点火之前,气缸内发生自燃或汽油质量低劣的不正常燃烧,其特征为出现"敲缸"或"金属撞击"声。

这种不正常的燃烧现象是点火提前超过极限的标志,在火焰前锋到达之前,新鲜混合气自发燃烧的早燃就产生了爆燃。激发爆燃的一般形式是:活塞压缩力产生的温度和压力峰值引发混合气自燃。在爆燃过程中火焰传播速率可能会超过 2 000 m/s,而正常燃烧时仅为 30 m/s。这种粗暴的燃烧导致压力急剧升高,压力波破坏缸壁上新鲜气体构成的淬冷层不断撞击气缸壁,不再主要推动活塞。

二、爆燃的危害

就如一门大炮装快速燃烧的火药(2 000 m/s)和缓慢燃烧的火药(30 m/s)一样,快速燃烧的火药在炮筒内爆炸时,向四方产生爆炸力,爆炸力来不及沿炮筒方向过渡,炮筒炸开,但并没有把炮弹推出多远;缓慢燃烧的火药在炮筒内爆炸时,爆炸力有时间沿炮筒方向过渡,压力作用在炮弹上,将炮弹推出很远。另一更好的例子是在缸盖抬下的发动机上,用手向下按活塞曲轴可以转动,用锤子快砸活塞,曲轴不仅不能转动,反而会砸坏活塞。

淬冷层的损坏导致燃烧室、缸壁、活塞顶迅速升温,温度超过 270 ℃,在压力的作用下,铝质件开始变形,持续早燃会导致气缸垫窜气、窜油、窜水,活塞变形、熔化,气门周围由于压力脉冲和高温应力产生烧平或孔状漏气。

涡轮增压发动机,如果点火能量不足,喷油器滴油,导致进气管和燃烧室内大量积炭时,尽管有爆燃传感器,但仍会爆燃烧活塞顶。

尽管电子控制点火正时(例如化油器捷达的霍尔点火系统)能根据发动机转速、负荷率来精确调整点火提前角,但运行时仍然留有一定的安全余量,以避免接近爆燃极限。为防止发动机处于不利条件(如发动机缸压变化、燃油质量变化、温度变化等)下发生爆燃,设置安全余量是必要的。但留有一定的安全余量会使发动机延迟点火,从而导致油耗增加和转矩损失。

采用爆燃控制发动机,设计时可以提高压缩比,燃油经济性和转矩都能得到相当大的提高。使用该系统,不必再以兼顾最差工况来确定点火正时。爆燃控制作为确定点火正时的主要因素,使得每个气缸都在接近最大点火角限值处工作。

三、爆燃传感器类型

电控发动机系统中已广泛应用了点火时刻闭环控制的方法,有效地抑制了发动机爆燃现象的发生。爆燃传感器是这一控制系统中必不可少的重要部件，它的功用是检测发动机有无爆燃现象，并将信号送入发动机计算机（ECU）。

发动机爆燃的检测方法有以下三种：①气缸压力；②发动机机体振动；③燃烧噪声等。根据气缸压力的检测法，其精度最佳，但存在着传感器耐久性差和难以安装的问题。根据燃烧噪声的检测法，由于是非接触式的，其耐久性很好，但精度和灵敏度偏低。目前，最常用的检测方法是采用发动机机体振动的方法。

采用发动机机体振动检测法的爆燃传感器有磁致伸缩式和压电式两种类型，压电式可分共振型和非共振型的结构，共振型又可分为窄幅和宽幅共振电压式传感器。

振动检出型爆燃传感器安装在发动机上，旨在将发动机振动频率转换成电压信号，以检测爆燃强度。当发动机发生设定的爆燃强度时，爆燃传感器输出最大的电压信号，用以表示发动机由于爆燃而产生使机体异常振动的频率。

1. 磁致伸缩式爆燃传感器

磁致伸缩式爆燃传感器是应用最早的爆燃传感器，现已被淘汰。

2. 非共振型压电式爆燃传感器

非共振型压电式爆燃传感器是以接收加速度信号的形式来判别爆燃是否产生的。它由两个压电元件同极性相向对接，配重将加速度变换成作用于压电元件上的压力，所用的配重由一根螺丝固定于壳体上，输出电压由这两个压电元件的中央取出，构造简单，制造时无须调整。

例如，某压电式的爆燃传感器产品特性：频响范围为 3~18 kHz；25 ℃电容在 1 480~2 220 pF（1 000 Hz）；25 ℃电阻在 1 MΩ 以上。发动机振动时，安装在发动机缸体上的爆燃传感器内部配重因受振动的影响而产生加速度，因此，在压电元件上就会受到加速时惯性力的作用而产生电压信号。在爆燃发生时的频率及其附近，此种传感器产生的输出电压不会很大，不像磁致伸缩式爆燃传感器在爆燃频率附近产生一个较高的输出电压，用以判断爆燃的产生，而是具有扁平的输出特性，有时被称为扁平爆燃传感器。图 2-14 所示为非共振型压电式爆燃传感器输出电压与频率的关系。

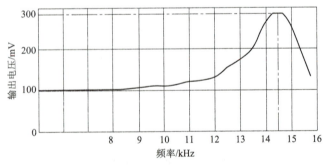

图 2-14　非共振型压电式爆燃传感器输出电压与频率的关系

因此，必须将反映发动机振动频率的输出电压信号送至识别爆燃的滤波器中，判别是否有爆燃信号产生。传感器的感测频率范围设计成零至数十千赫兹，可检测具有很宽频带的发动机振动频率。用于不同的发动机上时，只需将滤波器的过滤频率调整即可使用，而无须更换传感器，此为非共振型压电式爆燃传感器的突出优点。

3. 窄幅共振型压电式爆燃传感器

窄幅共振型压电式爆燃传感器是利用产生爆燃时的发动机振动频率，与传感器本身的固有频率相符合，而产生共振现象，用以检测爆燃是否发生。该传感器在爆燃时的输出电压比非共振（无爆燃）时的输出电压高得多，因此无须使用滤波器即可判别有无爆燃产生。

共振型压电式爆燃传感器的结构为压电元件紧密地贴合在振荡片上，振荡片则固定在传感器的基座上。振荡片随发动机振动而振荡，波及压电元件，使其变形而产生电压信号。当发动机爆燃时的振动频率与振荡片的固有频率相符合时，振荡片产生共振，此时压电元件将产生最大的电压信号，如图 2-15 所示。

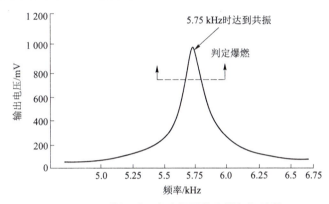

图 2-15　共振型压电式爆燃传感器频幅特性

4. 宽幅共振电压式传感器

现在采用最多的是宽幅共振电压式传感器，其输出特性如图 2-16 所示。

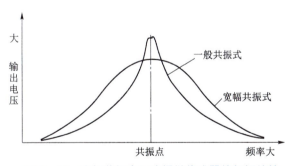

图 2-16　宽幅共振电压式爆燃传感器的频幅特性

虽然其输出的峰值电压较低，但可在较大的振荡频率范围内检测共振电压。当发动机发生轻微爆燃时，此传感器即可输出较大的电压信号，使计算机及早检测到发动机爆燃的产生。由于宽幅共振式爆燃传感器具有感测频率范围较广的优点，因此适用于检测随发动机转速变化而产生不同爆燃频率及不同发动机所具有的不同的爆燃频率。

四、常用爆燃传感器结构

在修理实际中，只有图 2-17 和图 2-18 所示非共振型和共振型爆燃传感器的结构较为常见。

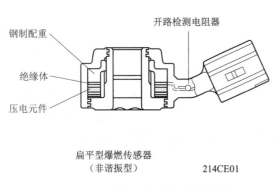
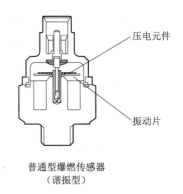

图 2-17　非共振型爆燃传感器的结构　　　　图 2-18　共振型爆燃传感器的结构

五、爆燃控制电路

图 2-19 所示为平面型爆燃控制传感器电路图。平面型爆燃控制传感器（非谐振型）可检测频率为 6~15 kHz 的宽频带振动。

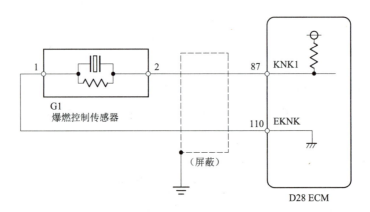

图 2-19　平面型爆燃控制传感器电路

平面型爆燃传感器并联的几百千欧（200 kΩ）电阻可以检测线路故障。

六、爆燃控制

要消除爆燃，前提是必须判断具体哪个缸发生了爆燃，不能一个缸爆燃所有缸点火角都推迟。

1. 爆燃信号的判断

爆燃传感器检测爆燃强度，在产生爆燃之前，计算机会自动减少点火提前角，使点火时刻保持在爆燃边界曲线的附近，以提高发动机的功率，降低燃料的消耗。

来自爆燃传感器的信号，含有各种频率的电压信号，首先须经滤波电路，将爆燃信号与其他振动信号分离，只允许特定范围频率的爆燃信号通过滤波电路，再将此信号的最大值与爆燃强度基准值进行比较，如大于设定基准值，则将爆燃信号电压输入计算机，表示发生爆燃，由计算机进行处理。

图 2-20 所示为压电式爆燃传感器电阻测量，传感器装配于发动机缸体上敏感部位，用于感应发动机产生的爆燃，即计算机通过爆燃传感器探测爆燃强度，进而修正点火提前角，对爆燃进行有效控制，并优化发动机的动力性、燃油经济性和排放水平。

传感器信号相对较弱，为防止干扰，接线端子引线应采用屏蔽线。ECU 对接收的信号进行过滤后判断是否是发生爆燃。

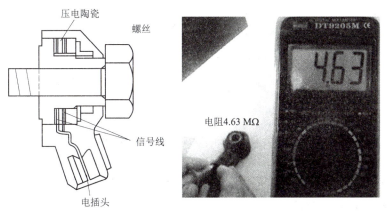

图 2-20　压电式爆燃传感器电阻测量

微课 6　爆燃控制传感器电路

2. 爆燃缸判别功能

发动机的振动频繁而剧烈，故只检测爆燃信号，以防止发生错误的爆燃判别。因此判别爆燃信号，并非随时进行，它有一个"相位判别范围"（图 2-21），只限于辨别发动机点火后爆燃可能发生时的振动，在这个范围内，爆燃传感器的信号才被输入比较电路。

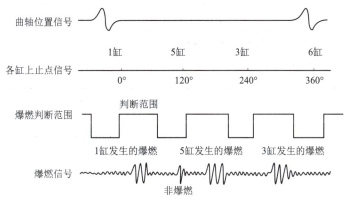

图 2-21　丰田 6 缸发动机爆燃判断的范围

ECU 运用这种算法发现每一气缸刚出现的爆燃。当计算机进行闭环控制，某一缸产生爆燃时，计算机"立刻"减少一定的点火提前角。依据点火顺序，此缸在下一循环点火时又产生爆燃，同样再减小点火提前角，每次逐渐减小点火提前角，一般点火角减小（推迟）不大于 15°。当发动机不产生爆燃时，在一定的时间内维持当前的点火提前角，在此期间若有爆燃产生，则同样会减小点火提前角；若无爆燃产生，则一定时间内又逐渐地增大点火提前角,一直到产生爆燃为止。如图 2-22 所示,点火提前角减小一次达 3°,但引导回到标准,点火提前角为一次 1°。

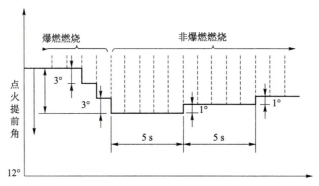

图 2-22　点火提前角减小和点火提前角增大控制

试验表明,当发动机的负荷低于一定值时,一般不出现爆燃(例如,LS400 在 1 600 r/min 以下),此时不宜采用控制爆燃的方法来调整点火提前角。可采用开环控制方法控制点火提前角,即此时计算机不再检测分析爆燃传感器输入信号,只按 ROM(只读存储器)中存储的信息及有关传感器修正控制点火提前角的大小。

要判断在某一时刻究竟应采用开环控制还是闭环控制,由计算机对反映负荷的传感器(空气流量计或进气压力传感器)送来的信号进行分析即可实现。

七、爆燃数据流分析

爆燃缸识别后要推迟爆燃缸的点火角。实际上发动机缸内的压缩压力和炽热点不同,不同气缸有不同的点火推迟角,不能因单缸爆燃各缸都相应推迟,只能针对爆燃气缸的点火正时进行推迟。因此,为了使点火推迟角能反映在不同气缸,每一个气缸的点火推迟角应分别存储。本例为高尔夫 A4 的发动机数据流分析结果。

显示组 03:基本功能—点火提前角。

显示区 1:发动机转速(怠速时 740~820 r/min)。
显示区 2:喷油时间(怠速时 2.0~5.5 ms)。
显示区 3:节气门开度(怠速时 0°~6°)。
显示区 4:实际点火提前角(怠速时为上止点前 0°~12°)。
显示组 22:点火—爆燃控制。

Read measured Value block	22		
xxxx rpm	xxx %	xx. x <	xx. x <

显示区 1：发动机怠速转速（740~820 r/min）。
显示区 2：发动机负荷（15%~35%）。
显示区 3：1 缸爆燃控制点火时间推迟（0°~15°）。
显示区 4：2 缸爆燃控制点火时间推迟（0°~15°）。
把 1 缸和 2 缸放在一起是为了知道此信号是从 1 缸和 2 缸之间的爆燃传感器传来的信号。
显示组 23：点火—爆燃控制。

```
Read measured Value block    23
      xxxx rpm           xxx %              xx. x <            xx. x <
```

显示区 1：发动机怠速转速（740~820 r/min）。
显示区 2：发动机负荷（15%~35%）。
显示区 3：3 缸爆燃控制点火时间推迟（0°~15°）。
显示区 4：4 缸爆燃控制点火时间推迟（0°~15°）。
把 3 缸和 4 缸放在一起是为了知道此信号是从 3 缸和 4 缸之间的爆燃传感器传来的信号。

有的车里点火角推迟后并不显示点火推迟角，而是显示本缸的功率损失，道理是一样的。若对于所有缸推迟值均大于15°，则可能是因为爆燃传感器失效、插头锈蚀、发动机附件振动。

知识点滴：带爆燃传感器的发动机即使使用低辛烷值的汽油也能正常运行，不过此时点火角要推迟；反过来各缸点火角都推迟也成为我们判别汽油质量好坏的一种方法。

八、爆燃传感器自诊断

发动机转速在 1 600~5 200 r/min 时才会发生爆燃，这时诊断和控制才有意义。若 ECU 检测到上述故障码，则故障保护起作用，此时点火延迟角设定在最大值，发动机功率下降，油耗升高。

爆燃传感器本身在实践中很少发生故障，发生故障时多为爆燃传感器拧紧力矩不对，标准为 20 N·m，过大或过小都会产生故障。其故障原因主要为插头锈蚀、有水、爆燃传感器本身内部摔裂损坏、线束或插头损坏。

大多数车的爆燃传感器信号线为银线，为了防止外来干扰又都加了屏蔽线，屏蔽线是与地相通。如果信号线与屏蔽线相通，则屏蔽失去意义，这时信号电压与地电压相等。

一旦发生故障时因点火角推迟，动力下降，驾驶员为保证车速，加速踏板踩下深度增加，导致燃油消耗增加。对于 D 型系统会造成进气歧管压力与正常工况的进气压力相差很大，而发动机转速不高，这样单缸的喷油量又会增加，动力性和排放性下降。

对于单缸爆燃推迟点火角，则可能原因为插头锈蚀、发动机某缸内压缩比变化、发动机附件松动。而各缸点火角都推迟可能是燃油出现问题。观看数据流中有无点火角推迟或使用正时枪看实际点火角是否比正常小，分析点火推迟角大小已成为判别汽油质量、各缸压缩压力和缸内有炽热点的主要方法。

第六节 怠速转矩提升信号

一、负荷扭矩提升

1. 怠速扭矩提升

怠速工况当有负荷（外介的阻力）介入时，发动机要控制气体的进气量增加，以增加发动机扭矩输出，进而阻止发动机转速的下降或熄火。

扭矩提升按控制的目标转速分为两种：一种是根据从发动机呈现的转速变化分为以怠速转速为目标增加扭矩；第二种是以新的稍高的怠速转速为目标增加扭矩。由于第二种能真实地看到转速提高，故也习惯称为发动机怠速提升，不过这两种情况都是扭矩提升，只不过是控制的目标转速设定不同。

2. 怠速工况识别

发动机 ECU 首先要确认是怠速工况，其次是输入怠速提升的前提条件，内容如下：

（1）有怠速开关的四线节气门位置传感器内的怠速开关 IDLE 闭合。

（2）当没有怠速开关的三线节气门位置传感器输出电压低于 0.6 V 时，计算机也识别为怠速。

（3）对于电子节气门的车辆，怠速状态识别不在节气门位置传感器内，而在加速踏板位置传感器上，即不踩加速踏板（或踩制动踏板）时，计算机通过传感器电压确认为怠速工况。

二、怠速负荷提升信号

1. 发电机负荷信号

当因开启前照灯、雾灯、鼓风机等用电量较大的电器设备而导致发电机负荷增大时，为防止励磁电流在饱和时仍发电量不足或因励磁电流增大时发动机转速下降导致发电量不足，在有用电负荷时应向 ECU 输入此信号，ECU 以此作为点火提前角与进气量控制的修正信号，控制过程为先增大点火提前角，如果效果不明显，则怠速控制系统增加进气量，当空气流量计监测到后，自动改变喷油量，这样设计有利于排放控制。

带端子 M 的 IC（集成电路）调节器端子 M 的作用。图 2-23 所示为丰田车的发电机负荷信号 M，对于有 PTC 电加热器的车辆，如果在发电机怠速情况下使用 PTC 电加热器，则耗电总量大于发电机的发电量。装上 M 端子后，端子 M 经过与调节磁场电流的 Tr1 同步的 Tr3 将发电机的发电状态发送到发动机 ECU，发动机 ECU 根据来自 M 端子的信号控制发动机怠速提升和 PTC 电加热器，当 PTC 加热器的作用不够时（装在加热器芯中），它将加热发动机的冷却剂。

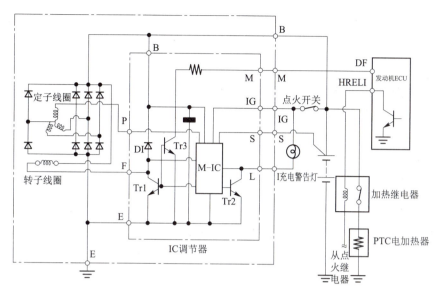

图 2-23　丰田车的发电机负荷信号 M

大众在 2005 年以后的车型中采用了电子节气门系统，即在发电机上多了一个端子 DFM 励磁调节反馈信号，DFM 内传输占空比形式的发电机负荷信号，当占空比超 70% 时，发动机控制单元控制电子节气门系统怠速开始提升。这样的设计对蓄电池非常有利，可保证蓄电池处于充饱状态，延长了蓄电池的使用寿命。同时在外界用电量特别大时，即发电机转子线圈内电流饱和时，发电机发电电流不能再增大，这时提高发电量的唯一方法就是提高发动机转速，这一点在现在用电设备越来越多、发电机却不变的轿车上非常实用。

2. 空调作用信号

当空调开关打开，空调压缩机进入工作，发动机负荷加大时，由空调开关向 ECU 输入空调作用信号（A/C），作为对喷油量及点火提前角控制的修正信号。

图 2-24 所示为空调作用信号（A/C）电路。空调控制总成的 MGC 端子在 ECU 内搭铁时，发动机 ECU 内的 A/C 端子由 5 V 变为 0 V，发动机开始怠速提升（实际转速并未增加，只增加了发动机的转矩）。也就是说丰田的怠速提升是先有外来输入信号再提升发动机转速的。

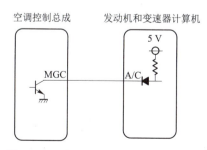

图 2-24　空调作用信号（A/C）电路

大众汽车也有这样的一根线（有 CAN 功能时，申请信号可在 CAN 线中传输），在打开空调前先通知发动机 ECU 控制稳速提升，然后空调才正式打开。这是因为空调这个负载太大，ECU 仅根据转速进行反馈控制，调节较慢，是不切合实际的，所以都是有信号先进入 ECU，先提升发动机扭矩后，空调再打开，可避免发动机转速下降。

3. 空挡位置开关

丰田自动变速器由 P 或 N 挡挂入其他挡位时，发动机负荷将有所增加，挡位开关向 ECU 输入信号，作为对点火提前角及进气量的修正信号。

大众车发动机 ECU 不接收空挡开关信号，这是因为挂挡这个负载不大，而且是慢慢加到发动机上的，ECU 仅根据转速进行反馈控制就来得急，所以没有信号先进入 ECU，发动机动力紧跟阻力提升即可。

4. 离合器开关信号

在手动变速器上，离合器开关信号相当于自动变速器的空挡位置开关信号，在离合器接合和分离过程中，由离合器开关向 ECU 输入离合器工作状态信号，作为控制起动、切断巡航、挂挡时增大点火提前角及进气量控制的修正信号。

[修理指导] 开关信号不具有上码功能，因为 ECU 不知道开和关是人为触发的还是故障状态。为了能进行诊断，需要在开关上并联一个电阻。一般电路图中不画此电阻，想知道开关是否有上码功能，只需要查故障码表是否有开关信号的故障码。上码的开关有短路和一定电阻两种状态，没有断路状态。

例如，奥迪 A6L 手动变速器离合器开关信号为常闭型。当起动车前仪表提示要求先踩下离合器，开关断开，但线路仍为一定电阻状态。其原因是开关进水，开关因绿铜锈变厚而使其在踩下离合器时仍为闭合且电阻很小的状态，所以起动机不运转。此时拔下开关让此线断路也是起动不着车的，只能换新开关。

5. 制动开关信号

变速器在行驶挡位，制动时变速器内涡轮瞬间停止会给发动机加一个运转阻力，发动机因此会降速。此时由制动开关向 ECU 提供制动信号，作为对点火提前角、进气量、自动变速器锁止解除等的控制信号。在急制动时，右脚从加速踏板位置传感器迅速放到制动踏板上，这时加速踏板还没完全回位，控制单元命令迅速关闭电子节气门，禁止动力输出，此时车轮通过传动系统带动发动机转速升高，发动机转速升高可增大进气管的真空度，以利于真空助力器的助力作用。

[修理指导] 现在轿车的制动开关通常为一常开 [用于制动灯和 ABS（防抱死制动系统）]、一常闭（用于取消巡航）两组开关，踩制动踏板时变成一闭、一开，若不同步则上故障码。制动开关在电子节气门车辆有解除发动机 ECU 的巡航及识别怠速功能。

6. 动力转向开关信号

采用动力转向装置的汽车，当转向盘由中间位置向左右转动时，由于动力转向油泵工作而使发动机负荷加大，此时动力转向开关向 ECU 输入修正信号，调整点火提前角及进气量。有的车发动机 ECU 不接收动力转向开关信号，这是因为转向这个负载不大，而且也是慢慢加到发动机上的，ECU 仅根据转速进行反馈控制就来得急，所以没有信号先进入 ECU，发动机动力紧跟阻力提升即可。

第七节　催化转换器

一、三元催化器

HC、CO 和 NO_x 这三种气体也称三元气体,处理这三种气体的催化器称为三元催化器。为了减少 HC、CO 和 NO_x 这三种气体的排放,可利用三元催化器(简称 TWC = three way catalyst)内贵重金属铂、钯、铑作催化剂将排气中的 HC、CO 氧化成二氧化碳(CO_2)和水(H_2O),将 NO_x 还原为氮气(N_2)。图 2-25 所示为三元催化器的催化转化原理。

三元催化器的转化效率与空燃比关系极大,当混合气偏离标准空燃比时,转化效率变得很低。

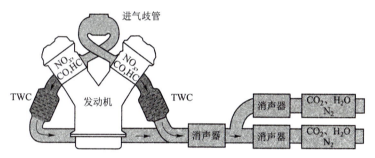

图 2-25　三元催化器(TWC)的催化转化原理

微课 7　三元催化器(TWC)的催化转化原理

二、催化转化器的结构和类型

催化转化器由金属外壳、载体和活性催化剂层组成。

现在主要有以下两种不同的载体装置。

1. 陶瓷单体式

陶瓷材料为耐高温的镁铝硅酸盐,这种单体结构对机械应力特别敏感,所以需要将它装在一个金属壳内。壳体内壁与载体之间是直径约为 0.25 mm 的高合金钢丝缠绕成的柔性金属网。金属网必须是柔性的,以弥补汽车行驶底盘碰撞挤压产生的机械应力。陶瓷单体是现在使用得最频繁的陶瓷转化器载体,这种结构已被欧洲所有的制造商采用,并且大部分替代了美国和日本早期的颗粒结构。

2. 金属单体式

金属单体仅是有限地使用,它们主要用作预催化(起动催化器),装在紧靠发动机的位置,这样发动机冷起动后就可以更快地进行催化转化。但它的价格比陶瓷单体昂贵。

涂在陶瓷单体或金属单体表层上的活性催化物质都为稀有金属铂和钯或铂和铑。活性催化物质依附在氧化铝的洁净表面上,这个载体表层使催化转化器的有效表面积增大了几千倍。

在氧化型催化转化器中,用作活性催化层的是稀有金属铂和钯。铂和铑用于三元催化转化器。铂能加速碳氢化合物和一氧化碳的氧化反应,铑能促进氮氧化物的还原反应。每个催化转化器的稀有金属用量一般为 2~3 g。

三、催化转化对象

1. 双床催化转化器

双床催化转化器由两个串联的催化单元组成,因此命名为"双床"。这种方案只用于发动机在浓混合气（λ 小于 1）,即空气不足的场合。废气在进入氧化催化转化器之前,先通过一个催化转化还原装置还原氮氧化物后,又有空气喷在两个转化器之间,第二级催化氧化碳氢化合物和一氧化碳。

因为只有在浓混合气条件下才能工作,所以从燃油经济性的角度来看,双床原理是缺乏吸引力的。它的优点是能够使用在没有电子控制的简单的混合气形成系统中。它的缺点是,在稀混合气的条件下还原氮氧化物的过程中会生成氨气（NH_3）,一部分氨气在随后的空气喷射中会再次氧化变化氮氧化物。

2. 三元催化转化器

三元催化叫单床转化器,主要优点在于它能将三种污染物都除去一大部分。其催化高效率的条件是发动机吸入的混合气始终保持在理论空燃比附近,所以三元催化转化器必须和氧传感器组成的闭环控制结合在一起,才能达到最有效的污染净化系统,这就是排放限制要求特别严格的场合使用这种系统的原因。

3. NO_x 储存式催化转化器

缸内直接喷射的稀燃发动机排出 NO_x 的浓度明显高于传统的动力装置。NO_x 储存式催化转化器利用稀废气中的氧气将氮氧化物氧化为硝酸盐,聚集在转化器的活性物质表面。当催化剂的能力快要耗尽时,储存催化剂必须能再生。再生的方法是将发动机的工况暂时切换到均匀的浓混合气状态,这时所提供的大量的 CO 促使硝酸盐还原成氮气。发动机管理系统的 ECU 根据已存储的数据来评价转化器的吸收和释放性能,以此来控制储存和再生状态,装在催化转化器前、后的两只氧传感器共同监测排放值。

[技术指导] 国内车现在多用三元催化转化器,而不用双床催化转化器。对于 NO_x 储存式催化转化器是针对稀燃发动机的,尚没有应用。

三元催化转化器最怕三件事:积炭堵塞、催化剂中毒、高温烧毁。

如果汽车使用了较差的汽油,造成排气管积炭严重,发动机无法高速运转,进而造成排气管积炭更严重,造成大量积炭而堵死三效催化转化器,而短时间内汽车在热车状态下积炭无法凝固,不会完全把三效催化转化器堵死,所以汽车熄火后可以起动,而长时间停车后就无法起动。

四、催化转化器的工作条件

温度是催化转化器的一个很重要的影响因素。催化转化器有效转化污染物的最低温度是250 ℃，而要达到转化率高且寿命长的理想状况，温度应为 400~800 ℃。当温度达到 800~1 000 ℃时，稀有金属会烧结在 Al_2O_3 载体的表面上，减小了有效催化接触面积，并加速催化剂的热老化；温度超过 1 000 ℃会使催化剂迅速变质，很快就会变得无用。

考虑过热失效大大限制了安装位置的选择范围，最终只能采取折中方式。通过改善涂层的热稳定性（临界温度达到 950 ℃）有望缓解这种局面。催化转化器在良好的工作条件下，至少能运行 10 万 km。另外，若发动机工作不正常，如失火，可能使催化剂的温度达到 1 400 ℃以上，则会将载体材料烧熔而使转化器完全损坏。

[检修指导] 防止高温出现的主要方法是发展极度可靠的缸内失火识别系统。电控点火系统的失火识别功能为达到这些标准做出了很大贡献。

另一个能保证长期可靠工作的条件是发动机使用专用的无铅汽油，铅的生成物沉积覆盖在活性催化剂表面微细小孔的内部和上方，减少了小孔的数量。事实上我国早已没有含铅汽油。此外，发动机的残余机油也会使催化转化器"中毒"。

五、氧传感器

三元催化转化器必须是混合气在理论空燃比 14.7 附近才有高效率，使 CO、HC 的氧化作用与 NO_x 的还原作用同时进行，具有向 CO_2、H_2O、O_2、N_2 无害化充分转化的能力。若实际空燃比不在 14.7 附近，排出的 CO、HC、NO_x 在排气中的混合比例不对，如混合气过稀时生成 NO_x 较多，生成 CO、HC 较少，则 CO、HC 氧化成 CO_2、H_2O，NO_x 还原成 O_2、N_2 也能少量进行，但剩下的大多数 NO_x 不能被还原；反之，混合气过浓时生成 CO、HC 较多，生成 NO_x 较少，则 NO_x 的还原作用也能少量进行，但剩下的大多数 CO、HC 不能被氧化。

为了有效地利用三元催化转化器充分净化排气，就要提高空燃比的控制精度，使其维持在以理论空燃比为中心的非常狭窄的范围内，并需要通过氧传感器监测尾气氧气浓度来判别空燃比大小，以修正实际喷油量。

根据氧传感器监测混合气浓度的范围可分为窄带式和宽带式两种。

早期的氧传感器只能监测浓稀两种状态，不能确定空燃比偏离理论空燃比的程度，所以称窄带型氧传感器。窄带型氧传感器又分为氧化锆式和氧化钛式两种氧传感器。

目前监测空燃比范围为 10.0~60.0 的新型氧传感器已实际应用，因能确定空燃比偏离理论空燃比的程度，所以也称为宽带型氧传感器，2002 年开始已在中高档汽车上广泛应用。

第八节　窄带型氧传感器

一、功能性陶瓷材料

传统陶瓷是以氧化物为主，主要是天然硅酸盐矿物的烧结体，而新型陶瓷还有氮、碳、硼和砷的氧化物。现在，陶瓷（ceramic）是指经高温烧结而成的一种各向同性的多晶态无机材料的总称。多晶态之间往往还有玻璃体和气体，所以陶瓷一般由晶相、玻璃相和气相组成，其中晶相是主成分相，玻璃相为副成分相。陶瓷性能主要由其组成和微观结构的特点而定。结构和显微组织的多样性决定了陶瓷具有多种功能与广泛用途，这里只介绍功能性陶瓷材料。

功能性陶瓷材料是通过各种物理因素如声、光、热、电、磁、气作用而显示出独特功能的材料。例如，ZrO_2、TiO_2 的高温电子陶瓷，对于氧气浓度差显示出优良的敏感特性。

二、氧化锆式氧传感器

二氧化锆陶瓷对氧离子浓度特别敏感，也称气敏陶瓷体。在内外有氧离子浓度差时，氧离子由高浓度向低浓度扩散时形成电池，这是窄带型氧传感器的原理。图 2-26 所示为窄带型氧化锆式氧传感器和输出信号。

微课 8　窄带型氧化锆式
氧传感器和输出信号

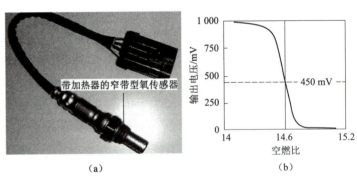

图 2-26　窄带型氧化锆式氧传感器和输出信号

1. 氧化锆式氧传感器结构

氧化锆式氧传感器的基本元件是专用陶瓷体，即氧化锆（ZrO_2）固体电解质。陶瓷体制成试管式的管状，亦称锆管。锆管固定在带有安装螺丝的固定套中，其内表面与大气相通，外表面与废气相通。锆管内外表面都覆盖着一层多孔性的铂膜作为电极。氧传感器安装于排气管上，为了防止废气中的杂质腐蚀铂膜，在锆管外表的铂膜上覆盖有一层多孔的陶瓷层，并且加装一个防护套管，套管上开有槽口。氧传感器的接线端有一个金属护套，其上开有一孔，用于锆管内表面与大气相通，电线将锆管内表面铂极经绝缘套从传感器引出。

2. 氧化锆式氧传感器工作原理

如图 2-27 所示，锆管的陶瓷体是多孔的，允许氧渗入该固体电解质内，温度较高时，氧气分子发生电离变成氧离子。若陶瓷体内（大气）、外（废气）侧氧离子含量不一致，即存在着浓差，则在固体电解质内部氧离子从大气一侧向排气一侧扩散，结果锆管元件成了一个微电池，在锆管两铂极间产生电压。当混合气稀时，排气中氧含量多，两侧氧浓度差小，只产生小的电压；而当混合气浓时，排气中氧含量少，同时伴有较多的未完全燃烧的产物 CO、HC、H_2 等，这些成分在锆管外表面的铂催化作用下与氧发生反应，消耗排气中残余的氧，使锆管外表面氧气浓度变成零，这样就使得两侧氧浓度差突然增大，两极间产生的电压便突然增大。

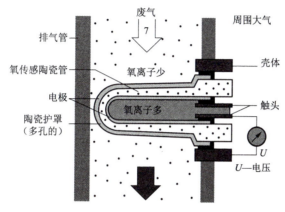

图 2-27 氧传感器工作原理

图 2-26（b）所示为氧传感器在 600 ℃ 工作温度下的两状态氧传感器电压曲线。氧传感器产生的电压将在过量空气系数 λ=1 时产生突变；λ>1 时，氧传感输出电压几乎为零，一般为 0.1 V；λ<1 时，氧传感器输出电压接近 1 V 或 0.9 V。在发动机混合气闭环控制的过程中，氧传感器相当于一个浓稀开关，根据空燃比变化向计算机输送脉冲宽度变化的电压信号。

知识点滴：由于信号只在空燃比 14.7 附近突变，其他空燃比范围信号差别不大，所以只能利用它在 0.45 V 上下的两态信号判断浓稀，而不能具体知道空燃比的大小。

三、氧化钛式氧传感器

氧化钛式氧传感器是利用二氧化钛（TiO_2）材料的电阻值随排气中氧含量的变化而变化的特性构成的，故又称电阻型氧传感器。

二氧化钛是在室温下具有很高电阻的半导体。但当排气中氧含量少（混合气浓）时，氧分子将脱离，使其晶体出现缺陷，便有更多的电子可用来传送电流，材料的电阻亦随之降低。此种现象与温度和氧含量有关，因此，欲将二氧化钛在 300~900 ℃ 的排气温度中连续使用，必须做温度补偿。

氧化钛式氧传感器具有两个二氧化钛元件：一个是具有多孔性用来感测排气中氧含量的

二氧化钛陶瓷；另一个则为实心二氧化钛陶瓷用来作加热调节，补偿温度的误差。该传感器外端以具有孔槽的金属管作为防护套，一方面能让废气进出，另一方面可防止里面二氧化钛元件受到外物撞击。传感器接线端以橡胶作为密封材料，防止外界气体渗入。它一般安装于排气歧管或尾管上，同时可借助排气高温将传感器加热至适当的工作温度。

氧化钛式氧传感器的优点是结构简单、造价便宜、抗腐蚀和抗污染能力强、经久耐用、可靠性高。

二氧化钛式氧传感器的输出特性与水温传感器的输出特性差不多，所以线路图与水温传感器相同。二氧化钛式氧传感器与二氧化锆式相比信号有差别，即它们的变化趋势正好相反，混合气浓时二氧化钛式氧传感器电压变低、二氧化锆式电压变高。

四、氧传感器功能

1. 空燃比反馈控制

混合气浓时，输出电压大于 0.45 V，ECU 收到信号后减少喷油量；混合气稀时，输出电压小于 0.45 V，ECU 收到信号后增加喷油量，从而控制空燃比。

2. 监测催化器转化效率

这个监测过程要通过安装在转化器后端的副氧传感器来实现，它是装在转化器前端的主氧传感器的补充。因为一个处于转化效率高的催化转化器会在还原 NO_x 时放出更多的氧气，这些氧气在氧化 CO、HC 时是用不了的，所以多余的氧气会削弱氧传感器的波动。

随着催化剂的老化，催化转化效果逐渐恶化，最终，来自主副两个氧传感器的信号曲线汇聚于一点。因此，两个氧传感器发出的信号的比值可作为评估催化转化器工作状况的依据。当探测到催化转化器中的故障时，仪表三元催化器故障灯将会提醒驾驶员。

五、氧传感器加热器

氧化锆式氧传感器输出信号的强弱与氧传感器内腔通大气端的工作温度有关，内腔通大气端的工作温度越高，氧离子数目越多，输出信号越明显。所以有些氧传感器采用加热式的方法来保证其工作温度，称为加热式氧传感器。加热后，氧化锆这种陶瓷通渗性更好。

加热式氧传感器的结构原理与不加热式的相同，只是在传感器内部增加了一个陶瓷加热元件加热。早期的加热器不受 ECU 控制，温度不准，大气端的氧离子数目不恒定，信号不精确，且不能进行自诊断。

现在轿车的加热器负极端由 ECU 控制，ECU 通过检测电流（过热时电阻大、电流小）来确定加热器的温度，控制温度更精确。其优点是使氧传感器安装灵活性大，不受极端升温的影响，同时，也扩大了混合气闭环控制的工作范围。图 2-28 所示为大众窄带型氧化锆式氧传感器电路。

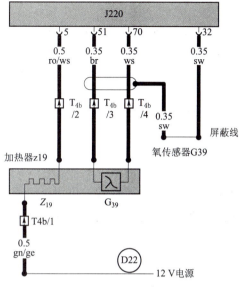

图 2-28　大众窄带型氧化锆式氧传感器电路

[**技术指导**] ECU 识别氧传感器加热器加热温度的方法是加热温度过高时，Z_{19} 电阻变大，回路的电流变小，ECU 改变通电状态为频率状态。

六、氧传感器故障诊断

1. 电信号的可信度

系统不断地评估传感器信号的可信度。系统对不可靠信号（如信号线与加热器电源或搭铁之间短路）的反应是关闭与氧传感器控制相关的功能，与此同时，故障记录里会插入相应的故障代码。氧传感器信号线与加热器线正极短路时，有的车系会烧计算机。

2. 传感器动态响应

氧传感器在高温中长期暴露后，会使其对混合气的变化反应迟钝，于是两状态控制曲线中的相位周期延长。诊断功能可监测这种频率的快慢，并触发诊断灯以提醒驾驶员。图 2-29 所示为氧传感器输出信号。氧传感器的波形测试或氧传感器高低电压的跃变时间是在没有检测仪时判别混合气浓度不正确和氧传感器好坏的最好方法。好的氧传感器在 2.5~3.0 s 时会发生浓稀信号交变。

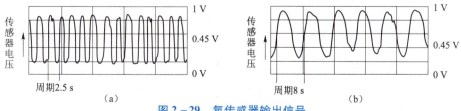

图 2-29　氧传感器输出信号
(a) 新氧传感器；(b) 老化的氧传感器

3. 主副氧传感器的信号比较

每只排气管装有两个氧传感器,这就可以用催化转化器后端的传感器检测其前端的传感器在其有效响应范围内的漂移量。

4. 加热器

系统要检测氧传感器加热器电阻的电流,从而确定加热器的工作温度。

七、氧传感器万用表检查

汽车氧传感器可以用检测仪检查,没有检测仪时可用万用表检查,这里主要介绍万用表检查。氧传感器的信号测量有两种:一种是测量转化后的信号,另一种是直接测量传感器的信号。

1. 直接测量间接信号

暖机发动机至正常工作温度。发动机加速到节气门部分开度,转速为 2 500 r/min,测量检查氧传感器信号输出端子 OX_1 和 OX_2 与 E_1 之间的电压,正常情况下,电压在 0.1 ~ 0.8 V 交变。新传感器每 10 s 指针摆动 8 次正常,即高电位 0.8 V 4 次、低电位 0.1 V 4 次。

2. 间接测量氧传感器电压

间接测量是指发动机控制单元对氧传感器的直接信号经施密特触发器处理后进行测量,这里以丰田车系为例说明。步骤如下。

(1)暖机至发动机正常工作温度。

(2)用短接线短接自诊断插头的端子 TE_1 和 E_1。

(3)将红表笔接至检查连接器的端子 VF_1 和 VF_2,而黑表笔接至检查连接器的端子 E_1,使发动机在 2 500 r/min 下运转约 2 min,加热氧传感器。然后,保持发动机在 2 500 r/min 下运转,数一数伏特表指针在 0 ~ 5 V 的摆动次数。新传感器每 10 s 指针摆动 8 次正常,即高电位 0.9 V 4 次、低电位 0.1 V 4 次。若电压始终为 0 V 或始终为 5 V 则不正常。

第九节　空燃比反馈控制

一、为什么要进行空燃比反馈控制

为了获得三元催化转化器所要求的空燃比,必须十分精确地控制喷油量。主要有以下情况。

(1)如喷油器漏油或堵塞,就会造成实际混合气过浓或过稀。

(2)点火系统缺火或火花能量不足会造成混合气(HC 和新鲜空气)直接进入三元催化器燃烧,造成动力性、经济性和排放性下降。

(3)气门正时不对,混合气(HC 和新鲜空气)也直接进入三元催化器燃烧。

(4)空气流量计漏气会造成生成 NO_x 过多或空气流量计有故障后的输出曲线有偏差。

(5)水温传感器输出曲线有偏差(水温传感器是控制喷油量的传感器及氧传感器主要开环和闭环控制的控制传感器)。

(6)燃油系统喷油压力调节机构失效。

(7)进气温度传感器信号输出曲线有偏差等。

以上这些情况仅凭空气流量计测得进气量信号是达不到较高的控制精度的,且都会造成燃烧后排出的 CO、HC、NO_x 在排气管中的混合比例不对,三元催化器效率下降,排放污染增多。因此,必须借助安装在排气管中的氧传感器送来的反馈信号对理论空燃比进行反馈控制。

二、空燃比反馈控制过程

如图 2-30 所示,大众车系 ECU 控制的喷油量主要由空气流量计 G70 和发动机转速传感器 G28 决定,实际喷油量因元件损坏有偏差,喷油量确定的空燃比会偏离 14.7,前氧传感器 G39 对空燃比进行负反馈控制,后氧传感器 G130 用于监测三元催化器的催化效率。

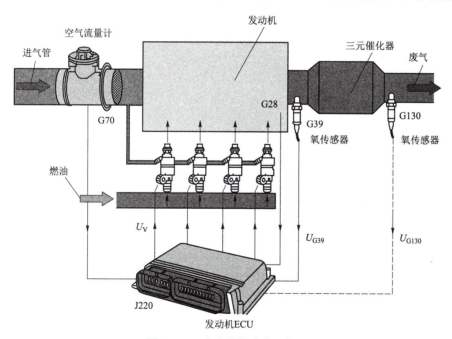

图 2-30 喷油量的确定和修正

微课 9 喷油量的确定和修正

根据氧传感器的输出特性,氧传感器输出电压信号在过量空气系数等于 1 时或者说在理论空燃比 14.7 处发生跃变。ECU 有效地利用这个空燃比反馈信号,将其信号电压与基准电压 0.45 V 进行比较,判定混合气的浓稀程度以进行控制。如比理论空燃比浓,则缩短喷油时间;反之,过稀,则延长喷油时间,这就是空燃比反馈控制。

图 2-31 所示为氧传感器数字化后电压信号和空燃比反馈二者之间的波形关系。

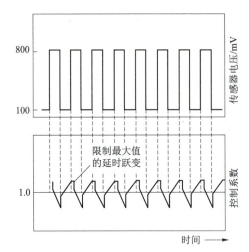

图 2-31　氧传感器数字化后电压信号和空燃比反馈二者之间的波形关系

ECU 根据氧传感器的输入信号,对混合气空燃比进行控制的方法称为闭环控制。它是一个简单而实用的闭环控制系统。这个控制系统需要经过一定时间间隔,控制过程才能响应,即从进气管内形成混合气开始,至氧传感器检测排气中的含氧浓度,需要经过一定时间。这一过程的时间包括混合气吸入气缸、排气流过氧传感器以及氧传感器的响应时间等。由于存在迟后时间,要完全准确地使空燃比保持在理论空燃比 14.7 是不可能的,因此实际控制的混合气的空燃比总是保持在理论空燃比 14.7 附近的一个狭窄范围内。

三、反馈控制实施条件

采用氧传感器进行反馈控制即闭环控制期间,原则上供给的混合气是在理论空燃比附近。但在有些条件下又是不适宜的,如发动机起动以及刚起动而未暖机时,由于发动机冷却水温度低,这时需要较浓的混合气,如按反馈控制供给的混合气在理论空燃比附近,发动机可能会熄火。又如发动机在大负荷、高转速运转时(实际在高速公路,车速超 130 km/h,风阻很大,要保证高车速必须深踩加速踏板才能维持发动机高转速高扭矩,发动机转速高,车速才能高)也需要较浓的混合气,如按反馈控制供给的混合气也在理论空燃比附近,则发动机会运转不良。所以在有些情况下应停止反馈控制,即进入开环控制状态。

一般以下情况反馈控制作用解除。

(1) 发动机起动时。
(2) 起动后燃油增量修正(加浓)时。
(3) 冷却水温度使燃油增量修正时。
(4) 节气门全开(大负荷、高转速)时。
(5) 加减速燃油量修正时。
(6) 燃油中断停供时。
(7) 从氧传感器送来的空燃比过稀信号持续时间大于规定值(如 10 s 以上)时。
(8) 从氧传感器送来的空燃比过浓信号持续时间大于规定值(如 4 s 以上)时。

此外,氧传感器的温度在 300 ℃ 以下不会产生电压信号,当然反馈控制也不会发生作用。

以上为综合说法，各种发动机的反馈控制作用解除情况可能不完全一样。

四、学习空燃比控制

“学习空燃比控制”也叫学习控制，其目的是进一步提高空燃比的控制精度。

对于某一型号的发动机来说，各种工况下的基本喷射时间是标准数据，它们都按照ECU存储器ROM中存储的数据进行。但在实际运行过程中，由于发动机性能的变化，如空气系统、供油系统的性能变化，可能会造成实际空燃比相对于理论空燃比的偏离不断增大。空燃比的反馈修正可以修正空燃比的偏差，但偏差大时，总是需要一段时间才能找到浓稀的跃变点，导致控制不精确。

为了在下次运行时直接找到跃变点附近，提高控制精度，ECU记录上一次运行时的空燃比的修正值，下一次运行时直接使用。修正范围是有限的，如图2－32所示，一般闭环控制空燃比修正系数为0.80～1.20，也有0.75～1.25，在诊断仪里显示为±20%或±25%。如果反馈修正时，反馈修正值的中心偏向稀或浓的一边，当修正值超出修正范围时，就会造成控制上的困难，此时相对应混合气只能为过稀或过浓，不再进行修正调节。

不可能修正范围
C
1.25
B
过量空气系数
A
1.0
可修正范围
0.75

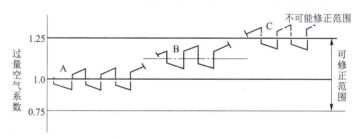

图2－32 学习空燃比控制修正范围

图2－33所示为学习空燃比控制过程。例如：由于某种原因，造成实际空燃比偏离理论空燃比，致使混合气偏浓。氧传感器输出高电压0.9 V，ECU修正空燃比1%，即ECU控制喷油量减少1%，再监测仍是混合气偏浓，ECU修正后空燃比到2%，即ECU控制喷油量再减少2%，如此反复10次后，监测仍是混合气偏浓，ECU修正后空燃比到10%。第11次后，ECU监测到氧传感器信号变为高0.9 V和低0.1 V之间交变，说明实际空燃比和理论空燃比相差10%，修正值为－10%，即减少喷油量10%，修正后ECU控制空燃比按90%的标准喷油量喷射，而实际在气缸内得出的正好是标准空燃比。

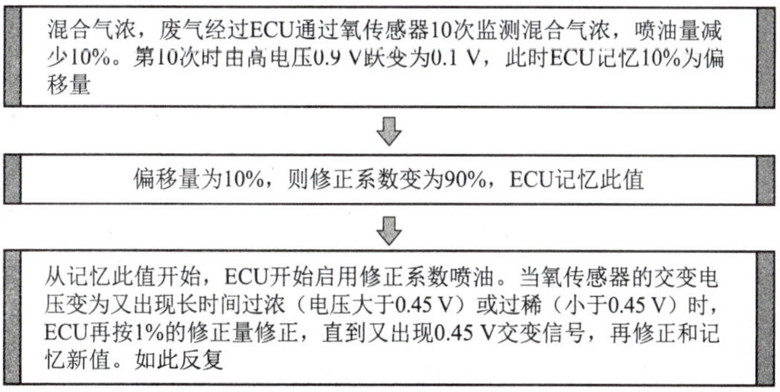

混合气浓，废气经过ECU通过氧传感器10次监测混合气浓，喷油量减少10%。第10次时由高电压0.9 V跃变为0.1 V，此时ECU记忆10%为偏移量
偏移量为10%，则修正系数变为90%，ECU记忆此值
从记忆此值开始，ECU开始启用修正系数喷油。当氧传感器的交变电压变为又出现长时间过浓（电压大于0.45 V）或过稀（小于0.45 V）时，ECU再按1%的修正量修正，直到又出现0.45 V交变信号，再修正和记忆新值。如此反复

图2－33 学习空燃比控制过程

这样有个缺点,即在下次打点火开关时,由于故障未排除,混合气仍浓,ECU 还得重新修正 10 次才能使实际排出的 CO、HC、NO_x 在排气中的混合比例正确,这样不利于排放控制。

要想下次反馈控制时直接就减少 10% 的喷油量,方法只能是反馈修正值的中心位置由原 1.0 修正为 0.9 的位置(减少 10%)。此时 ECU 控制的过量空气系数偏离标准过量空气系数 0.1,事实上按 0.9 配制的混合气在缸内就是 1.0,可以直接使用。

以上是氧传感器调节混合气浓度步进为 1% 的学习控制,实际中在氧传感器检测时每次喷油量的步进不一定是 1%,也可能每次喷油量的步进是 2%,这个依据控制软件的设置而定。步进越大时,纠正混合气浓度到跃变点的时间越短,但到跃变点修正值已确定后,每次喷油量微调的误差也相对变大。

ECU 求出学习"修正值"后,将该值存入存储器中(读数据流时可以读出),在下次行车过程中把当前条件的"学习修正控制值"0.9 立即反映到喷射时间上。如再发生其他故障,则在此基础上可以继续修正。由于学习控制修正值能在故障未消除之前立即反映到喷射时间上,故提高了空燃比的控制精度,在三元催化器的催化配合下,把 CO、HC 氧化成 CO_2、H_2O 及将 NO_x 还原成 O_2、N_2 得以充分进行。

ECU 中存储学习控制修正值的存储器为 EEPROM(电擦写只读存储器,相当于家用 U 盘)或 RAM(随机存取存储器),存储器不同,换蓄电池后现象不同。EEPROM ECU 常电源断电后内部存储的信息不丢失。若存储器是 RAM(相当于家用电脑内的内存条),ECU 常电源断电后内部存储的信息会丢失。两者的差别是对于存储器为 RAM,换蓄电池时,RAM 中的自适应数据丢失,换蓄电池着车后发动机一段时间内空燃比不正常,甚至有回火或放炮现象,不过一段时间内,ECU 会重新找到新的修正值,这段时间内发动机的性能会由差变好,EEPROM 则不存在这种现象。

若是发动机故障消除,初始运行过程空燃比因旧修正值的影响混合气反而不正确,不过一会儿就会修正过来。

知识点滴:氧传感器的修正自适应值数据在检测仪的数据流中非常重要。

第十节 宽带型氧传感器

一、宽带型氧传感器结构

窄带型氧传感器在内外有氧离子浓度差时,氧离子由高浓度向低浓度扩散形成电池;反过来对 ZrO_2 陶瓷加电流时,会在 ZrO_2 陶瓷内外形成氧离子浓度差而形成氧气泵,且加电流方向决定氧离子的扩散方向,利用这个原理把可 ZrO_2 陶瓷加电流做成泵气的单元泵。

宽带型氧传感器恰恰是利用了窄带型氧传感器和单元泵的工作原理合二为一的一种测量范围变大的气体浓度传感器。窄带型氧传感器发出的是混合气稀或浓的交替跃变信号,不能直接确定浓稀偏离程度,偏离程度由多次修正才能在 ECU 内得出。而宽带氧传感器可以通过废气流来确定浓稀偏离程度。

二、宽带型氧传感器原理

在图 2-34 所示的宽带氧传感器的原理图中，废气流通过气室，只有当"气室氧浓度"是标准空燃比 14.7 时，窄带型氧传感器信号电压才在 0.45 V，此时 ECU 控制泵单元不泵也不排出气室内的氧气，信号电压在 1.5 V 左右。

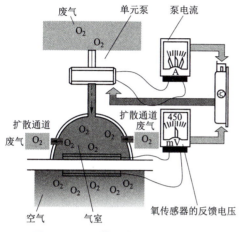

图 2-34 宽带氧传感器的原理图

微课 10 宽带氧传感器的原理

当混合气浓时，气室中的氧气浓度会低，若电压高于 0.45 V，则 ECU 识别后让泵电流改变方向，此时向气室中泵入氧气，电流越大，泵入氧气越多，气室中氧气变多，浓度恢复到窄带型氧传感器电压为 0.45 V 时，泵电流大小即可反映废气中氧的浓度，信号电压在 1.0 V 至 1.50 V 之间。当混合气稀时，气室中的氧气浓度会高，若电压低于 0.45 V，则 ECU 识别后让泵电流改变方向，电流越大，排出越多，气室中氧气变少，浓度恢复到窄带型氧传感器电压为 0.45 V 时，泵电流大小即可反映废气中氧的浓度，信号电压在 1.5 V 至 2.0 V 之间。

图 2-35 所示为宽带氧传感器结构和输出曲线。废气稀时得到正的泵电流，而废气浓时则得到负的泵电流，它可以监测的空燃比范围为 10.0~60.0，是正常发动机因故障造成稀燃和未来稀燃发动机监测空燃比的必需传感器，所以它是发展趋势。

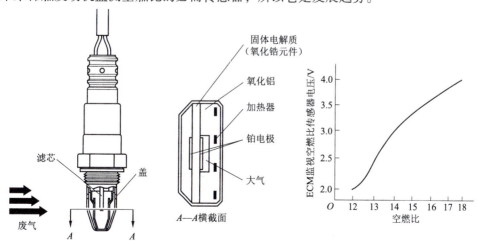

图 2-35 宽带氧传感器结构和输出曲线

[技师指导] 宽带氧传感器最终输出电压，因电路结构稍有不同，使在空燃比为 14.7 时输出的电压也不同。在标准空燃比时，有些汽车输出电压在 3.2 V 左右，有些汽车在 1.5 V 左右。大于 3.2 V 或 1.5 V 时为稀，小于 3.2 V 或 1.5 V 时为浓。

宽带氧传感器可以通过废气流来确定浓稀偏离程度，使空燃比修正更加迅速、精确。

第十一节　氧传感器故障诊断

早期三元催化器之前和之后的氧传感器相同，为窄带型。现代汽车一般前氧传感器为宽带型，后氧传感器为窄带型，数据流为氧传感器工作状态和修正偏离值。在工作条件满足时，主要观察工作状态变化的频率和修正值是否超限。

一、宝来氧传感器自诊断

检查条件主要为冷却液温度不低于 80 ℃，且排气系统无泄漏。

1. 前氧传感器的自诊断

检查前氧传感器的老化情况：发动机高怠速运转，进入发动机控制单元 08 读数据流。

Read measuring Value block	34		
1800—2200 转/分	MIN350 ℃	MAX2.5 秒	B1—S1 OK

第一区：发动机转速。
第二区：从转速和发动机负荷计算出的值。
第三区：周期表示传感器两次电压跳变（如浓—稀—浓）的时间。因此可用来表示传感器的老化状况，如果超出规定时间 2.5 s，说明已经老化。
第四区：先是从 test OFF 变为 test ON，经过一段时间的检测，变为 B1—S1 OK，显示区四显示 B1—S1 ni. o 说明已经老化。

2. 检查加热器

Read measuring Value block	41		
前加热器电阻	Htg. bc. on/off	后加热器电阻	Htg. bc. on/off

第一区：前加热器电阻，加热器电阻为 2.5 ~ 10 Ω。
第二区：Htg. bc. on/off，加热器通电情况，on 为通电，off 为断电。
第三区：后加热器电阻，加热器电阻为 2.5 ~ 10 Ω。
第四区：Htg. bc. on/off，加热器通电情况，on 为通电，off 为断电。

知识点滴：1.6 L 排量的宝来无后氧传感器。

3. 检查氧传感器 G39

分别进入发动机系统 01—08—30、32、33、36 组。

1）30组（前后部宽、窄型氧传感器状态监测）

```
Read measuring Value block    30
  111              110
```

第一区为前氧传感器，规定值：111。第一位：Lambda 加热器已接通为 1；第二位：Lambda 调节已准备好为 1；第三位：Lambda 调节有效，Lambda 调节在工作为 1 调节有效。这 3 位数的第一位在 0 和 1 之间来回变动，表示前传感器加热器为频率调节状态，3 位数的第三位在部分负荷及废气温度较高时被置为 1。

第二区为后氧传感器 Lambda 状态 110，前两位与前氧传感器相同，第三位后氧传感器是用于检测三元催化器的效率，不是用于调节混合气浓度，所以为 0。

如果达到规定值，则进入 32 组，检查第一区和第二区。

2）32 组

```
Read measuring Value block    32
  -10.0—10.0%       -10.0—10.0%
```

第一区：-10.0% ~ 10.0%（怠速时的自学习值）。

第二区：-10.0% ~ 10.0%（部分负荷时的自学习值），不在 -10.0% ~ 10.0% 表示偏离很大，最大值为 -25.0% ~ 25.0%。

如果达到规定值，则进入 33 组，检查第一区和第二区。

3）33 组（后部窄型氧传感器电压状态）

```
Read measuring Value block    33
  -10.0—10.0%       1.0—2.0
```

第一区：催化转换器前 λ 调节器 -10.0% ~ 10.0%，并以至少 2% 的幅度在 0 左右波动。

第二区：前 λ 电压值 1.0 ~ 2.0 V，其中 1.0 ~ 1.5 V 为混合气过浓，1.5 ~ 2.0 V 为混合气过稀。第二区：若恒定为 1.5 V，则为断路；恒定为 4.9 V，则为对正极短路；恒定为 0 V，则为对地短路。电压应以 20 次/min 的幅度波动（因正常氧传感器周期为 2.5 ~ 3.0 s）。

4）36 组（后部窄型氧传感器电压状态）

```
Read measuring Value block    36
  0.0—1.0          B1—S2 OK
```

规定值：第一区：0.0 ~ 1.0 V（可稍微波动），若恒定为 0.4 ~ 0.5 V，则为断路；恒定为 10.5 V 以上，则为对正极短路，恒定为 0 V，则为对地短路。

第二区 2 规定值：B1—S2 OK，显示区 2 变为 B1—S2 OK 可能需要几分钟的时间。如果显示 B1—S2 NO OK，则清除传感器上的沉积物。再次检查，如果未达到规定值，则检查线路。

二、检查前/后部的氧传感器加热器

1. 检测条件

熔丝正常,蓄电池正常,油泵继电器正常。

2. 数据流分析

前氧传感器加热器 Htg. bc. on/off 后部的氧传感器加热器状态 Htg. bc. on/off 根据发动机不同的工况,加热器可能接通或关闭,显示区出现 on 或 off 交替变化。

3. 万用表测量

加热器加热为脉冲电流,此脉冲电流可用万用表测得。图 2-36 所示为宽带型和窄带型氧传感器的母插头。

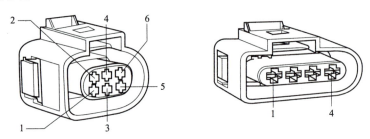

图 2-36 宽带型和窄带型氧传感器的母插头

宽带型氧传感器母插头测量 3 和 4 之间电压,ON 时,应为 11.0~14.5 V,ON/OFF 交替显示,规定值:0~12 V 波动。

窄带型氧传感器母插头测量 1 和 2 之间电压,ON 时,应为 11.0~14.5 V,ON/OFF 交替显示,规定值:0~12 V 波动。

第三章

燃油喷射系统

一辆 2011 年款大众迈腾 B7 配有缸内直喷燃油系统,仪表发动机故障灯点亮,诊断仪显示计量阀调节失效。

如果你是接车的修理技术人员,应如何解决本故障,修理方案应如何制定。

- 能说出发动机缸外喷射系统的组成和各组成作用。
- 能说出发动机缸内喷射系统的组成和各组成作用。
- 能说出缸外喷射发动机有回油管系统的油压调节原理。
- 能说出缸外喷射发动机无回油管系统的油压调节原理。
- 能说出缸内喷射发动机燃油系统的油压调节原理。
- 能说出缸内喷射发动机燃油压力传感器的作用。

- 能够通过压力表测量缸外喷射系统不同工况的燃油压力。
- 能够通过诊断仪读取缸内直喷发动机燃油系统不同工况的燃油压力。
- 能更换直喷发动机的喷油器。
- 能用清洗缸外喷射发动机的清洗液清洗发动机积炭。
- 能用清洗缸内喷射发动机的清洗液清洗发动机积炭。

第一节 汽油喷射系统简介

一、汽油喷射系统分类

化油器和汽油喷射系统有一个共同设计目标:在任何工况下都尽可能向发动机提供最佳的空气燃油混合气。汽油喷射系统在各稳定工况和不稳工况精确控制混合气浓度优于化油器,因此可获得更好的燃油经济性、动力性和排放性。人们环境保护意识的增强使排放控制法规越来越严格，甚至为了环保宁可稍加大点燃油的同比消耗。我国已在2001年9月1日起禁止销售化油器，燃油喷射发动机已经普及。

目前，大多数汽车应用的混合气形成系统全部都是在燃烧室外形成混合气。缸内形成混合气，即高压汽油像柴油机一样直接喷入燃烧室，由于喷油压力高，雾化更好，缸内直喷后的混合气在缸内的流动性好。国内早期进口的部分三菱太空4G93发动机曾采用过直喷系统，除此之外，2005年之前市面上没有其他直喷系统。

2005年以后一汽大众生产的C6A6 Audi A6 L（1999—2005年为C5A6）、2007年B6 Magotan迈腾3.2 L V6发动机开始采用FSI燃油直接喷射。由于这种系统在降低燃油消耗上的优越性能，现在正变成不可忽视的发展趋势。虽然不是稀燃直喷，但毕竟使燃油直接喷射成为一个现实的产品。表3-1所示为汽油喷射系统的分类。

表3-1 汽油喷射系统的分类

类型	类型		类型	
缸外喷射	单点燃油喷射		电子间歇喷射（淘汰）	
	多点燃油喷射	连续喷射	机械喷射系统（淘汰）	
			机械—电子燃油喷射（淘汰）	
		间歇喷射	电子喷射系统	同时喷射系统（淘汰）
				分组喷射系统（淘汰）
				顺序喷射系统（流行）
缸内直喷系统（2005年后中高档车型开始流行）				

目前，奥拓循环发动机进气门之前的喷射汽油雾化方式最高效率还达不到20%，直喷汽油机最高效率也达不到30%，米勒发动机采用重混结构最高效率可以达到35%。

截至2013年年末，公路上行驶发动机控制系统有M型、ME型、MED型、混合动力型四种。M型为无电子节气门的进气门前喷射的发动机，技术水平相对较低，但可靠性极高；ME型是有电子节气门的进气门前喷射的发动机，是改进功率控制方法的M型发动机，为了省油导致设计时动力输出偏弱，驾驶模式学习后动力才能增强，但油耗增加；MED型是缸内直喷型发动机，技术水平较高，维修成本在现阶段也很高。对于ME型和MED型汽油发动机，大家熟知的有多气门技术、涡轮增压、可变进气管长度和可变配气相位技术应用得已较为普遍。直喷发动机是目前三种发动机中效率最高的，特别是直喷发动机又采用可变压缩比技术和无节气门技术等后。

二、缸外混合气形成系统

缸外混合气形成系统的显著特征是空气燃油混合气在燃烧室外，即在进气管中形成，与化油器差不多。只不过化油器的出油压差小，燃油喷射压差相对大，形成的混合气中汽油颗粒更细、燃烧更充分。

1. 单点燃油喷射

单点燃油喷射也称节流阀体喷射（throttle body injection，TBI），是电子控制喷射系统早期的一种。电磁喷油器装在节气门上部，间歇地将燃油喷入进气管。早期凯迪拉克 V8 系统属于这种类型，如图 3-1 所示。国内早期出租车中上海奇瑞 SQR7160 为发动机 CAC480M1.6L 四缸单点喷射，功率为 60 kW，比同排量的捷达 65 kW 功率要低。单点燃油喷射控制单元控制四、六缸用一只喷油器，八缸则用两只喷油器。市面上轿车单点燃油喷射早已淘汰，只有部分中型客车和货车仍采用。

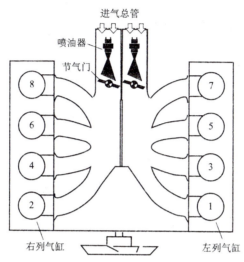

图 3-1 V8 发动机节流阀体燃油喷射（TBI）

单点燃油喷射实际上是模拟了化油器，这样化油器的缺点仍存在。它有以下两种工作压力。

1）低压节气门体喷射系统

在低压节气门体喷射系统，正常工作压力为 60～90 kPa，最大燃油泵压力为 120～140 kPa。

2）高压节气门体喷射系统

在高压节气门体喷射系统，正常工作压力为 170～240 kPa，最大燃油泵压力为 350～500 kPa。

压力调节和多点燃油喷射方法相同，即为压力调节器控制，急速时为低值，节气门全开时为高值，低值和高值差 0.5 bar[①]（急速和节气门全开时的进气管压差约为 0.5 bar）。

2. 多点燃油喷射

多点燃油喷射是每个缸都有一只喷油器，燃油直接喷到进气门前方的位置，多点燃油喷射又分为连续喷射和间歇喷射。

1）机械喷射系统

K-Jet（K 机械、Jet 喷射）系统是不需要外部电控驱动装置的连续喷射系统。此系统喷油量由燃油分配器确定，系统没有控制单元，更谈不上控制单元控制喷油器的开启时间来调节喷油量。

2）机械—电子燃油喷射

以 K-Jet 的机械喷射为基础扩展数据监测功能，使得发动机的各特定工况燃油喷射量更精确，便构成了 KE-Jet（E = electronic 电子控制）系统。

此系统有控制单元，喷油量由控制单元控制燃油分配器打开油路大小确定，而不是由控

---

① 1 bar = 0.1 MPa。

制单元控制喷油器的开启时间来调节喷油量,即喷油器与机械喷射系统一样。图3-2所示为机械喷射系统的喷油器与电控喷射系统的喷油器。

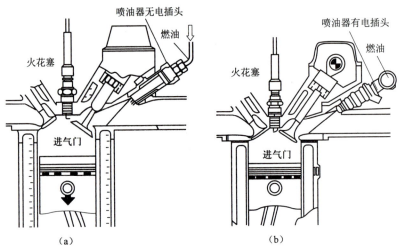

图3-2 机械喷射系统的喷油器与电控喷射系统的喷油器
(a) 机械喷射系统；(b) 电控喷射系统

3) 多点燃油喷射

多点燃油喷射（multiple point injection，MPI）系统，以控制单元控制喷油器开启时间为特征，实际燃油喷射量由喷油器的开启持续时间确定。多点燃油喷射又分为同时喷射、分组喷射和顺序喷射。

多点燃油喷射系统怠速时压力为250 kPa，节气门全开时正常工作压力为300～310 kPa，最大燃油泵压力为480～620 kPa。

三、缸外汽油喷射发动机的优点

1. 起动性能好

冬季起动时不用烤车或拉阻风门，可以很容易打着车。

2. 消除化油器中的节流效应

去掉化油器中喉管的节流，可以提高供气效率，这对全负荷运行特别有意义。因此化油器式发动机与喷射式发动机相比在这一点上还存在一定的差距。由于消除了化油器结冰的危险及由此而取消了化油器与进气管的加热，因而可提高供气效率。

3. 进气管内燃料沉积减少

化油器在节气门体处供油，部分油会在整个进气歧管内大量沉积；缸外喷射（除单点喷）在进气门处喷油，所以进气管壁面燃料的沉积减少。

4. 进气管造型不受制约

无须考虑燃料及混合气的输送而自由地进行进气管造型设计，可利用空气波动效应以提高供气效率，在全负荷时相应地提高了功率。

5. 减弱了对加速力的敏感性

化油器浮子室油面易受加速力的影响。通常化油器在汽车加速时由于惯性效应提供了相对更多或更少的燃料。

6. 各缸混合气分配均匀

多缸发动机通过向各气缸喷油，消除了化油器供油造成各缸燃料的不均匀性。

7. 精确控制各工况混合气浓度和混合气量

化油器发动机只有在喉管处出现相应的真空，才供给相应的燃料。实际上只与节气门开度和发动机转速建立简单关系，不能兼顾发动机的其他相关因素。

8. 滑行工况汽油切断

持续下坡时关闭节气门或高速后滑行时，化油器发动机会把沉积在进气门前的汽油吸入气缸形式浓混合气，造成大量未燃 HC 出现。外喷射发动机在此工况完全切断或部分切断燃料供给，除了降低油耗外，还可避免上述的未燃 HC 出现。

9. 降低发动机高度

下吸式化油器这种结构导致化油器要高出发动机进气歧管，使发动机高度增加。喷射式发动机允许相对自由的进气管造型，这样可以降低发动机的高度。

知识点滴：我国在 2001 年 9 月 1 日起禁止销售化油器车，试想现存运行的化油器车不久将在市面上全部消失。

第二节 燃油喷射方式

一、缸外喷射燃油供给系统

1. 有回油管的燃油供给系统

有回油管的燃油供给系统（图 3 - 3）由汽油箱、汽油泵、波动缓冲器、汽油滤清器、压力调节器和喷油器等组成。

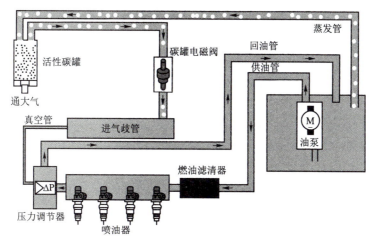

图 3 - 3　有回油管的燃油供给系统

2. 无回油管的燃油供给系统

近年来，很多制造厂开始使用无回油管的燃油供给系统（图3-4），与有回油管的燃油供给系统相比，这个系统有三个主要优点。第一个优点是降低了燃油温度，因为所有的燃油都不必经过热的发动机动力舱以后再重新返回到燃油箱中，这样可以减少蒸发污染；第二个优点是燃料在发动机燃烧前只通过一次燃油滤清器，延长了燃油滤清器的寿命；第三个优点是制造成本降低，因为减少了所使用的零部件。

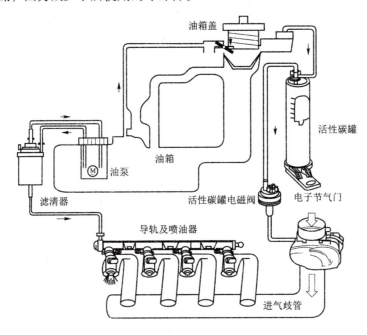

图3-4 无回油管的燃油供给系统

二、缸外喷射方式

对于缸外多点喷射发动机，按照喷油时刻可分为同步喷射与非同步喷射两类。

同步喷射与发动机旋转同步，是在固定的曲轴转角位置进行喷射。非同步喷射与曲轴旋转角度无关，如驾驶员猛踩下加速踏板急加速时直接喷到进气门之前的临时性喷射。

缸外喷射方式在同步喷射发动机中，又分为同时喷射、分组喷射和顺序喷射三种基本类型，它们对喷油正时的要求各不相同。我们在这里主要对同步喷射的各种情况作一介绍。

1. 同时喷射

早期生产的燃油喷射发动机多是同时喷射（图3-5）的，其喷油器的控制电路和控制程序都较简单。

同时喷射控制电路如图3-6所示。所有的喷油器均并联连接，ECU根据曲轴位置传感器送入的基准信号，发出喷油器控制信号，控制功率三极管的导通和截止，从而控制各喷油器电磁线圈电路同时导通和切断，使各缸喷油器同时喷油。通常曲轴每转一转，各缸喷油器同时喷射一次。由于在发动机的一个工作循环中喷两次，因此有的称这种喷射方式为同时双次喷射，两次喷射的燃油在进气门打开时一起进入气缸。

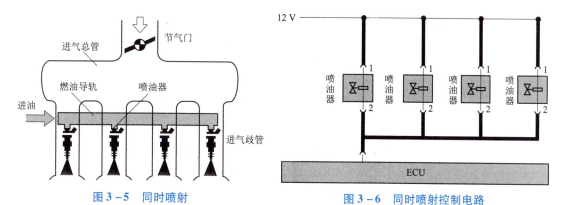

图3-5　同时喷射　　　　　　图3-6　同时喷射控制电路

图3-7所示为同时喷射正时图。由于这种喷射方式是所有各缸喷油器同时喷射，所以喷油正时与发动机进气、压缩、做功、排气的工作循环没有什么关系。其缺点是由于各缸对应的喷射时间不可能最佳，故有可能造成各缸的混合气形成不一样。国内早期从德国进口的三挡液控自动变速器的捷达发动机为同时喷射，点火为霍尔电子点火，不受控制单元控制，控制单元只根据翼板式空气流量计控制喷油量。这种喷射方式不需要气缸判别信号，而且喷射驱动回路通用性好，其电路结构与软件都较简单，不过在电子控制要求越来越精确的今天，这种喷射方式已被淘汰。

1缸	进	压⚡	做	排	进	压⚡	做
3缸	排	进	压⚡	做	排	进	压⚡
4缸	做	排	进	压⚡	做	排	进
2缸	压⚡	做	排	进	压⚡	做	排

720°

图3-7　同时喷射正时图

2. 分组喷射

分组喷射一般是把所有气缸的喷油器分成2~4组。四缸发动机一般把喷油器分成两组，ECU分组控制喷油器，两组喷油器轮流交替喷射。分组喷射如图3-8所示。

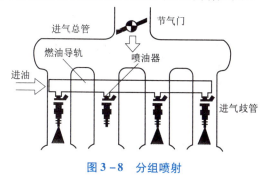

图3-8　分组喷射

分组喷射控制电路如图3-9所示,每一工作循环中,各喷油器均喷射一次或两次。一般多是发动机每转一转,只有一组喷射。图3-10所示为分组喷射正时图。

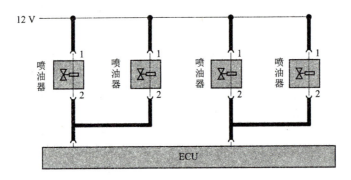

图3-9 分组喷射控制电路(通常1、3缸编一组,2、4缸编一组)

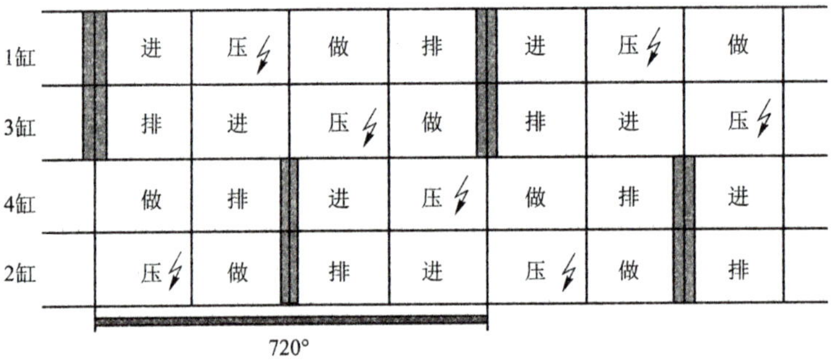

1缸		进	压⚡	做	排		进	压⚡	做
3缸		排	进	压⚡	做		排	进	压⚡
4缸		做	排	进	压⚡		做	排	进
2缸		压⚡	做	排	进		压⚡	做	排

720°

图3-10 分组喷射正时图

3. 顺序喷射

顺序喷射也叫独立喷射。曲轴每转两转,各缸喷油器都轮流喷射一次,且像点火系统一样,按照特定的顺序依次进行喷射。顺序喷射如图3-11所示。

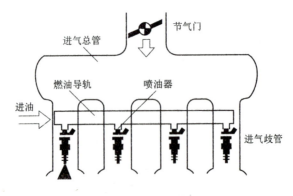

图3-11 顺序喷射

顺序喷射控制电路如图3-12所示,各缸喷油器分别由ECU进行控制,驱动回路数与气缸数目相等。

顺序喷射方式由于要知道向哪一缸喷油，因此采用顺序喷射控制时，应具有正时和缸序两个功能。ECU工作时，通过凸轮轴位置传感器输入的信号，可以确定向排气上止点运行的是哪一缸，并可知道活塞距离上止点前的位置，再通过曲轴转速信号相配合，就分清了该缸是压缩行程还是排气行程。此时ECU输出喷油控制信号，接通喷油器电磁线圈电路，该缸即开始喷射。图3-13所示为顺序喷射正时图。

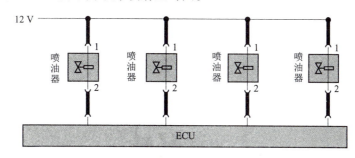

图 3-12　顺序喷射控制电路

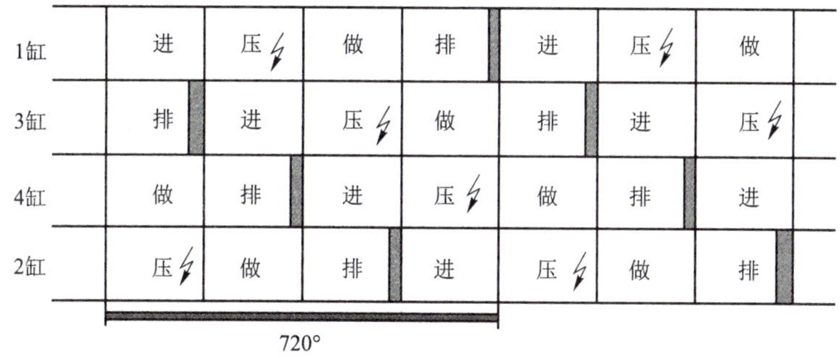

1缸	进	压 ⚡	做	排	进	压 ⚡	做
3缸	排	进	压 ⚡	做	排	进	压 ⚡
4缸	做	排	进	压 ⚡	做	排	进
2缸	压 ⚡	做	排	进	压 ⚡	做	排

720°

图 3-13　顺序喷射正时图

由于顺序喷射可以设立在最佳时间喷油，故对混合气的形成十分有利，它对提高燃油经济性和降低有害物的排放等都有一定好处。但是顺序喷射方式控制系统的电路结构及软件都较复杂，然而这对日益发展的先进电子技术来讲，也是相当容易得到解决的。

有一些发动机处于不同转速和温度状态时分别选用顺序喷射与分组喷射。具体来说在发动机低转速和低温状态选用分组喷射，高转速和高温状态选用顺序喷射。

三、缸内直接喷射系统

直接喷射（direct injection，DI）系统利用电磁阀控制喷油器将燃油直接喷入燃烧室，在气缸内形成混合气。缸内混合气形成系统为多点顺序喷射，每缸有一只喷油器（图3-14），从喷油器喷出的燃油完全雾化是有效燃烧的关键所在。DI系统吸入的只是空气，常规的喷射系统吸入的是空气和燃油的混合气，这正是该系统的最大优点，它排除了在进气管通道上燃油凝结的可能性。缸外混合气形成系统通常给整个燃烧室提供均匀的、接近理论空燃比的混合气。

在缸内发动机形成的混合气主要有以下两种不同的燃烧方式。

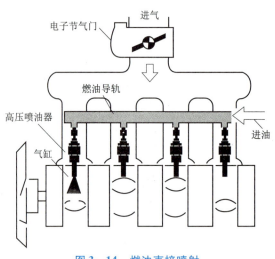

图 3-14 燃油直接喷射

1. 分层燃烧

分层燃烧,即只对火花塞附近的将被点燃的混合气进行调节。在火花塞周边较远的燃烧室其余的空间内,可以认为只有新鲜空气和残余的气体,没有燃油。这种方式可对怠速和部分负荷工况提供整体上特别稀的混合气,从而大大地减少了燃油消耗。

2. 均质燃烧

均质燃烧给整个燃烧室提供均匀的空气燃油混合气,与缸外混合气形成的状况相似,燃烧室中所有的新鲜空气都参与燃烧。这种工作模式亦适合 WOT（节气门全开）工况。大众 2005 年以后在中国生产的汽车应用闭环控制缸内直接喷射汽油机。

[**技师指导**]缸外喷射系统为压力调节器控制,怠速时为低值,节气门全开时为高值,低值和高值差 0.5 bar（怠速和节气门全开时的进气管压差约为 0.5 bar）。正常工作压力中:怠速对应低值,节气门全开对应高值。

国内现在的直喷发动机仍处于均质燃烧（进气行程喷油,压缩行程不喷油）,分层燃烧技术实现困难。所以缸外顺序喷射正时控制方式也适用于缸内喷射。大众汽车高压缸内喷射系统压力值不同,其工况是不同的,如怠速时为 40.0 bar,加速踏板到底时为 150.0 bar。但不同车型或不同控制单元对高压泵上流量控制阀的控制不同,所以怠速油压和加速踏板到底油压是不同的,需要通过试车试出。

在缸外喷射系统的单点和多点喷射这两种供油系统当中,供油泵最大压力大约是最低压力的两倍,以确保在较低的温度下也可以为喷油器连续供油,并有助于防止在燃油系统中形成燃油蒸气。尽管燃油形成的蒸气或泡沫会对发动机的工作产生很大影响,但是为了保证喷油嘴的工作寿命,仍要保持燃油的冷却和润滑功能。

第三节　电动燃油泵

一、燃油泵

燃油泵位于油箱中,通常和仪表燃油油位传感器共用一个支架,对于无回油管的燃油系统还增加了压力调节器（本质是个限压阀）。图 3 - 15 所示为油泵组成，燃油泵的作用是将汽油从油箱中吸出，并以一定的压力供给各缸的喷油器。燃油泵的构造有很多种，主要的区别在于它们的转子和定子的形式，可分为侧槽泵、涡轮泵、齿轮泵和滚柱泵。

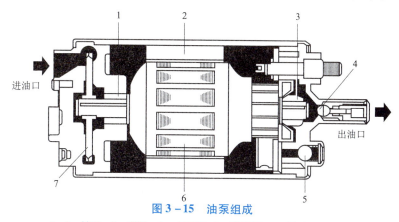

图 3 - 15　油泵组成

1，3—轴承；2—磁铁；4—止回阀；5—溢流阀；6—转子；7—叶轮

由于燃油泵的作用就是将汽油从油箱中吸出，并以一定的压力供给各缸的喷油器和冷起动喷油器，又因油泵不能拆开和修理，所以它的内部构造对修理没有意义。图 3 - 15 所示为离心转子式电动油泵，由油泵电动机、转子油泵、减压阀和止回阀等组成，安装在汽油箱内。减压阀（溢流阀）是一个单向阀，它并联于转子式油泵的进油口和出油口。当油管或汽油滤清器阻塞，泵油压力大于 0.4 MPa 时，就将减压阀顶开，使部分汽油从出油口回流至进油口，以达到减压的目的，减压阀不同则车的限压压力可能不同。止回阀也是一个单向阀，它相当于油泵的出油阀。当转子泵输出压力达到一定值时，将止回阀顶开，输出一定压力的汽油，而电动机停转时止回阀关闭，防止油管内压力油回流，使油管内保持一定的静压，以利于下一次起动发动机。对于油泵，若测出油压力不足或残压下降得太快及噪声太大等，则需更换。

二、燃油泵诊断

下面介绍两种快速诊断燃油泵磨损的方法。

1. 油压表指针在某一中间位置略有停顿

缸外喷射系统正常油压为：怠速时 350 kPa，加速时 400 kPa；发动机稳定在 3 000 r/min 时，油压表指针在 220～300 kPa 迅速摆动，这样燃油泵是正常的，如果此时指针在某一中间位置略有停顿，就说明燃油泵有磨损。当发动机其他机件正常时，热天长时间行车后怠速发抖或易熄火，就是燃油泵磨损了。

2. 打起动开关不着火，第二次或第三次才着火

这种现象是由于油泵磨损，油压建立起来的慢，同时上次残存油压下降得过多而产生的。

夏季，热车怠速时，易熄火或抖动，如在等红灯时发动机熄火。根据修理经验，这一故障常与高温下长途连续行车有关，尤其是在燃油箱经常存油不足情况下行驶的车。原因是燃油泵连续工作加之燃油箱内温度过高或燃油过少，使燃油泵磨损过快，造成泵油量及油压不足。

三、燃油泵电路

电控汽油喷射系统对油泵控制的要求如下。

1. 车门开关控制

对于一些直喷发动机车型，为了使低压油泵能及时给高压油泵供油，在上车开门时先起动低压油泵工作几秒钟。通常打开车门，听油箱中油泵工作是测试油泵线路好坏的一种方法。

2. 点火开关控制

接通点火开关，油泵工作几秒钟建立起动油压。通常打开点火开关，听油箱中油泵工作是测试油泵线路好坏的一种方法。

3. 发动机转速控制

当点火开关回到点火挡，发动机处于运转状态时，油泵低速工作。对于有调速功能的油泵控制是在当发动机处于运转状态时，驾驶员突然踩下加速踏板，发动机转速上升，油泵高速工作。油泵转速控制可以节省电能和降低噪声，延长使用寿命。

4. 起动挡控制

对于有调速功能的油泵控制，当点火开关位于起动挡，即起动状态时，油泵高速工作。

5. 撞车断油控制

在撞车时油泵应停止工作，防止发动机舱失火及引起车辆爆炸。安全气囊控制单元通过发动机控制单元控制油泵继电器实现此功能。此项功能有的车系采用机械式的碰撞开关控制油泵工作，开关串联在油泵电动机的正极线路或油泵继电器线圈电路上，如中华或富康轿车。这种车在碰撞后开关断开，在修理后一定要把开关按下，否则油泵电路仍不工作。

四、丰田油泵电路

1. 3GR-FE，5GR-FE 燃油泵控制电路

丰田皇冠采用了 3GR-FE，5GR-FE 发动机，图 3-16 所示为其燃油泵控制电路。

工作原理如下：当点火开关位于起动挡时，起动机拖动曲轴产生发动机转速信号，曲轴的旋转把发动机转速信号 NE 输入 ECU，控制单元 FC 端子在控制单元内部搭铁，开路继电器工作，触点闭合，于是开路继电器接通，经过输油泵继电器向输油泵供电，输油泵开始工作。同时，FRP 端子内部搭铁，燃油泵继电器开关闭合，燃油泵电动机通电工作。

在撞车时，安全气囊控制单元传送过来撞车信号，ECU 的 FC 端子内部接地断开，燃油泵电动机断电停止工作。

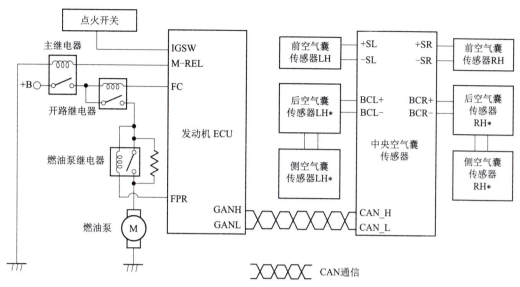

图 3-16 3GR-FE，5GR-FE 燃油泵控制电路

[技师指导] 日本向美国和澳大利亚出口的车更为高档，而 G.C.C = Gulf Cooperation council countries 为海湾合作委员会成员国。海湾国家如伊拉克，一般国家如中国、非洲等国出口的车比同类出口美国的配置要低，看图时要选带 G.C.C 的电路。不过国内加装防盗器时可能加在这个位置，起相同的作用，修理时应注意。

油泵电路相关英文缩写：M-REL = Main Relay 主继电器、FC = Fuel Control 油泵控制、FPR = Fuel Pump Revolution 油泵转速。

2. CROWN 3.0 燃油泵无级调速电路

具有转速控制的油泵控制电路的优点：油泵的转速可以变化，发动机高速及大负荷工况时，由于所需油量增大，此时油泵高速运转，泵油量增加。在低速及中小负荷工况时，油泵低速运转，泵油量相应减少，有利于减小油泵的磨损和不必要的电能消耗。

图 3-17 所示为 CROWN 3.0 燃油泵控制电路，2JZ-GE 发动机专门设有控制燃油泵用的 ECU。

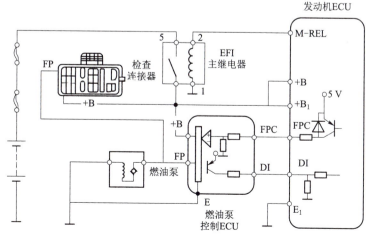

图 3-17 CROWN 3.0 燃油泵控制电路

工作原理如下：燃油泵 ECU 对泵油量的控制是通过控制供给油泵不同的电源电压，以控制油泵转速来实现的。ECU 控制 FPC 引脚的输出电压，从而控制油泵 ECU 的 FP 引脚的输出电压，控制单元控制 FPC 电压升高，油泵控制单元的 FP 端子电压也随之提高。怠速工况 FPC 脚为 2.5 V，FP 输出 8～10 V 实现低速；突然加速到 6 000 r/min，FPC 脚为 4～6 V，FP 输出 12～14 V 实现高速。DI 端实现控制反馈。

3. 大众油泵控制电路

捷达二阀 ATK 发动机油泵控制电路如图 3-18 所示。ECU 控制的油泵控制电路：发动机控制单元 J220 根据转速传感器 G28 信号通过控制单元 80 脚仅控制油泵继电器线圈通电，继电器触点开关吸合，没有高低速控制。

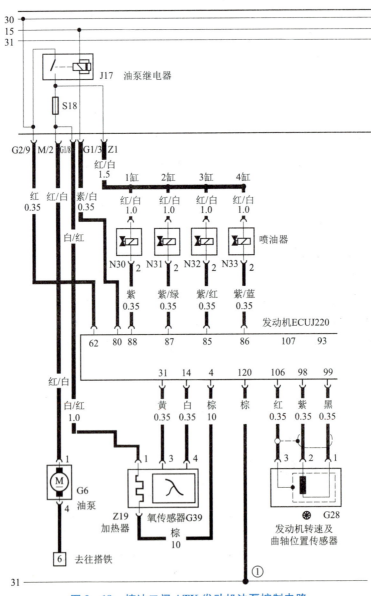

图 3-18 捷达二阀 ATK 发动机油泵控制电路

[**技师指导**] 油泵继电器给油泵供电和氧传感器加热器供电,若也给喷油器供电,则点火模块供电为点火开关直接控制供电,两者也可相反,即油泵继电器给点火模块供电,则喷油器供电为点火开关直接控制。

五、燃油供给系统检修

以捷达两阀发动机电路图 3-18 为例。

(1) 打开油箱盖,打开点火开关应听到几秒钟的点火开关控制泵油的声音,若能听到,说明油泵电路没有故障。

(2) 捷达 ATK 发动机测油压时,泄压拆 18 号油泵电动机保险。起动发动机运行,等待发动机自动熄火,此时燃油导轨内压力下降,断开滤清器和导轨之间的软管,再在滤清器和导轨之间串压力表,插上 18 号熔丝,打着车。

(3) 怠速时压力应在 2.5 bar,拔掉真空管提升到 3.1 bar,且表针在 3.0 bar 或 3.1 bar 附近抖动回油说明正常(压力相差 0.1 bar 也是允许的)。过低时检查油泵和压力调节器,熄火,夹住滤清器和表之间软管,若压力表压力下降,则为压力调节器早回油,更换压力调节器;打着车,夹住压力调节器回油管,若压力表的压力一直在较低压力(正常为怠速时 2 倍关系),则为油泵内回油阀过早开启或油泵电动机损坏,转速不够,更换油泵。

停车时间过长时,起动困难,需要几次才能着车,着车时排气管还会放一下或两下炮,夏天更明显;熄火后,立即打着车,一切正常。通常为喷油嘴滴油造成混合气过浓故障。判别时可以打着车几秒后熄火,若实际打不着车也不重要,主要是让油泵工作建立油压,拆下进气歧管,拆下导轨固定螺丝,将导轨连同 4 个喷油器拆下并放在铁盘里,目视喷油器,若滴油很容易看到,则更换喷油器即可。也可熄火后夹住滤清器和表之间软管,同时夹住压力调节器的回油管,看油压表油压下降的方法判断喷油器滴油,但要等很长时间。实际根据现象即可判断为滴油故障了。

事实上,加速耸车,发动机无力,测量当时的油压低,即可判定为油泵故障,压力调节器故障几乎很难见到,油泵电路也很少出故障,更换油泵即可解决。

第四节 喷油器

喷油器是电控汽油喷射系统中一个非常重要的执行元件,在 ECU 的控制下,可把雾化良好的汽油喷入进气管道。电控汽油喷射系统中都使用电磁式喷油器。

一、喷油器结构

图 3-19 所示为电控喷油器和机械式喷油器的内部结构。

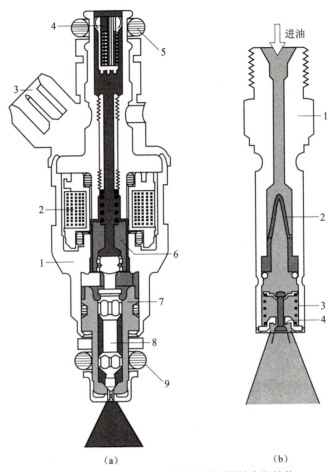

图 3-19 电控喷油器和机械式喷油器的内部结构

(a) 喷油器（轴针式顶端进油）；

1—壳体；2—线圈；3—电插头；4—滤网；5—O 形圈；6—衔铁；7—阀套；8—阀针；9—O 形圈

(b) 机械喷射喷油器

1—壳体；2—滤网；3—针阀；4—阀座

机械喷射喷油器开启不受控制单元控制，压力大于 4.3 bar（大众、奥迪五缸）就开启。

[技师指导] 喷油器关闭不严，滴油是燃油供给系统的常见故障，会导致热车起动困难；雾化不均会造成各缸做功不一致，缸内积炭增多。

二、喷油器分类

在多点电控汽油喷射系统和单点电控汽油喷射系统中，由于喷射系统的不同，对喷油器的性能要求不完全相同，因此喷油器在结构上也存在差异。

1. 按阀针与座的封密分类

按阀针与座的封密，喷油器可分为轴针式、球阀式和片阀式三种。

2. 按喷油器进油方式分类

按喷油器进油方式，喷油器可分为顶部进油和侧面进油，其中单点喷射多用侧面进油。

3. 按驱动方式分类

按驱动方式，喷油器可分为低电阻喷油器和高电阻喷油器两种。低电阻喷油器又分为电压驱动型（喷油器电阻 0.6~3 Ω，附加电阻 6 Ω）和电流驱动型（电阻 0.6~3 Ω，开启电流 4~8 A，保持开启电流 1~2 A）；高电阻喷油器为电压驱动型（电阻 12~17 Ω）。

三、喷油器驱动

由于汽车上的电源电压不是恒定的，为了消除电源电压变化时对喷射量的影响，在电源电压变化时，常采用改变通电时间的方法予以修正，即电源电压低时适当延长喷射时间，电源电压高时适当缩短喷射时间。其修正值随喷油器的规格及驱动方式的不同而略有差异。

1. 低电阻喷油器电流驱动方式

如图 3-20（a）所示，电流驱动方式的回路中没有使用附加电阻。低电阻喷油器直接与电源连接，因而回路阻抗小，触发脉冲接通后，电磁线圈电流上升快，针阀能快速打开，从动态范围看是相当有利的，缩短了开启时间。在本方式的回路中，增加了电流控制回路，当脉冲电流使电磁线圈电路接通后，它能控制回路中的工作电流，防止上升过高。当控制回路根据 ECU 输出的脉冲信号使功率三极管导通时，能及时接通喷油器电磁线圈电路。由于开始阶段，三极管处于饱和导通状态，回路阻抗小，喷油器电磁线圈的电流在极短的时间内很快上升，保证了针阀以最快的速度升起。当针阀升到全开位置时，其电磁线圈的电流达到最大，一般称为峰值电流。喷油器的结构不同，工作情况不同，其峰值电流也不同，一般为 2~6 A（电源电压为 14 V 时）。在喷油器电磁线圈电流增大的同时，电流检测电阻的电压分压也不断增大，当电压达到设定值时（此时恰好针阀升至全开位置），电流控制回路使三极管在喷油期间以约 20 MHz 的频率交替地导通和截止，使针阀在全开位置时通过喷油器电磁线圈的电流降至较小的保持电流，一般保持电流平均值在 1~2 A，该电流足以维持针阀在全开位置。由于电流控制回路的作用，限制住针阀全开时的电流值，可以起到防止电磁圈发热以及减小功耗等作用。

2. 低电阻喷油器电压驱动方式

如图 3-20（b）所示，低电阻喷油器与电压驱动方式配合使用时，应在驱动回路中加入附加电阻。这是因为在低电阻喷油器中减少了电磁线圈的电阻和匝数，减少了电感，其优点是喷油器本身响应特性好。但由于电磁线圈电阻的减少会使电流增加，加速了电磁线圈的发热而损坏，为此在回路中设置附加电阻。电压驱动方式的回路较简单，但由于在回路中加入了附加电阻，故回路电阻大，导致流过喷油器的电流减小，喷油器产生的电磁力降低，从动态范围看，稍有不利。

3. 高电阻喷油器电压驱动方式

如图 3-20（c）所示。所谓高电阻喷油器，是指电磁线圈电阻值为 12~17 Ω 的喷油器，其从成本和安装上来说是有利的。高电阻喷油器通常与电压驱动方式配合使用。电压驱动方式的电流波由于在功率管（实际中多为管排作为驱动电路，分立三极管较为少见）截止时，喷油器电磁线圈存在电感，在线圈两端可能产生很高的感应电动势，此电动势与电源电压一起作用在功率管上，可能将其击穿而损坏。

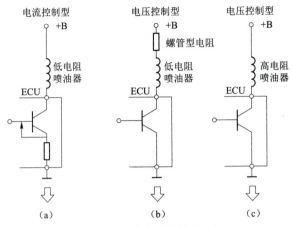

图3-20 喷油器的驱动电路

四、平衡测试

每一个喷油器的供油量必须相等，否则将会使发动机怠速粗暴或性能不良。喷油器的喷油量与喷油器本身孔的大小和电阻有关，所以要进行以下两个测试。

1. 喷油量平衡测试

该测试通常拆下喷油器，在喷油器清洗机上进行，清洗机对喷油器施加同样的类似喷油控制的间断性信号，这时从喷油器喷出的油在相同时间内应相等。

2. 电阻平衡测试

电阻平衡测试意为测试喷油器线圈绕组的电阻，如要使发动机运行状态良好，所有的喷油器的电阻应该相同。测试电阻时应将接线器从喷油器上拆下来。

用欧姆表测量喷油器接线柱间的电阻。各个喷油器测量值之间的差值（喷油器最高电阻值减去喷油器最低电阻值）应该为 $0.3 \sim 0.4 \, \Omega$。如果任何一个喷油器电阻值与其他喷油器电阻之间的差值接近或超过 $1.0 \, \Omega$，在确认喷油器接线柱导电正常的情况下，必须将其更换。

喷油器电阻值的影响为：电阻值太大，电流减小、喷油器开启速度减慢、混合气变稀；电阻值太小，电流增大、喷油器开启速度加快、混合气变浓。

五、清洗喷油器

1. 自适应复位

喷油器在长期使用后，汽油中的不饱和烃会氧化生成胶质而阻塞喷油器。在更换或者清洗喷油器以后，发动机的工作可能还是不平稳，这是因为阻塞的喷油器提供的是稀空燃比混合气，ECU 根据氧传感器信号会增加喷油脉宽，试图将混合气控制到正常的空燃比，而当更换或者清洗了喷油器以后，自适应记忆（自适应记忆是控制单元的一个功能，氧传感器根据发动机的工作状态对喷油脉宽进行修正）仍然还按增加的喷油脉宽进行控制，因为喷油器已经不再阻塞了，这样将导致可燃混合气太浓。当发动机达到正常工作温度时，应驾驶车辆工作至少 5 min，令自适应记忆进行再学习，在这以后，计算机就能够提供正确的喷油脉宽了，且发动机能够平稳地进行工作。

若发动机 ECU 损坏，在更换 ECU 以后也会出现同样的问题。

2. 超声波清洗

超声波清洗是当前工业中应用的清洁度最高、最有效的先进清洗技术之一，超声波清洗的优势包括：清洗效果突出；可彻底地清洗零件的内、外表面，包括油道；大小部件均可清洗，应用面广；清洗成本低，只是涮洗的 1/6。

超声波的清洗原理是 20 kHz 以上的声波在液体中传播时，会产生"超声空化聚能"现象，能在液体中形成数以亿万计的微小空化泡，当空化泡在工件表面闭合破裂时将释放出巨大的能量，形成异乎寻常的高温（>5 000 ℃）和高压射流（>1 000 个大气压），从而实现工件内、外表面附着污垢的快速、彻底的剥离。

超声波清洗设备已广泛应用于微型车、轿车、卡车维修企业及镗缸磨轴客户对大件机体和机件的清洗。

第五节　供油系统的其他元件

一、燃油滤清器

由于喷油器的配合精度特别高，故燃油喷射系统需要非常清洁的燃油。燃油中的颗粒磨料会造成油泵磨损，燃油中有水分会引起锈蚀卡死和膨胀。油路中的滤清器负责过滤掉燃油中的颗粒杂质，一定时间对油箱底部放水可以减少燃油中水分所引起的锈蚀卡死和膨胀。

固体颗粒会导致磨损。可以运用油泵底部加滤清器的方式去除颗粒，而油路必须加专门的滤清器。当被污染的汽油流过滤清器时，污染物沉淀在滤芯的表面，经过一定时间的堆积将会阻滞汽油的流动。

滤清器大多为纸绒式，滤纸是最佳滤芯材料。纸绒由纸纤维和充满其间的树脂材料制成，纸绒滤芯整体地置于油路的滤筛中，作用是使油路中通过滤芯每个表面的燃油流动速度都相同。

滤清器堵塞时会导致进入导轨内的汽油压力不足，导致混合气过稀；此外，滤清器堵塞还会造成油泵压力提升（滤清器彻底堵塞时，泵油压力会提高到溢流阀的开启值），油泵的运转阻力增大，导致油泵提前损坏。必须定期更换燃油滤清器，防止污染和磨损，以保证燃油喷射系统的有效工作。

知识点滴：一般车辆行驶 4 万 km 换一次汽油滤清器，当燃油中杂质太多时，应缩短更换里程。

二、燃油导轨

在多点喷射系统中，燃油流过燃油导轨，燃油导轨将燃油平均分配到各个喷油器。燃油导轨上除了用于连接喷油器的油管外，还安装有燃油压力调节器和油压波动衰减器。由于喷油器的开闭引发共振会产生压力波动，进而导致发动机负荷和速度改变时喷射量不准确，所以油轨的尺寸选择很重要。燃油导轨可由钢、铝或塑料制成。在德国奔驰车系和美国车系上还包含一个测压孔，此测压孔形状与空调的高低压测压孔相同，在测试燃油压力时常将压力表接于此压力测试孔。

三、燃油压力调节器

因为油轨中的燃油压力和进气管压力之间的压力差只有保持一个常数（一般少数为 0.25 MPa、多数为 0.30 MPa）时，燃油喷射量才由喷射持续时间决定，这就意味着应根据进气管压力的变化来调整油轨中的燃油压力。燃油压力调节器通过调节返回油箱的燃油量，使通过喷油器的燃油保持恒定的压力差。对于多点喷射系统，燃油压力调节器通常安装在油轨的末端，以避免对油轨内的燃油流动造成影响。另外，它也能装在回油管路上。对于单点燃油喷射系统，其燃油压力调节器安装在喷油器的中部。

燃油压力调节器结构如图 3-21 所示，它由金属壳体、弹簧、膜片、阀座等组成，一般安装在燃油分配管上。

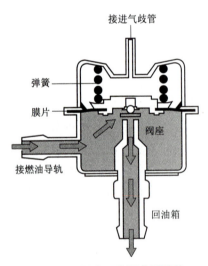

图 3-21　燃油压力调节器结构

膜片将金属壳体的内腔分成两个腔室：一个是弹簧室，内装一个具有一定预紧力的螺旋弹簧，弹簧预紧力作用在膜片上，弹簧室通过软管引入进气歧管的负压；另一个是燃油室，通过两个管接头与燃油分配管及回油管相连。

发动机运转时，进气歧管的负压和弹簧预紧力共同作用在膜片上。燃油泵供给的燃油同时输送到喷油器和压力调节器的燃油室，若油压低于预定值，球阀将回油孔关闭，燃油不再进一步流动；若油压超过预定值，燃油压力推动膜片使阀向上移动，回油孔打开，燃油经回油管流回油箱，同时弹簧室的弹簧被进一步压缩。一部分燃油经回油孔流回油箱，燃油分配管内的油压下降，膜片在弹簧力的作用下向下移动到原来位置，球阀将回油孔关闭，使燃油分配管内的油压不再下降。

燃油分配管内油压调整值随进气歧管压力而变化的情况如图3-22所示。作用在膜片上方的进气歧管负压用来调节燃油分配管内的压力。若弹簧的预紧力相当于3.0 bar，则当进气歧管负压为零时，燃油分配管内的压力保持在3.0 bar。发动机在怠速工况时，进气歧管压力约为-0.5 bar，此时回油孔开启的燃油压力为2.5 bar。节气门全开时，进气歧管的压力约为-0.5 bar，此时回油孔开启的燃油压力变为3.0 bar，即节气门全开时的油压调整值自动调整为3.0 bar。

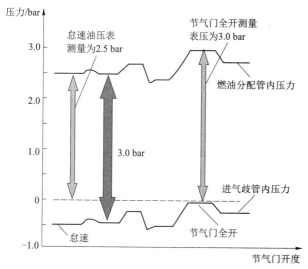

图3-22 进气歧管内压力与燃油分配管内压力关系

微课11 燃油压力调节器结构

电动汽油泵停止工作时，膜片在弹簧力的作用下将回油孔关闭，使电动汽油泵与燃油压力调节器之间的油路内保持一定的残余压力。

新型车采用不易产生气阻的无回油管式燃油供给系统，这种系统取消了燃油压力调节器（压力限制阀）。通常压力调节器是燃油泵总成模块的一部分，在有些车辆上它是滤清器总成的一部分（图3-23），而在其他的车辆上，它则是分离的零部件。

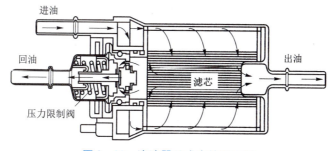

图3-23 滤清器总成内的限压阀

无回油管型燃油系统没有从油轨到燃油箱之间的回油管。与有回油型系统相类似，无回油型燃油系统中的压力调节器是一个机械装置，其中包含一个调压弹簧和一个作用在调压器阀上的膜片，如图3-24所示。燃油压力作用在膜片的一侧，而弹簧则作用在另一侧，膜片回油端口将阀打开，使燃料能够返回到燃油箱中。系统中的油压反映的是打开端口所需要的压力，膜片另一端弹簧的弹力试图将该阀关闭，当燃料被送往油轨时，能使燃油压力升高。

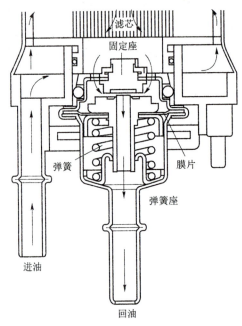

图 3-24　限压阀工作原理

无回油系统不像有回油系统那样利用发动机的真空度。这种系统将压力调节器安装在燃油箱中，提供给喷油器的油压是恒定不变的，控制单元利用特殊的公式计算喷油器的压力差，相应地调节喷油脉宽（在传统喷油时间控制上，发动机根据进气歧管真空度或空气流量计算的负荷对喷油时间做修正即可，此时空气流量信号不仅是控制喷油量的主信号，也是附加信号）。

四、脉动阻尼减震器

喷油器周期性的喷油和正排量燃油泵周期性的泵出燃油，二者能引发燃油系统中的压力波动。若电动燃油泵的安装位置不佳，油管和油轨就会将这种波动传到油箱和车身，并产生噪声。通常通过特殊的设计、装配和加装压力衰减器来消除这些噪声。燃油压力衰减器（图3-25）与压力调节器的设计结构大致相似，装有弹簧的膜片将燃油腔和大气腔分成两部分。

脉动阻尼减震器由壳体、膜片、弹簧等组成。膜片把阻尼减震器分隔成膜片室和燃油室两个部分。膜片室内有弹簧，将膜片压向燃油室，旋转调节螺钉可调整弹簧的预紧力。来自电动汽油泵的燃油经油道进入燃油室，油压通过膜片作用在弹簧上。

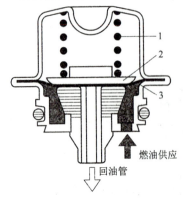

图 3-25　脉动阻尼减震器
1—弹簧；2—弹簧板；3—膜片

当油压升高时，膜片向膜片室拱曲，燃油室容积增大，燃油脉动压力下降，同时弹簧被压缩。当燃油压力下降时，弹簧伸长，膜片脉动缓冲器向燃油室拱曲，燃油室容积减小，油压上升。燃油室容积的变化吸收了油压脉动的能量，使燃油压力脉动迅速衰减，有效地降低了由压力波动产生的噪声。

因油泵已经改进，故泵油的脉动较小。大多数车没有脉动阻尼减震器，一般日本车系安装较多。

第六节　喷油量控制

一、不同工况的空燃比

电控燃油喷射发动机在各种工况下所需的燃油量，是由微机通过控制喷油时间来决定的。为适应发动机不同工况的需要，发动机控制空燃比变化情况如下。

1. 起动阶段

起动时计算机内存储的程序会根据发动机冷却液温度传感器信号为发动机提供起动加浓，冷却液温度传感器信号真实反映发动机的温度，所提供的混合气的空燃比范围为 -40 ℃时的空燃比1.5 到100 ℃时的空燃比14.7。发动机温度由冷到凉，氧传感器无信号。在起动工况，喷油器的喷油时间取决于发动机冷却水温度以及自起动开始累积转过的周数、发动机转速、起动时间四个主要因素。对喷油时间延长进行加浓，同时为了在进气管道与气缸内形成一种均匀的可燃混合气，应尽可能地避免燃油在进气行程喷射造成火花塞的湿润，因此要求喷油器在发动机每转一周时进行多次喷射（异步喷射）。

2. 怠速阶段

发动机70 ℃以下的怠速称为暖机阶段，此时空燃比为根据温度升高空燃比由1.5 向14.7 过渡，发动机温度渐高，氧传感器无信号，直到发动机热起来后才有信号。

发动机冷却液温度在70 ℃以上的怠速称为稳定的怠速阶段。发动机冷却液温度虽提高了，而且氧传感器也有信号了，但ECU 也可能无响应，称为开环控制阶段。随着三元催化器温度和氧传感器温度正常，当ECU 内的空燃比过渡到14.7 时，进入闭环控制阶段，并保持空燃比14.7。

3. 急加、减速时

急加速或急减速时，空燃比为不同浓度混合气，热车有信号，但微机不问。

二、喷射时间

喷射时间 T_i 取决于基本喷射时间 T_b、修正喷射时间 T_c 及电压修正时间 T_a 三项之和，即

$$T_i = T_b + T_c + T_a$$

式中　T——T = time 时间；

i——i = injection 喷射；

b——b = basic 基本；

c——c = correction 修正；

a——a = accumulator 蓄电池。

1. 基本喷射时间 T_b

基本喷射时间 T_b 由吸入空气质量 Q 及转速 n 按下式算出：

$$T_b = KQ/n$$

式中　K—常数。

2. 修正喷射时间 T_c

修正喷射时间 T_c 取决于对应工况的各项修正系数，并由各类传感器检出，则

$$T_c = (1 + K_{at} + K_{st} + K_{al} + K_p + K_f)(1 + K_{wt})T_b$$

式中　K_{at}——吸气温度修正，at = air temperature 进气温度；

K_{st}——起动增量修正，st = start 起动；

K_{al}——暖机时加速增量修正，a = acceleration 加速；

K_p——功率增量修正，P = power 功率，节气门开度在一半以下时，此值为 0；

K_f——空燃比修正，由氧传感器进行反馈控制修正，f = Fuel 燃油；

K_{wt}——暖机修正，wt = water temperature 水温，水温在 70 ℃以上时 K_{wt} 为 0。

3. 电源电压修正时间 T_a

电源电压修正时间 T_a 是根据蓄电池电压直接进行修正的。

将 $T_b + T_c + T_a$ 三项时间信号送入求和电路，就得到控制燃料喷射总的时间 T_i 脉宽。

4. 燃油喷射系统控制框图

图 3-26 所示为燃油喷射系统控制框图。

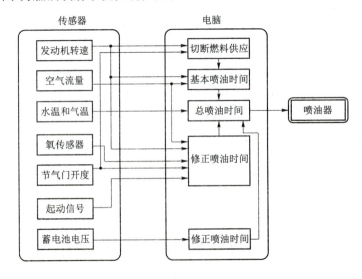

图 3-26　燃油喷射系统控制框图

[技师指导] 时间 T_b 和时间 T_i 在读数据流时可以读出。时间 T_b 是控制单元计算的中间数据，时间 T_i 为输出数据。发动机转速一定时，喷油数据和进气数据成比例，所以时间 T_b 也是负荷信号，但时间 T_i 不是负荷信号。

三、燃油停供

所谓燃油停供，是指 ECU 停止给喷油器发送燃油喷射信号，喷油器停止喷油。

燃油停供大致可分为三种情况：第一种是减速时以降低燃油消耗和改善排气净化为目的的燃油停供，第二种是发动机高转速时以防止发动机损坏为目的的燃油停供，第三种是防止淹缸的清除溢流停供。

1. 减速时燃油停供

如果节气门关闭（节气门位置传感器怠速触点 IDL 测得），因为汽车在挡上，车轮反拖发动机使进气门的油雾和油滴在怠速真空吸力的作用下进入气缸，使发动机转速在设定转速以上情况（硬减速）时，ECU 将判定为不需要供给燃油的减速状态，此时进入燃油停供阶段。

燃油停供转速还要根据发动机冷却水温度、有无空调之类的负荷等因素精确确定，并依此确定燃油停供范围，并依据发动机冷却水温度确定燃油停供转速和复供转速示意图。所谓复供转速，就是汽车在持续惯性行驶时，开始恢复喷射燃油的转速。复供转速是在停供转速下降到一定程度时开始的。发动机冷却水温度越低，燃油停供转速越高，复供转速也越高。这是因为发动机在冷态下工作时，怠速设定的转速比较高，以防止发动机在怠速状态下进入燃油停供状态。

[技师指导] 发动机减速时的燃油停供、复供功能为程序软件控制，不涉及故障，若有故障出现，多为下大坡时驾驶员报怨发动机转速在收加速踏板时稍有忽上忽下的状况，此为发动机减速时燃油停供造成，不过这只能说明是一种正常情况，若当故障处理，则找不出故障点。

减速时的燃油停供，本质上是限制怠速最高发动机转速。另外，在燃油停供期间，一旦节气门被打开，则应立即恢复燃油喷射。

2. 发动机超速断油

为了防止发动机转速过高而引起发动机损坏，要对发动机的最高转速进行限制。目前，多采用利用切断燃油的方法限速。ECU 将根据发动机的实际转速与微机内存储的最高转速进行比较，当达到设定的最高转速时，ECU 立即停止输出喷油信号，使喷油器停止喷油。当发动机转速降低至规定值时，又恢复喷油，如此循环，以防止转速继续上升。

图 3-27 所示为德国大众公司在发动机电子控制系统和机电喷射系统中采用的电子转速限制装置工作特性图。从图中可以看出，机械喷射发动机围绕在最高转速值 $n_0 = 6\ 000$ r/min，并有 ±80 r/min 的活动范围；电喷发动机围绕在最高转速值 $n_0 = 6\ 500$ r/min，有 ±80 r/min 的活动范围，实际发动机转速以实车为准。

此外，还有一些汽车，有超车速行驶断油功能。当"车速"超过限定值时，停止供油，其作用与防止发动机转速超限相同。

[技师指导] 大众车系数据流里 Overrun 即为超速，出现后瞬间，发动机转速稍下降。

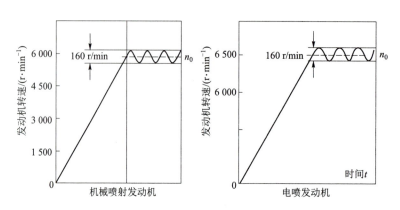

图 3-27 机电喷射系统和电子燃油喷射系统的超速断油功能

3. 起动时燃油停供

当发动机开始起动时,若发动机缸内出现浸油,则发动机将难以起动。此时驾驶员踩下加速踏板,使节气门开度超过80%,则计算机转换至清淹工作模式。空燃比高达20∶1的混合气有助于清除发动机浸油,以消除燃油过多现象,直到发动机转速高达400 r/min以上。如果发动机处于未运行状态,节气门开度超过80%,则某些发动机将停止供油。

此程序必须是人为控制加速踏板才能出现,且不是所有的电喷车都有此项功能。

第七节 喷油器波形分析

 一、信号的区别

1. 喷油器驱动信号

喷油器驱动信号是指控制单元向三极管基极或场效应管栅极提供的控制信号。

2. 喷油器信号

喷油器信号是指三极管或场效应管导通时,在喷油器负极电线上测得的电压信号。

[技师指导] 喷油器波形和喷油器的驱动波形要区分开。在修理过程之中,偶尔要在车上在线测量三极管的驱动信号和喷油器的信号,以判别故障点。具体车型可能会有些差别,所以应掌握新车正常波形的产生原理,作为第一手资料,书上波形仅供参考。

电磁喷油器是电子燃油喷射系统的主要执行元件,其工作时要受喷油器断电时反电动势的影响,在20世纪前出现问题的概率比较高,但现在已很少出现故障。

二、喷油器驱动信号

喷油器驱动信号分为电压控制类型和电流控制类型。之所以有这两种类型,是因为所选喷油器不同,对应三极管基极的驱动信号不同造成的。两种驱动信号的差异是负载回路的总

电阻不同，一般来讲，在一个喷射电路中，当回路的总电阻大于 12 Ω 时应用电压控制类型驱动器，小于 12 Ω 时则应用电流控制类型驱动器。

1. 电压控制类型

电压控制类型也称"饱和开关"型。对于高阻型喷油器来说，三极管驱动信号即为开关信号。

2. 电流控制类型

电流控制类型也称"峰值保持"型。对于低阻型喷油器，驱动信号控制流过喷油器线圈的电流开始要大，保证喷油器开启，随后用小电流保证喷油器保持开启状态，否则喷油器很快就会因为电流过大、线圈过热而损坏。

三、喷油器波形分析

（一）电压控制型

1. 工作过程

电压控制型不需要担心电流的限制，从控制角度来讲，它更像一个开关，ECU 控制三极管导通时，蓄电池电压直接加到喷油器上，喷油器工作。喷油器电磁线圈在驱动电流的作用下，很快达到磁饱和状态。

2. 喷油器电压波形分析

电压控制型喷油器波形如图 3 - 28 所示。一般车辆运转状态下正常值为 13.7 V 左右，为了在示波器上获得适当的输出，一般选择 5 V/格。驱动器电路完全导通（搭铁），在示波器上体现为干净、平直，没有圆角边沿；一个存在问题的驱动器，体现在垂直线上往往会扭曲变形。电磁喷油器驱动电路饱和压降，在正常情况下应该接近地电位，但又无法达到地电位，因为驱动电路自身输出阻抗的影响，不正常的波形往往是由于搭铁回路的问题造成的，所以直接用蓄电池的负极作为参考往往更容易发现此类问题。电压尖峰的高度与喷油器线圈

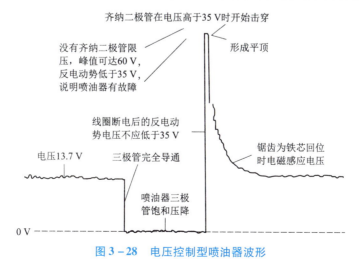

图 3 - 28　电压控制型喷油器波形

匝数、流过喷油器的电流大小有关系，线圈匝数和电流的增加都将导致尖峰电压的升高，反之，尖峰电压将减小。通常峰顶电压不应低于35 V。电压从峰值逐渐衰减到蓄电池电压，注意这个微小的隆起，这实际上是电磁喷油器阀针回落引起的电磁感应现象，表现为出现感应电压锯齿波。

如果出现大约35 V的峰值电压，则是因为保护驱动三极管或场效应管的齐纳二极管起到钳位作用，此时尖峰的顶部应该是以方顶截止。大部分汽车电路最终是互相并联在一起的，汽车电路中电感线圈断电时出现的高压电涌会对电子元件产生破坏作用，此外，高压电涌也可能窜入其他回路。在汽车电子系统中使用二极管有助于防止对精密的电子线路造成损伤，如图3-29所示。齐纳二极管可将高出的部分电压吸收掉，如果不是以方顶截止，一般来讲是因为峰值电压无法达到齐纳二极管的击穿电压，即喷油器的线圈存在某些问题。如果不采用齐纳二极管，则在正常状态下这个电压应达到60 V或更高。

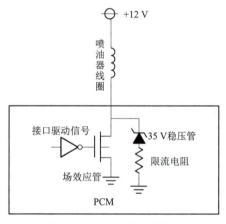

图3-29　稳压管保护电路

[技师指导]　喷油器波形测量

（1）测量喷油器波形时，一定是探针搭在喷油器的负极上，屏蔽地接在蓄电池负极上，这样有利于发现控制单元搭铁不良。

（2）测量喷油器的驱动波形时需打开控制单元壳体，从电路板与外部的接线处测量。根据怀疑有故障的喷油器对应的控制单元引脚，找到相应的三极管；再找到此三极管的基极，在线测量基极对地的信号，主要用于判断控制单元故障。

（二）电流控制型

1. 工作过程

电流控制型驱动器的内部结构要比电压控制型复杂，它除了完成基本的开/关功能外，还要具有恒流控制功能，主要适用于回路总电阻小于12 Ω的应用场合。图3-30所示为电流控制型喷油器的恒流方法。一旦三极管开启，回路电流在一段时间内不受限制，直到喷油嘴针阀开启为止，其典型电流值为2~6 A，实际上，电路允许电流达到峰值。一旦电磁喷油器针阀开启，电流迅速下降到一个较小值，以保护喷油器不会因在整个脉冲周期内承受大电流而发生过热损坏。维持喷嘴的开启状态需要很小的维持电流，典型值为1 A或更小，称为"保持"电流，这个较小的保持电流足以维持已经开启的喷嘴保持在开启状态。

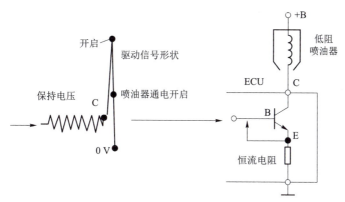

图 3-30 电流控制型喷油器的恒流方法

2. 电流控制型方法

有两种方法可降低回路电流：一种是周期性地使电路处于开/关状态，当这个过程足够快时，喷油器将保持在开启状态，这种方法经常采用；另外一种是调节驱动电压的方法，目前已很少采用。

电流控制类型的优点在于，喷油器开启速度快（开启电流大），关断速度快（保持电流小），响应迅速；缺点为电路结构形式复杂，成本较高。

3. 喷油器电压波形分析

电流控制型喷油器电压波形如图 3-31 所示。系统电压，一般车辆运转状态下正常值为 13.5 V 左右，为了在示波器上获得适当的输出，一般选择 5 V/格。驱动器电路完全导通（搭铁），在示波器上体现为干净、平直且没有圆角边沿；一个存在问题的驱动器，体现在垂直线上往往会扭曲变形。电磁喷油器驱动电路饱和压降，正常情况下应该接近地电位，但又无法达到地电位，因为驱动电路自身输出阻抗的影响，不正常的波形往往是由搭铁回路的问题造成的，所以直接用蓄电池的负极作为参考往往更容易发现此类问题。注意三极管导通电压降为 0 V 时有一个向上的弯曲，这个微小的感应电压是由反向电压产生的，是正常的，这是因为低电阻电路允许快速建立电磁场，进而产生反向电压。

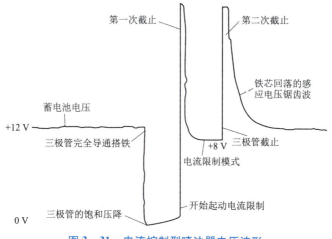

图 3-31 电流控制型喷油器电压波形

开始起动电流限制,即所谓"保持"时间的开始,在这点之前,电流不受限制,可以自由上升到峰值以便开启喷油器针阀。喷油器针阀开启,ECU 开始降低回路电流,实现方法为降低加在喷油器上的电压,以很小的电压来维持针阀开启所需要的电流。

注意此时轨迹中的电压与系统电压(蓄电池)相差很小,喷油器处于电流限制模式,或者说是"保持"状态。这条线可以是平坦、稳定的,任何的波形畸变都将指出喷油器驱动器电路存在的问题。

四、开关三极管的区别

几乎所有的喷油驱动器都采用 NPN 型的开关三极管,它的正脉冲使三极管导通,使喷油器负极变为近似接地,但实际中也有用 PNP 型三极管驱动喷油器电路的。图 3-32 所示为 PNP 型的开关三极管喷油器电路,其基极 B 要由负脉冲驱动,且发射极 E 和基极 B 之间有输入电流流过,这样才会在发射极 E 和集电极 C 间有饱和电流流过。

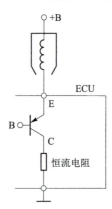

图 3-32 PNP 型的开关三极管喷油器电路

这种喷油器三极管驱动电路与其他系统喷油驱动器的区别在于它的基极脉冲是低电位时,三极管导通,这样它的驱动信号就和 NPN 型相反,但喷油器负极波形与 NPN 型开关三极管的没有差别。

第八节 典型燃油压力故障

一、加速不良

燃油压力有故障主要表现为加速不良。弄清电喷发动机"加速不良"和"动力不足"的区别是正确诊断的关键。

加速不良俗称加速坐车,是指在急速踩下加速踏板时,发动机转速不能迅速升高,但只要踩着加速踏板不放,发动机转速仍会缓慢升高,同时发动机没有其他故障现象。

例如,汽车原来加速良好时的最高车速可迅速达到 165 km/h,若现在加速不良,最高车速也可达 165 km/h，只是踩下加速踏板等待的时间会更长些，这就是加速不良的故障。加速不良的原因比较简单，如果按化油器车来说，主要就是化油器加速油路故障。

如果现在最高车速只能达到 130 km/h，虽然加速也不良，但这属于发动机动力不足的故障。发动机动力不足的车辆出现的加速不良应属于动力不足的故障范围。而动力不足的原因有很多，如气缸无火、空燃比不对、点火错乱、点火正时不对、气缸压力不足、三元催化器堵塞、传感器信号不良、进气系统漏气、空气滤清器脏、制动器卡滞、自动变速器打滑故障、轮胎气压低、车轮定位不准等。所以在实际诊断此类故障时首先应确认是加速不良还是动力不足。

二、急加速不良的原因分析

当空燃比为 12.0～12.5 时，发动机能发出最大功率，因此急加速不良的主要原因是急加速的瞬间，没有提供较浓的混合气，或是已提供较浓混合气，但进入气缸的不是较浓的混合气；其次是发生了只有急加速时才出现的高压断火。

造成没有提供或进入气缸的不是较浓混合气的原因有三点：燃油压力不足；进气门头部积炭过多；传感器信号滞后或不良。

1. 燃油压力不足

当急踩加速踏板使节气门迅速开大时，节气门位置传感器快速变化的信号传到控制单元，控制单元控制喷油器增加喷油脉宽（异步喷射），以增加喷油量。油泵泵油压力不足、油路受阻均会使混合气浓度不足，导致加速动力不足。此时，应当测量加速不良时的燃油压力。

经验表明，急加速不良的最常见的故障原因是急加速时燃油压力不足。

在怠速时测量燃油压力，油压可能是正常的，这是因为怠速时喷油器的喷油脉宽通常是 2.5～5.0 ms，而加速时喷油脉宽为 50～70 ms。

若油路有部分阻塞，在急加速时油压就会降低，其原因是喷出的油多，而进入供油管路中的油少，所以在诊断加速不良的故障时，必须在行驶中急加速时测量油压。

例如，捷达汽车怠速时油压为 250 kPa，急加速加速踏板踩到底时油压应为 280～290 kPa，因为急加速时进气歧管真空度小了 50 kPa 以上，所以喷油器与进气歧管压差虽仍是 250 kPa，但油压已达到 290 kPa。如果急加速时油压低于 250 kPa，就会呈现急加速不良。

若氧传感器的燃油修正值大于 8%，即混合气过稀，此时控制单元控制增加了 8% 的喷油量，其原因通常为燃油泵油压不足。

燃油压力不足的原因有以下几点。

（1）燃油泵磨损。

（2）燃油泵供电电压不足。

若燃油泵电路各接头处电阻过大，则会造成电阻分压，使油泵供电电压降低。通常应在燃油泵工作时测量供电电压。

（3）燃油泵进油滤网过脏，导致汽油滤清器堵塞。

(4) 供油油路有泄漏。

2. 进气门头部积炭过多

电喷发动机由于喷油器喷油正好喷到进气门头部，当汽油品质不佳时很容易造成进气门头部积炭过多，这些积炭会吸附汽油，当发动机进气歧管压力稳定时，积炭中汽油蒸气浓度与混合气相同，但在急加速时，喷油器长时间喷油，有一部分汽油会被节气门头部积炭吸收，并未进入气缸，造成进入气缸的混合气不浓，从而导致急加速不良。

若踩着加速踏板不放，积炭吸收汽油饱和后，过几秒钟车速会上去。

对于进气门积炭影响急加速的故障，冷车发动时间也会延长，起动起动机需多一会儿时间，其原因是喷出的汽油被积炭吸附了，不能形成浓混合气。

3. 传感器信号滞后或不良

急加速瞬间由于空气流量计、进气歧管绝对压力传感器、节气门位置传感器信号不良，信号反应过迟，会使喷油脉宽不能迅速增大，进入气缸的混合气也会不够浓。

（1）热线式或热膜式空气流量计的热线或热膜脏污时，向控制单元发送的空气流量信号就会滞后于实际气流的变化，从而导致喷油脉宽的增大滞后。

（2）进气歧管压力传感器真空管低垂处因燃料或水堵塞，当急加速导致进气歧管绝对压力急速变化时，传感器的绝对压力变化会滞后。当慢踩加速踏板时，由于进气歧管中真空度变化缓慢，真空管有点堵塞，但不可能完全堵塞，所以影响也不大。

（3）节气门位置传感器是控制加速异步的喷油传感器，由于现在产品质量提高，它本身不易有电刷和滑动变速器接触不良故障，但当无节气门信号时，如信号中断，或控制单元检测有故障进入故障状态，则会导致控制单元不能给喷油器正确的喷油脉宽指令。

三、急加速不良故障诊断步骤

急加速不良故障诊断步骤如下。

（1）首先确认是否真正是加速不良故障。加速不良是指缓慢加速正常，仅急加速工况不良。

（2）对于急加速不良的故障，首先测急速时的燃油压力，如油压正常，则应在行驶中测急加速时的油压。

急加速时油压开始下降，然后又升至标准值。这表示油泵正常，问题是进、出油不畅，如进油口滤网或汽油滤清器堵塞。

如果急加速油压下降后始终不能回到标准值，则原因大多是燃油泵磨损过大或工作不良。

如果急加速油压正常，但有冷起动时间过长的现象，则可能是进气气积炭过多所致。

为了确认此点，用故障诊断仪查看热车怠速时氧传感器的电压变化频率。无气门积炭，良好的氧传感器，电压变化在 $0.2 \sim 0.8$ V，且变化速度为 20 次/min 左右。长期使用，当氧传感器老化，导致信号电压不准或电压变化频率过少时，应换一个新传感器来测试。

进气门头部如果有积炭，则积炭会在加速时吸附汽油及收加速踏板时放出汽油，导致混合气在加速时减稀和收加速踏板时变浓。

由于传感器信号滞后而造成急加速不良的故障较少,若有怀疑,可用故障诊断仪从数据流中观察喷油脉宽能否迅速增大来判断。在急踩下加速踏板时,若喷油宽增大滞后,则是传感器信号滞后或不良所致。

如以上检查都正常,则应检查点火系统。例如,高压线或点火线圈是否在急加速时工作不良。

2000年以后,有些新型车的诊断系统具有失火识别功能,即可先用故障诊断仪读取相应的故障码,再排除故障。

四、燃油系统的日常检修注意事项

电子计算机以信号脉冲控制燃油喷油器的打开与闭合。喷油器打开时间越长,喷入气缸的燃油量就越多。计算机通常是对安装在燃油箱内(或附近)的燃油泵继电器进行控制,计算机用点火开关和来自发动机的转速信号控制对燃油泵继电器电路的供电。如果操作程序正确,则计算机控制的燃油喷射系统基本上是一个可靠的系统。

日常维护要记住以下几点。

1. 定期更换

定期更换燃油滤清器和空气滤清器(在更换周期内多吹几次更好)。

2. 使用规定标号汽油

一旦加油后行驶动力性下降,同时用正时灯或检测仪发现点火角推迟,则应清洗油箱和整个燃油供给系统。

3. 清除积炭

曲轴箱窜气导致进气门蘑菇头伞下积炭是一个普遍的问题,进气门蘑菇头伞下积炭会在喷油器喷油时吸附燃油,造成混合气过稀;在减速时,吸附的燃油析出进入气缸,还会造成混合气过浓。

1)如何处理发动机积炭

在冬季经常出现的"三冷"现象,即冷车不易起动、冷车发动机怠速抖动和冷车加速坐车,绝大多数是进气门背部、进气管内积炭过多,喷油器内部杂质过多造成的。

为防止此现象的发生,用户在日常使用时要正确操作,同时在日常保养时建议每行驶2万km后应对发动机进行免拆清洗。

发动机积炭的原因有以下几点。

(1)使用劣质汽油,胶质含量过高(>5 mg/100 mL)及有杂质。

(2)使用劣质机油。

(3)汽油中缺少活性添加剂。

(4)空气质量状况差,灰尘大。

(5)经常短距离行驶,如果距离太短,车还没有热就停车了,很容易形成积炭。

（6）行车时换挡点总提前，尤其是在冬季冷车状态下。

2）发动机积炭的处理方法

（1）将清洁剂加入油箱中，使整桶汽油成为温和的清洁剂，即在行驶时清洁积炭，即使是严重积炭也可以将其清洁到不影响发动机正常运作的程度，这种方式的花费是最低的，且没有不良副作用，但清洁剂的稀释会导致清洗速度太慢。

（2）在发动机工作时将清洁剂注入油管以清除积污，时间很快，只有10min左右，但清洁剂的成分相当强烈，有伤害喷油与发动机内部组件的危险，且根据实际经验，效果并不好。

（3）将清洁剂注入燃烧室中，让清洁剂直接清除积炭。这是三种方法中效果最好的一种，燃烧室与进、排气门都可以被清洁到呈现金属原色的程度，不过因为效果太好，清出来的大片积炭常会卡在进、排气门座附近，使进、排气门无法完全关闭，必须花费大量的时间精力处理后续问题。另外，机油遭清洁剂稀释必须更换，且气门导杆有受侵蚀的危险。

注意：每次针对发动机的免拆清洗后，都应以较高的车速（80 km/h以上）行驶20 km以上，使熔化的胶质和积炭在高温下燃烧从尾气排出。如果做免拆清洗后将车放置到第二天早上再起动发动机，会使气门被熔化的胶质粘连，也就是俗称的"气门粘连"现象，气门粘连会使进气不充分，压缩时气门可能关闭不严（取决于积炭的软硬程度），如果出现了这种现象还需要重新进行免拆清洗。

4. 经常油箱低油位行驶

燃油喷射系统是利用汽油来进行对喷油器和油泵电动机进行冷却的绕组。作为驾驶员，一定要避免汽车在油箱几乎空了的情况下运行，否则油箱底部的积水和铁锈等污物会被吸入燃油供给系统，并损坏泵和喷油器。油箱没油会导致散热下降、噪声上升、寿命下降。

5. 油箱水和污物

应定期对油箱放水和放出污物，特别是现在的乙醇汽油含水量较多，必须定期放水。如果不定期放水，油、水混合物中水的浓度增加，进入气缸将导致起动困难。

第九节　缸内直喷发动机简介

一、缸内直喷发动机分类

缸内燃油喷射发动机分为直喷均质发动机和非均质直喷（直喷稀燃）发动机两种。若要了解它，则需先了解均质和非均质的概念。

1. 均质

均质，即气缸内的油气浓度各处都相等，怠速时用浓混合气，部分负荷时采用空燃比为14.7的混合气，全负荷时用浓混合气。这样的直喷发动机为均质直喷发动机。均质直喷发动机相对缸外喷射而言，高压雾化会更好。现在的直喷发动机大多停留在这个阶段。

2. 非均质

非均质，即气缸内各处的油气浓度不都相等，火花塞附近较浓，其他部分较稀，整个气缸内的混合气总体浓度较稀。这样的直喷发动机为非均质直喷发动机或直喷稀燃发动机。

二、缸内直喷发动机优点

关于缸内喷射，20 世纪 40 年代前曾做过较多的研究，但对实现缸内均匀混合气而言，这种结构形式在当时没有显示出特别的优点，而且造价高，控制和调节困难。但因为其潜在的优越性，各国没有放弃研究。直接喷入气缸的喷射方式总体上有以下 7 种可能的优点，特别值得注意的是混合式发动机可以利用这些优点中的哪一些。

1. 可以实现脉冲增压

通过凸轮轴配气相位的调节，全负荷特性的曲线在很大范围内能满足要求，这样可提高最大扭矩或最大功率。通过进气系统、排气系统、配气相位、转速的协调设计来实现脉冲增压，在这种喷射发动机中是可以实现的。

2. 可以采用更大的气门叠开角

增压四冲程喷射式发动机可采用更大的气门叠开角，以增强扫气和冷却效果。

3. 进气管内无燃料沉积

因为在进气管内只提供空气，故燃料不会在进气管系统中沉积，不存在尤其是作为油膜层形式附于进气管壁面的燃料的沉积。因此，一方面可以降低油耗，另一方面对于加速过程也不需要考虑混合气加浓的进气管黏附沉积。

4. 进气管造型不受制约

无须考虑燃料及混合气的输送而自由地进行进气管造型设计，可利用空气波动效应以提高供气效率，在全负荷时相应地提高了功率。

5. 可以提高压缩比

进气管不加热和气缸内燃料蒸发时的冷却效应使得缸内温度降低，从而减弱了爆燃趋势，这使得采用高压缩比成为可能，因此可以达到更高的平均压力和更高的热效率，即油耗较低。

6. 可以实现混合气分层

可以在缸内实现混合气的分层，即在缸内形成所需要的非均匀混合气，有利于点火、改善燃烧、降低油耗，特别是在部分负荷时放弃了进气节流，使经济性更好。

7. 冷却燃烧室部件

将燃料直接喷入燃烧室的热区，借助于燃料蒸发时的吸热，使得燃烧室内气体侧的热区得以冷却。

第十节 直喷稀燃发动机理论

一、直喷稀燃方法

传统汽油发动机一般都设计成在均匀的空气和燃油混合气中工作，分层进气必然会使燃烧过程产生明显的变化。分层进气发动机的设计方法是在火花塞附近提供浓混合气，以保证可靠的点火，而以后的大部分反应过程都在稀混合气中进行。尽管混合气很稀，在以前的发动机理论中很容易造成燃烧中断，但浓混合气已形成的火球会推动燃烧在稀混合气中进行。

1. 主副燃烧室式

主副燃烧室式是一种很有效但较复杂的方案，是把燃烧室分成主室和副室两个区域，向装有火花塞的副室喷入浓混合气、主室喷入稀混合气。这种方案的优点是副室喷入的浓混合气能确保可靠的点火。主室的稀混合气在整个燃烧室中占了主要地位，但在整个燃烧过程中，主室的混合气浓度是变化的，要么很浓，要么特别稀，因此这种方法能显著地减少 NO_x 的排放。

但是，这样的两燃烧室发动机与传统的一体燃烧室相比，其燃烧室表面积较大，因此未燃碳氢化合物排放较高。

2. 直接喷射式

直接喷射式是直接把汽油喷进燃烧室，在火花塞附近形成一个浓混合气区，周围较远的地区形成稀混合气区，造成混合气分层。从总体上看，在燃烧室中的混合气是稀的。这种直接喷射也有一些明显的缺点，如输出功率低、设计复杂等。现在使气流以一种精确计算的"涡流模式"进入燃烧室，也有可能达到一定程度的进气分层，这种"分层效应"目前还不是很清楚，而且难以控制，其会导致发动机瞬时扭矩变化非常大。

对于汽油机来说，缸内直接喷射形成的高压雾化混合气相对于传统的缸外喷射发动机可减少大约20%的燃油消耗，对减少二氧化碳的排放也有很大作用。为了发挥缸内直喷的优异性能，有必要精确确定部分负荷时的分层充量形成过程和全负荷（WOT）时均匀混合气的形成过程以及它们之间的转换。

二、直喷稀燃存在的问题

到目前为止，执行上述直喷稀燃喷射方式的装置中仍存在的问题，未来可以通过下述方法解决。

分层稀燃运行时，发动机功率的控制问题可以靠现代先进发动机管理技术来解决，所以不算是问题。现代发动机管理系统可做到：精确计量所需的喷油量，形成所需的喷油压力，确定正确的喷油时刻，精确、直接地将汽油喷入发动机燃烧室内。

（一）发动机转矩控制问题

发动机管理系统还必须协调对发动机提出的千差万别的转矩要求，对发动机做必要的控制。发动机指示转矩是重要的系统参数。转矩控制结构可以细分为三部分，即转矩需求、转矩协调和转矩执行。

1. 转矩需求

最重要的转矩需求是由驾驶员踩加速踏板输入的。发动机管理系统根据加速踏板的位置来识别驾驶员对发动机输出转矩的需求。

此外，转矩需求可能来自变速箱换挡控制器位置确定的模式、牵引控制系统（TCS 或 ASR）和电子车辆稳定系统（ESP）、巡航控制、发动机的反拖控制、发动机的转速控制、车辆行驶速度限制、起动控制、怠速控制、催化器预热控制和发动机零部件保护控制共 11 项。

2. 转矩协调

转矩需求确定后，转矩协调是对确定的转矩需求进行发动机瞬时损失扭矩修正，如打空调、打转向盘、打前照灯和挂挡等，所以转矩协调是发动机管理系统确定转矩需求的最后一关。

3. 转矩执行

发动机控制扭矩的三种方法如下。

（1）控制单元通过电子节气门控制进气量，从而确定喷油量，最终确定混合气量。

（2）控制单元通过控制喷油器的喷油时间控制喷油量，这个过程需要一个必须是宽带型的氧传感器反馈空燃比。

（3）控制单元通过改变点火提前角来控制扭矩。

（二）NO_x 的处理

稀燃期间 NO_x 的处理可以靠先进催化转换工程技术来解决。

现在的发动机管理系统是按欧Ⅲ标准设计的，更为严格的欧Ⅳ标准将会实施。目前，直喷稀燃发动机实现批量生产的关键在于对 NO_x 处理的催化转化工程技术的开发。

分层充量时，会生成大量的 NO_x 成分，借助高废气再循环率可达到减少废气中 NO_x 约 70% 的含量，余下的 30% NO_x 不做处理是不能满足废气控制法规的。三元催化转化器（TWC）不能减少稀薄废气中的 NO_x 成分，余下的 30% NO_x 只能用新型的、针对 NO_x 的一元催化转换器进行处理。

减少废气中 NO_x 含量的方法是采用 NO_x 吸藏型催化转化器。利用稀薄废气中的氧气将氮氧化物以硝酸盐的形式储存在催化转化器的表面，当转化能力耗尽时，催化转化器前部的宽带型氧传感器和后部的窄带型氧传感器会对转换器的转换能力是否达到极限做出判断，控制单元暂时地切换到加浓的均匀充量工况，硝酸盐与加浓时生成的 CO 结合还原成氮气，从而完成催化转换器的再生。这种浓稀混合气的切换是在不导致汽车动力突变的情况下进行的。现阶段，部分地区的汽油中的硫含量超标严重，导致这种催化器失效，所以在使用这种催化转化器之前，必须先减少汽油中的硫含量。

我们说上述两个问题可以解决,但事实上国内"直喷稀燃发动机"还未批量生产。不过"直喷发动机"已经在我国生产。"直喷发动机"控制元件与"直喷稀燃发动机"几乎相同,但控制单元内管理系统和缸外喷射的管理系统相差不多,催化器仍然是三元催化器。

三、设计和构造

1. 高压喷油器

高压喷射系统设计成可在任意时刻由电磁控制的高压喷油器直接喷入缸内。

2. 压力控制电磁阀

在缸外喷射中油压是由压力调节器调节的,但在缸内喷射中压力是由控制单元控制的压力控制阀进行调节的。与缸外喷射相比,缸内喷射 ECU 为了触发压力控制阀而增加了额外的执行器,即压力控制电磁阀。

3. 高油压传感器

为了保证压力控制阀调节正确,在高压油管路中又加了高油压传感器,所以相对缸外喷射又多了压力传感器。

4. 低油压传感器

事实上在缸内喷射系统中不仅要加高压传感器,而且在低压管路中也要加低压传感器。

5. 电子节气门

吸入的空气量可由电子控制节气门(electronic throttle control,ETC)自由调整。热线式空气质量流量计用于精确测量进气量。

6. 宽带型氧传感器

混合气空燃比的正确性是由通用的 LSU 和 LSF 型(宽带型氧传感器和后部的窄带型氧传感器)氧传感器监测的,这两个传感器分别安装在催化转化器前部和后部的废气流中。这些装置不仅适用于 $\lambda = 1$ 运行时的闭环控制,也适用于稀燃运行的控制和催化触媒再生。

7. 进气管压力传感器

废气再循环率的精确调整是很重要的,特别是在过渡工况时,因此必须安装压力传感器,以测量进气管压力。

四、运行方式

(一)燃油供给和燃油喷射

1. 低压油路

低压油路位于系统的油箱一侧,它由电子燃油泵及与之并联的压力调节器组成,并产生 3.5 bar 的压力,通过该油路将燃油供给给发动机驱动的高压泵。

2. 高压油路

1）高压泵

该泵将油压从 3.5 bar 升高到 120 bar，使油轨的压力波动最小，以防止燃油和发动机的润滑油混合在一起。

2）蓄压器/油轨

蓄压器/油轨必须有足够的弹性，来应对喷油形成的周期压力脉动及高压泵泵油压力脉动所同步产生的压力波冲击。另外它必须有足够的刚度，以便油轨压力能对发动机的燃油要求快速做出反应，所以油轨的弹性是根据燃油的压缩性能和油轨容积来选定的。油轨压力由压力传感器测定。

3）压力传感器

压力传感器用于识别油轨的压力。

4）压力控制阀

压力控制阀的任务是在发动机全部工况范围内，根据其脉谱图来调整主压力。主压力不受喷油量和油泵输送量的影响。压力控制阀下游的过量燃油是由负荷状态决定的，它不返回油箱，而是回到高压泵进口，这样可避免油箱中的燃油被加热和油箱的活性碳罐清洁系统过载。

5）喷油器

喷油器与喷射方式有关，并且必须能满足安装环境、极短的喷射持续期和高度线性等要求。喷油起始点和喷油量均由喷射阀触发信号确定。

（二）混合气的形成和点火

要充分发挥汽油直喷的优越性，需要极其复杂的发动机管理系统。以下是两种基本工作状况之间的不同之处。

1. 低负荷范围

在低负荷范围，为了使油耗最低，发动机是在气缸进气高度分层和高稀薄混合气的条件下运行的。在火花塞点火前，通过延迟燃油喷射，燃烧室分成两个区：第一个区中为在火花塞周围的高易燃性混合气团，第二个区是包裹高易燃性混合气团的新鲜空气和残余废气隔离层。燃烧室壁的空气隔离层使传热损失减少，提高了热效率。

2. 高负荷范围

随着发动机负荷的增加，分层进气的喷油量会增加，造成火花塞附近局部混合气变浓，这将导致废气的数值恶化，特别是废气的烟度。因此在大负荷范围内，发动机以气缸内均匀混合气状态工作，不再加浓，其基本上通过进气管喷射控制的方法实现。空燃比协调控制可使空燃比保持在 1 和稀燃工况之间。

为了提高燃油和空气的混合效果，燃油在进气过程中就已被喷入。与现在普遍使用的进气管喷射类似，吸入的空气量也是根据驾驶员的转矩要求由节气门来进行调整的，而喷油量则根据空气质量流量计算得到，并由氧传感器的闭环控制来进行修正。这样燃油喷射系统必须能自由选择喷油时刻。

低负荷范围喷油时刻和高负荷范围喷油时刻相差很大。本来是进气行程喷油,但低负荷范围进气行程喷油到压缩行程不能保持分层燃烧,所以喷油要推迟至压缩行程,接近点火,甚至在点火的同时喷油,喷油时间可延续至活塞做功下行。高负荷范围喷油时刻仍在进气行程。

3. 负荷范围变换

为了保证负荷与喷射时刻一致,喷射时刻在压缩行程的迟滞点和进气行程的提前点之间变化,跨越很大。

为了控制低负荷范围和高负荷范围内的进气量,进气空气质量的调整必须独立于加速踏板位移的变化,这样节气门必须是电子节气门。

在均匀充量和分层充量之间的变化过程中,受控制的喷油量、进气量和点火提前角是决定因素,也是可控因素,以便使发动机输入到变速箱的转矩保持恒定。"转矩控制"意味着电子节气门的控制功能比缸外喷射电子节气门的控制功能复杂。

当进气管压力(负荷)下降时,空燃比值也随着改变。在变换期间,两个空燃比极值非常关键。

(1)在分层充量时,为避免烟度增大,较低的空燃比限值约为22,过量空气系数约为1.5;在分层进气燃烧时,空燃比限值为22,表面混合气很稀,但火花塞附近很浓。

(2)在均匀充量时,由于发动机稀燃能力的限制,较高的空燃比限值约为19,过量空气系数约为1.3;表面混合气变浓,但火花塞附近和气缸内混合气浓度相同,相对分层充量时火花塞附近的混合气是稀混合气。

由于稀薄燃烧会在两个不相邻的空燃比22和19之间切换,转换是阶跃的,因此,在转换时刻,有必要通过猛增喷油量,跳过被禁止的空燃比范围(19<空燃比<22)。因此分层充量在向均匀充量过渡时,为防止转矩突变,要通过暂时地延迟点火角来减小转矩。从均匀充量到分层充量的转换顺序是按相反顺序发生的,即从小功率向大功率过渡时是分层充量向均匀充量的过渡。

第十一节 国内投入批量生产的直喷发动机

一、缸内直喷供给系统组成

缸内喷射燃油供给系统分为两个系统,即低压系统和高压系统。图3-33和图3-34所示分别为2005年C6A6奥迪A6L 3.2LV6FSI发动机供油系统及C6A6奥迪A6L 2.0T直4FSI发动机供油系统组成。为了满足排放,此种直接喷射发动机只是均质发动机,不是真正的直喷稀燃发动机,直喷稀燃被大众取消变成均质混合气的原因主要是排放不能满足要求,但这可能是未来发动机的发展方向,毕竟它是可实际应用的发动机。

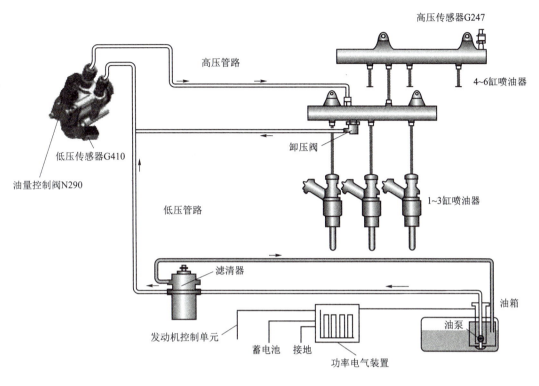

图 3-33　C6A6 Audi A6L 3.2LV6FSI 发动机供油系统

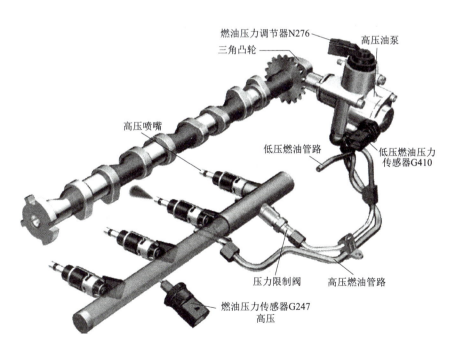

图 3-34　C6A6 Audi A6L 2.0T 直 4FSI 发动机供油系统组成

二、低压系统元件作用

低压系统是一种动态调节系统,从发动机控制单元输出的 PWM (pulse width modulation,脉冲宽度调制) 信号控制功率电气装置,功率电气装置也通过输出 PWM 信号来调节电动燃油泵的转速。低压系统没有燃油回油管。

低压传感器 N410 用来监控不同压力的保持状况。在下述工况时,预供油压力必须保持在 2 bar。

(1) 在发动机停机时(电动燃油泵继续运行)。
(2) 发动机起动前(电动燃油泵预运行)。
(3) 当点火开关接通或驾驶员车门接触开关接通时。
(4) 在发动机起动过程中以及发动机起动后的 5 s 之内。
(5) 在热起动以及热机运行时,时间取决于发动机温度(时间小于 5 s),以防止产生气泡。

如果更换了燃油泵控制单元或发动机控制单元,则必须通过 VAS5051 故障导航进行匹配(低压传感器 G410、卸荷阀、4~6 缸导轨上高压压力传感器 G247)。故障导航是大众在 VAS5051 中的一项功能,只要按仪器界面的选项要求去做,即可完成匹配。

本系统的优点如下:
(1) 电动燃油泵消耗的功率很低,因此可节省能量。
(2) 只是需要燃油量时才有压缩,燃油吸收的热量非常少。
(3) 提高了电动燃油泵的使用寿命。
(4) 在怠速时降低了噪声。
(5) 可以通过高低压传感器对低压系统和高压系统的阻尼器进行自诊断。

三、高压系统元件作用

高压系统由下述部件组成:高压燃油分配板,该板集成在进气歧管法兰上,带有压力传感器和压力限制阀、高压燃油喷油泵、高压燃油管、高压喷油器、单活塞高压泵。

(一) 高压油泵

1. 单活塞高压泵简介

单活塞高压泵生产厂家是日立 (Hitachi) 公司。该泵位于右侧缸体进气凸轮轴端部,由一个三角形凸轮驱动。该泵可产生 30~120 bar 的燃油压力,油量控制阀 N290 根据规定值的大小来调节这个压力。燃油高压压力传感器 G247 (燃油导轨上) 可监控该压力的大小。该泵内集成有燃油低压传感器 G410。

单活塞高压泵只将发动机控制单元内存储的、由特性曲线所规定的燃油量送入高压油轨。与连续供油的高压泵相比,本系统的优点是减少了消耗在泵油时的燃油量。

该泵没有泄油管,是一个根据需要由油量控制阀 N290 来进行调节的高压泵。在其内部就将受控的燃油消耗的驱动功率降低了,只需输送实际需要的燃油量。

2. 工作原理

1) 吸气行程

如图 3-35 所示，控制单元控制油量控制阀 N290 断电，油量控制阀 N290 将低压阀保持在打开位置，凸轮转动和活塞弹簧力使得泵活塞向下运动，泵内的空间加大，燃油流入。

2) 做功行程

如图 3-36 所示，三角形凸轮转动克服弹簧力，使得泵柱塞向上运动，此时为防止低压进油阀关闭，控制单元控制油量控制阀 N290 保持断电打开状态，此时还无法建立起压力。

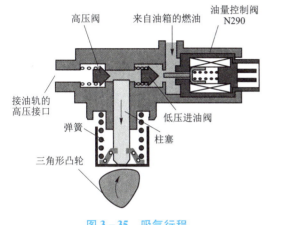 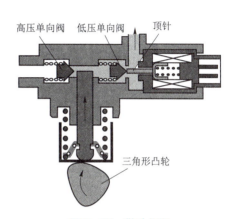

图 3-35 吸气行程　　　　　　　　图 3-36 做功行程

3) 压缩行程

如图 3-37 所示，发动机控制单元向油量控制阀 N290 通电，油量控制阀 N290 顶针被吸引向右移动，泵内的压力油将低压进油阀压入其座内。如果泵内压力超过油轨内的压力，高压单向阀就会被推开，燃油进入油轨。

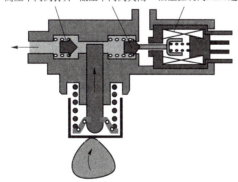

图 3-37 压缩行程

（二）高压喷油器

高压喷油器与高压泵一样，也是由日立公司生产的。喷油器的任务就是在精确的时刻将精确的燃油量喷入燃烧室。

喷油器的电控由发动机控制单元来完成,工作电压约为 65 V,喷射出的燃油量由阀开启时间和燃油压力来决定。喷油器与燃烧室之间由一个聚四氟乙烯密封圈来密封,每次拆卸后必须用专用工具更换该密封圈。

图 3-38 所示为高压喷油器结构,高压喷油器的内部结构特别是衔铁内的结构没有必要了解,知道通电开启后喷油即可。

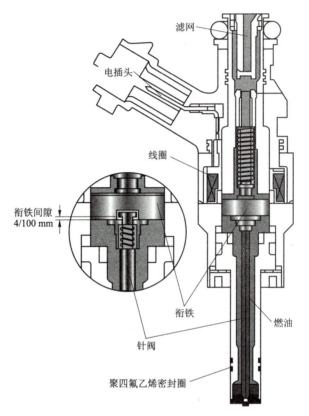

图 3-38 高压喷油器结构

第四章

点火系统控制

一辆 2011 年款大众迈腾 B7 轿车配有缸内直喷燃油系统，仪表发动机故障灯点亮，诊断仪显示有失火故障。

如果你是接车的修理技术人员，应如何解决本故障，修理方案应如何制定。

- 能说出点火系统的发展过程。
- 能说出火花塞的结构和实际使用的影响因素。
- 能说出机械式分电器的结构和点火提前角的调节原理。
- 能说出电子式分电器的结构和点火提前角的调节原理。
- 能说出电控点火系统组成及点火提前角的调节原理。
- 能说出缸内喷射发动机燃油压力传感器的作用。
- 曲轴位置传感器和凸轮轴位置传感器在点火系统中的作用。

- 能够检查火花塞，并能在成组更换火花塞中正确操作力矩。
- 能够检查高压线，并能在成组更换高压线中不出现乱缸操作。
- 能够检查分电器总成元件，并能在更换分电器总成的过程中调节点火提前角。
- 能够检查点火线圈，并能更换点火线圈。

第一节　传统点火系统简介

目前，汽车发动机点火系统全部由发动机 ECM 控制，但这里有必要用回顾一下早期的点火系统。

一、机械触点点火系统

如图4-1所示,机械触点点火系统由分电器(包括分火头和分电器盖组成的分电器、铂金触点式的断电器、真空点火提前角和离心点火提前角调节装置)、点火线圈、高压线、火花塞和点火开关组成。如图4-2所示,分电器轴在发动机凸轮轴的驱动下转动,分电器的下轴和上轴采用由转速控制的离心飞块实现上轴与下轴角度上的错位,不同转速上轴和下轴错位的角度不一样,发动机转速越高,上轴超前下轴的角度越大,上轴和凸轮是一体的,其上有与发动机缸数相等的凸轮用于顶开断电臂,从而产生触点的开闭,控制初级线圈通、断电。

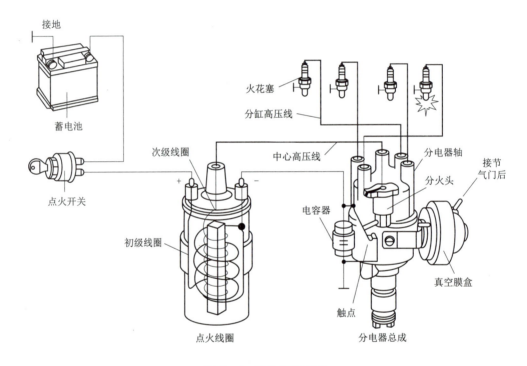

图4-1 传统点火原理

真空调节机构是个真空膜盒,膜盒上有通往发动机节气门后的真空管,发动机节气门后的真空度大时,膜盒拉杆拉动断电器支架逆时针转动,使断电臂提前被凸轮顶开,实现断电。在点火线圈中感应出的电压经中心高压线至分火头,分火头转动时再把高压电分至旁电极的分缸高压线,然后传至火花塞,从缸体搭铁构成回路。电容器可以防止烧触点。工作原理:初级电路由蓄电池→点火开关→初级线圈→断电器→分电器壳体→地;次级电路由次级线圈→中心高压线→分火头→分缸高压线→火花塞→缸体→地。

传统点火提前角 = 辛烷值调整器确定的初始角 + 离心机构和真空机构确定的动态角

点火时刻是由发动机转速控制分电器上轴和下轴错开的角度与发动机节气门后的真空度

决定的,具体是发动机转速高时上轴超前下轴实现提前点火,发动机怠速时真空度大也可实现提前点火,在节气门全开时真空盒控制点火角达到最小,离心角和真空角是两个随工况变化的动态角。

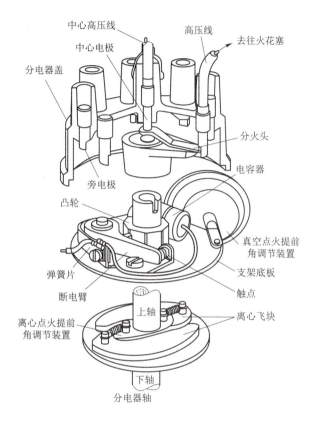

图4-2 分电器构造(电容器多放在分电器壳体外部)

为了适应不同汽油标号和发动机缸内压缩比发生变化的影响,允许分电器壳体转动,这时壳体上会有刻度,也称为辛烷值调节器,辛烷调节器本质上是分电器壳体上的一个长条孔,用螺丝将分电器固定在发动机缸体上。在调初始点火角时修理人员把加速踏板踩到底,同时转动分电器,听发动机缸体内刚有点儿爆燃声音时,用螺丝锁死分电器壳体即可。在出厂或修理厂修理时可调节辛烷值调节器,以适应不同汽油标号和发动机缸内压缩比的变化。

最明显的例子,在发动机空载急踩加速踏板时,正时枪下的点火角变化为先减小后增大。原因是在急踩加速踏板时,空气质量轻、惯性小,迅速占领进气管,使进气管绝对压力上升,点火角变小,稍后一会儿,发动机转速上升后,使进气管绝对压力下降,点火角又向大方向变化,加之离心角变大,整体点火角变大。图4-3所示为机械式点火提前角数字化后的脉谱图。

怠速时进气管真空度大,绝对压力小,即负荷小、真空角大,但发动机转速很低,两者决定的最后点火角较小。发动机在部分负荷时,节气门开度小,发动机转速高,进气管真空度较大，点火角较大，加之发动机转速很高，离心角大，两者决定的最后点火角最大。发动机在上坡时，进气管真空度小，绝对压力大，真空角小，但发动机转速较高，两者决定的最后点火角较大。

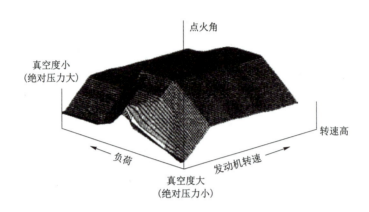

图 4-3　机械式点火提前角数字化后的脉谱图

传统点火系统点火能量即初级线圈的充磁时间，也可通过调节支架在支架底板上的位置实现，但范围较窄，特别是多缸发动机可能提供的充磁时间不够。传统点火系统也不能在发动机低速时实现初级线圈内电流的最大限制。

二、电磁点火系统

传统点火系有机械触点损坏较块、点火能量较低等诸多缺点，被后来出现的电磁点火或霍尔点火所取代。电磁点火和霍尔点火是在分电器凸轮上把分电器内凸轮做成信号轮，信号轮轮齿或窗口个数与发动机缸数对应。当分电器转动时，信号轮扫描传感头，产生磁脉冲信号或霍尔信号，将信号传递给点火模块，点火模块控制末级功率晶体管，然后由末级功率晶体管控制初级线圈断开开关完成点火。点火提前角由分电器内的离心机构和真空机构控制，也有辛烷值调节器。

在点火模块内增加了低速恒流控制、闭合角控制、停车初级线圈断电控制等。转速信号由霍尔信号提供给点火模块，以用于闭合角控制。恒流和停车断电保护是点火模块设计的一个功能。

磁脉冲式点火系统从分电器内分出两根线，有正负之分，图 4-4 所示为磁感应点火系统组成。

磁感应点火系统工作原理：首先考虑供电，即点火开关向点火线圈和点火模块供电，磁感应传感器的传感头受分电器轴上的信号轮扫描，产生近似正弦的信号输出，点火模块接收信号后，控制内部末级三极管，末级三极管控制点火线圈负极端导通或截止。

磁感应点火系统点火模块内虽然增加了闭合角控制和恒流控制等，并大大提高了点火系统的性能，但磁感应点火系统点火提前角仍采用真空和离心机械式点火提前机构进行控制，即仍有辛烷值调节器。

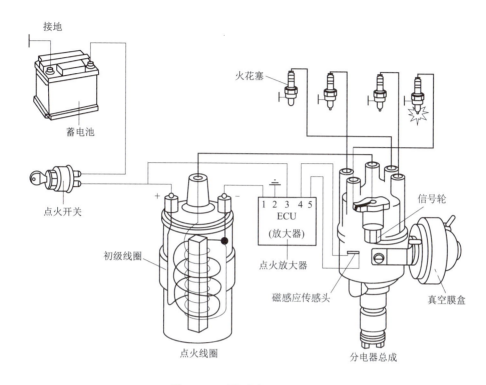

图 4-4 磁感应点火系统组成

三、霍尔点火系统

霍尔点火系统与磁感应点火系统基本相同，如图 4-5 所示，不同的地方是分电器内的磁脉冲发生器被霍尔信号发生器所代替。

霍尔点火系统工作原理：点火开关向点火线圈和点火模块供电，霍尔传感器由点火模块供电，分电器轴转动，扫描霍尔传感器，信号由霍尔传感器 0 脚输出，点火模块接收霍尔信号后控制内部末级三极管，末级三极管控制点火线圈负极端导通或截止。

霍尔点火系统点火模块内虽增加了闭合角控制、恒流控制等，并大大提高了点火系统的性能，但霍尔点火系统点火提前角仍采用真空和离心机械式点火提前机构进行控制，即仍有辛烷值调整器，其主要缺点如下。

（1）点火提前角的控制不精确，考虑影响点火提前角的因素（如发动机水温）不全面。

（2）为了避免大负荷时的爆燃，必须采用妥协方式降低点火提前角。

（3）仍脱离不开机械控制范围，造成点火提前角脉谱图山顶较平缓。

图 4-5 捷达化油器霍尔点火系统组成

四、微机点火系统

在 1997 年国内开始大量采用电控发动机控制的发动机 ECM（Engine Control Module）点火系统，截至 2001 年 9 月，国内不再有霍尔点火系统。

现代发动机 ECM 控制点火系统只是在点火正时控制上更加精确，非计算机点火系统中的点火模块功能，如闭合角控制、恒流控制、停车断电在微机点火系统都存在，其只是来自发动机计算机（发动机 ECM）的信号控制点火模块。

发动机 ECM 控制的点火系统则能解决以上缺点。它除能随发动机转速控制初级线圈的通电时间外，还可以通过电子手段控制发动机各工况时的点火提前角，使发动机在功率、经济性、加速性和排放等方面达到最优。

发动机 ECM 控制点火系统主要由下列元件组成：监测发动机运行状况的传感器，处理信号、发出指令的微处理机，响应发动机 ECM 发出指令的点火器和点火线圈等。

微机点火系统主要有以下优点。

（1）废除真空、离心点火提前角调整装置，由发动机负荷信号和发动机转速信号代替控制基本点火角。

实际点火角 = 初始点火角 + 基本点火角 + 修正点火角

动态的实际点火提前角由发动机 ECM 控制，从而使发动机在各种工况都可最佳地调整点火时刻，而不影响其他范围的点火调整。

（2）修正点火角中最主要的是爆燃修正。一旦爆燃，计算机就会推迟点火提前角，它能保证在各种工况下将点火提前到发动机刚好不致产生爆燃的范围。

第二节　点火控制

因点火提前角的大小会对发动机油耗、功率、排放污染、爆燃和行驶特性等产生较大影响，而影响点火提前角大小的两个主要因素是发动机的转速和负荷。根据汽车实际运行状况及不同工况的各种要求，在实验室中将得到的各种工况下的最佳点火提前角数据写在发动机ECM的存储器中。例如，在怠速时，最佳点火提前角就是使有害气体排放量最低、运转平稳和油耗最小的点火提前角；而在部分负荷范围，主要要求是提高行驶特性和降低油耗；而在大负荷工况，重点是提高最大扭矩，避免产生爆燃。

一、点火提前角的确定

1. 实际点火提前角

丰田发动机ECM依据下列因素对点火提前角进行控制。

实际点火提前角 = 原始点火提前角 + 基本点火提前角 + 修正点火提前角

2. 原始点火提前角

原始设定点火提前角，也称固定点火提前角，其值为上止点前10°。

对于丰田汽车的发动机，在下列情况时，实际点火提前角为直接使用固定点火提前角，不用在后边再加基本点火提前角和修正点火提前角。

（1）当发动机起动时，发动机转速变化大，无法正确计算点火提前角。

（2）当发动机转速在400 r/min以下时。

（3）当TDCL端头短路或节气门位置传感器怠速触点闭合时。

（4）当车速在2 km/h以下时。

（5）当发动机ECU内后备系统开始工作时。

3. 基本点火提前角

基本点火提前角储存在发动机ECM的存储器ROM中，分为怠速的基本点火提前角和平常行驶的基本点火提前角两种。

1）怠速的基本点火提前角

怠速的基本点火提前角是指节气门位置传感器的怠速触点闭合时的基本点火提前角。其值又根据空调是否工作而略有不同，空调工作时其基本点火提前角为8°，不工作时其值为4°。也就是在同样怠速运转时，空调工作，其实际点火提前角将从上止点前14°增加到18°，以防因空调负荷使发动机运转不稳。

2）平常行驶的基本点火提前角

平常行驶的基本点火提前角是指节气门位置传感器怠速触点打开时的基本点火提前角。其值是根据发动机的转速和负荷（用进气量表示），通过发动机 ECM 的 ROM 数据参数查表，选出最佳点火提前角。

4. 修正点火提前角

原始设定点火提前角加上基本点火提前角所得点火提前角，必须根据相关因素加以修正，修正的点火提前角具有暖机修正提前角、稳定怠速点火提前角及空燃比反馈修正和爆燃修正。

1）暖机修正提前角

图 4-6 所示为暖机点火提前特性。在节气门位置传感器怠速触点闭合时，发动机 ECM 根据发动机冷却水温进行点火提前角修正。当冷却水温较低时，必须增大点火提前角，以促使发动机尽快暖机；当水温较高时，如超过 90 ℃，为避免发动机过热，其点火提前角必须减小。

2）稳定怠速点火提前角

图 4-7 所示为稳定怠速点火提前角特性。为了使怠速稳定运转，应控制修正点火提前角，即随着怠速转速的上下变动而改变点火提前角。例如，当空调等起作用时，发动机 ECM 通过传感器检测到发动机转速下降，并根据转速下降值（目标转速减去实际转速）查得修正点火提前角的大小。使发动机在怠速时稳定运转，可有效地防止发动机怠速熄火的故障。

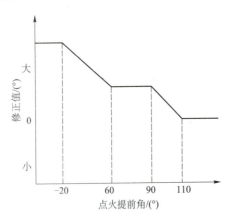

图 4-6 暖机点火提前特性

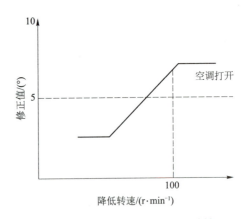

图 4-7 稳定怠速点火提前角特性

3）空燃比反馈修正

装有氧传感器的电子控制燃油喷射系统，发动机 ECM 根据氧传感器的反馈信号对空燃比进行修正。随着修正喷油量的增加和减少，发动机的转速在一定范围内波动。为了提高发动机转速的稳定性，在反馈修正油量减少时，点火提前角应适当地增加，如图 4-8 所示。通过人为地使空气流量计漏气，氧传感器会监测混合气过稀，从而增加喷油量，读诊断仪点火角数据流，观察点火角变化。

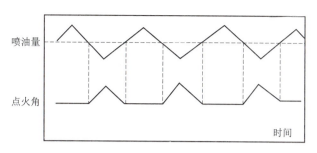

图 4-8 空燃比反馈修正

4) 爆燃修正

爆燃修正如图 4-9 所示。在通过曲轴和凸轮轴位置传感器及爆燃传感器确定某缸爆燃后，实际点火角会快速推迟，不爆燃时再缓慢提前。读数据流观察点火推迟角，点火角有推迟说明爆燃传感器的信号传给计算机后正在进行爆燃修正。

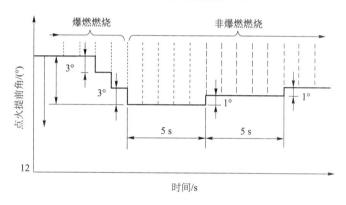

图 4-9 爆燃修正

发动机实际点火提前角就是上述三项点火提前角之和。发动机每旋转一周，发动机 ECM 即可计算并输出一次点火提前角的调整数据，因此当传感器测出发动机的转速和负荷有变化时，发动机 ECM 就会使点火提前角做出相应的改变或称为刷新。但当发动机 ECM 计算出的实际点火提前角超过最大或最小点火提前角的允许值时，则发动机 ECM 将以最大或最小点火提前角的允许值进行调整。其他车系点火角的确定参考尼桑和丰田车系即可。

二、点火控制

下面以大众车型的例子说明点火时刻控制。图 4-10 所示为点火时刻控制原理，计算机的工作步骤如下。

1. 发动机 ECM 算出点火提前角

在某种运转状态下，计算机综合发动机转速信号（决定离心点火提前角）、发动机负荷信号（决定真空点火提前角）从存储器中选出最适当的点火提前角，这个点火提前角称为基本点火提前角，这个基本点火角经其他如发动机水温、节气门怠速开关状态、氧传感器的反馈信号及外加负荷（如空调介入、动力转向介入、挂挡介入、用电器负荷介入）等修正信号修正。如果有爆燃发生，最后还要经过爆燃传感器确定的爆燃推迟角修正。假设最后这个工况最佳点火提前角为30°。

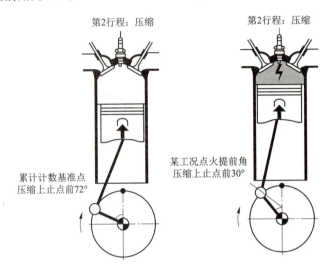

图4-10　点火时刻控制原理

2. 发动机ECM收到计数基准点信号

以大众汽车为例，大众发动机ECM的凸轮轴位置传感器会在1缸活塞到达压缩上止点前72°时输出一个由5 V降为0 V的变化信号，即从这个变化信号出现，曲轴再转72°就到达压缩上止点。发动机ECM以收到此变化信号为"计数基准点"。

3. 曲轴转动1°转角需要经历的计算机时间

发动机ECM计算曲轴转动1°转角需要经历的计算机时间，如发动机转速为1 680 r/min（28 r/s），曲轴转一转大约用时36 ms，曲轴转一转为360°，故曲轴转动1°转角需要经历的时间为0.1 ms。

4. 发动机ECM开始累计计数

以1缸压缩上止点时刻72°为计数基准点，发动机ECM开始累计72-30=42个1°计算机时间，即延时4.2 ms后截止初级点火线圈的大功率晶体管，在此时恰好为点火提前角30°。

5. 发动机ECM实现多缸点火

以上说的只是1个缸的点火，下面假设发动机是四缸（点火顺序：1—3—4—2，点火间隔角180°）。在1缸压缩上止点前72°信号出现，距3缸压缩上止点为180°+72°=252°，若点火角不变，计算机在基准点出现后累计222个1°（252°-30°=222°）计算机时间后开始点火，依次类推，直到计算机综合发动机转速信号（决定离心点火提前角）、发动机负荷信号（决定真空点火提前角）、其他修正信号及爆燃推迟角修正后，计算出最适当的点火提前角（不再是30°）时，累计计数的数值也跟随改变，即"点火角刷新"。

三、点火能量控制方法

闭合角的控制即点火线圈初级大功率晶体管导通时间的控制,实际应用中不是根据发动机的转速和曲轴的转角来确定通电时间的。一般是点火模块根据电源电压,从点火模块内存储器中查到导通时间。发动机运转时转速越高,发电电压在调节范围内越高,所以电压可以反映发动机转速。这是因为发动机转速和初级线圈的电感、电抗都与蓄电池电压有关,故可简化设计。

第三节 尼桑汽车分电器点火系统

一、尼桑汽车分电器点火系统简介

尼桑车系公爵、光荣、蓝鸟、阳光,以及国内红旗世纪星等早期引进的尼桑发动机采用分电器结构。带分电器的点火系统能进行自动分电工作,所以发动机 ECM 不需要知道给哪个缸点火,这种结构在凸轮轴上加装信号轮来识别发动机的转速信号和曲轴位置。

二、尼桑汽车分电器结构

光电式传感器利用了光耦元件,光耦的内部结构是一只发光二极管和一只光敏二极管(或三极管),应用时采用带孔的信号盘来产生转速信号或位置信号,信号经处理后输出为方波,可由发动机 ECM 直接控制。

对于四缸发动机(图 4-11),分电器信号盘外侧有 360 个缝隙(光孔)和 360 个非缝

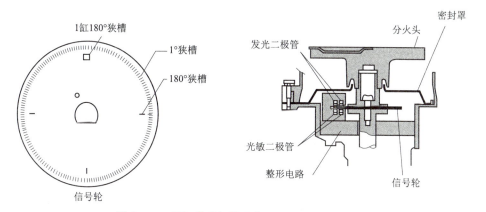

图 4-11 四缸发动机信号盘和信号发生器的位置

隙,可代表曲轴两周 720°信号,外围光耦的导通和截止各代表 1°。内侧间隔 90°分布着 4 个较宽的光孔,产生 180°(曲轴转角)信号,较宽的光孔产生一缸上止点对应的 180°信号。

要注意曲轴转两周，一缸活塞要经过4次上止点。180°信号发生器在各缸压缩上止点前70°产生一个脉冲，共4个脉冲信号。

尼桑车系的1°信号非常准确，点火基准信号输入计算机后，计算机只要数1°信号的高低电位个数即可。

三、点火系统工作原理

在如图4-12所示的尼桑蓝鸟U13发动机点火系统电路中，起动时的转速信号触发计算机4脚内部搭铁，ECCS主继电器向计算机38、47脚供电，同时向分电器供电，计算机39脚是传感器搭铁引脚，22、30脚与31、40脚分别为判缸信号和1°信号。点火开关供电加到计算机36脚，同时给点火线圈供电。电容的作用是防止点火线圈的电磁场干扰无线电系统，以免影响接收效果。计算机的1脚在判缸信号和1°信号的控制下控制功率晶体管，计算机的107、108、116、6、13脚搭铁引脚。计算机通过3脚判断在1脚触发三极管后，若三极管可靠地开和关，3脚的电位会与1脚对应变化，计算机通过这种对应变化来判断点火放大器的好坏。电阻只起限流作用。值得注意的是这种车没有点火模块，只有点火放大器。

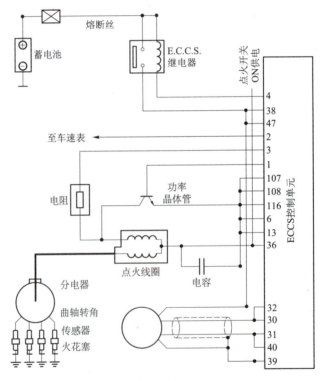

图4-12 尼桑蓝鸟U13发动机点火系统电路

带分电器的点火系统由于分电器拆装后，信号轮和传感头之间的位置发生变化，所以要通过正时枪在怠速时检测点火提前角的正确性。若不正确，则可以转动分电器壳，直到正时为怠速点火角10°～12°为止。

第四节　丰田汽车点火系统

一、分电器点火系统

丰田 5 A – FE 发动机是在 8 A – FE 发动机的基础上将排量由 1.3 L 加大到 1.5 L 的四气门、双顶置凸轮轴发动机。

图 4 – 13 所示为丰田 5A/8A – FE 发动机分电器内的点火线圈和 G 传感器。在分电器内部，分电器轴上信号轮 G 转子产生基准信号；曲轴上的信号轮有 36 个齿位（实际上只有 34 个齿）。36 个齿位代表曲轴 360°，每个齿位代表 10°。

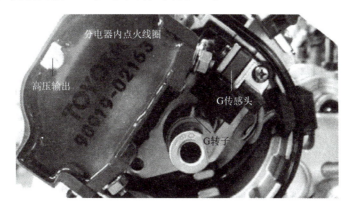

图 4 – 13　丰田 5A/8A – FE 发动机分电器内的点火线圈和 G 传感器

图 4 – 14 所示为丰田 5A/8A 发动机点火系统框图。点火系统的工作过程如下：发动机计算机从分电器内接收 G 信号，同时从曲轴信号轮上接收转速和曲轴位置信号，通过 IGT 引脚触发点火器内的波形变换电路，控制功率管的导通和截止，从而控制初级线圈的通断；在次级产生高压，经高压输出端至分电器盖内，到达分火头顶部，通过分火头的转动把高压火分至各个工作缸。

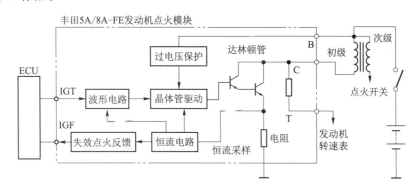

图 4 – 14　丰田 5A/8A 发动机点火系统框图

点火模块（点火器）内的恒流控制电路：一方面，通过监测恒流电阻上的电压降控制功率管的导通角，既可使初级点火线圈提供足够的点火能量，也能防止初级线圈过热；另一方面，当功率管损坏或初级线路有故障，功率管不能导通和截止时，恒流控制电路通过失效保护电路把初级线圈不能正常导通和截止的信号反馈给计算机，计算机上显示相应失火的故障码。

丰田车的很多重要电子元件板的引脚采用英文缩写，以便于记忆。B = Battery 蓄电池，C = Coil 线圈，IGF = Ignition Feedback 点火反馈，F = Feedback 反馈，EXT = EX 输出，T = Tachometer 发动机转速表，G = 凸轮轴位置信号，IGT = Ignition Trigger 点火触发，T = Trigger 触发，NE = N 转速，E = Engine 发动机。

点火器位于发动机舱右侧、减震器附近。点火器外壳搭铁，易发生搭铁不良故障。

二、单缸独立点火系统

丰田 1NZ – FE 和 2NZ – FE 是在国内使用较广的发动机，发动机点火系统采用单缸独立点火系统，且取消了分电器。凸轮轴端部信号轮三个齿产生基准信号；曲轴上的信号轮有36 个齿槽（实际上只有 34 个齿槽）。36 个齿槽代表曲轴 360°，每个齿槽代表 10°。计算机通过把一个齿转过的时间分成 10 份，从而确定 1°曲轴转角的计算机时间。图 4 – 15 所示为曲轴位置信号轮和凸轮轴位置信号轮的位置。

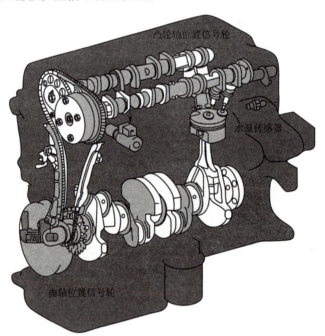

图 4 – 15　曲轴位置信号轮和凸轮轴位置信号轮的位置

图 4 – 16 所示为丰田 1NZ/2NZ – FE 单缸独立点火系统，其工作过程如下：发动机计算机接收 G2 信号，同时从曲轴位置信号轮上接收转速和曲轴位置 NE + 信号；通过 IGT 引脚步触发点火器内的波形变换电路，控制功率管的导通和截止，从而控制初级线圈的通断；在次级产生高压，经高压输出端输送至工作缸的火花塞。IGF 把 4 个点火器中反馈初级线圈导通或截止的信号传给计算机。

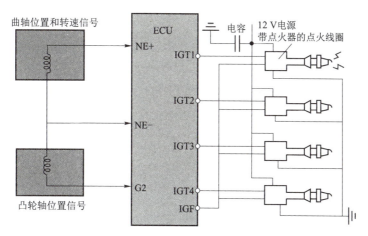

图 4-16　丰田 1NZ/2NZ-FE 单缸独立点火系统

第五节　大众汽车点火系统

1998 年以后，一汽大众生产的大众电喷车直接采用无分电器点火系统，没有经历分电器阶段。大众无分电器点火系统分为双缸同时点火式和单缸独立点火式两种形式。

一、发动机转速和曲轴位置传感器 G28

图 4-17 所示为发动机转速和曲轴位置传感器 G28 的位置。发动机转速和曲轴位置传感器 G28 有两个作用。

图 4-17　发动机转速和曲轴位置传感器 G28 的位置

G28 是一个感应式传感器，为控制单元提供发动机转速信号及 1、4 缸上止点前 72°参考点信号，确定喷油时间、点火时刻、点火顺序及怠速稳定控制、发动机最高转速控制、超速切断控制、油泵继电器接合控制等。信号中断时 5 V 发动机停转，2 V 发动机可继续运转，但动力性受影响,发动机发闷。

对于曲轴上的信号轮扫描 G28 传感头,当信号轮经过感应式传感器时,会产生一个交变电压信号,其频率随发动机转速的变化而变化。控制单元根据交变电压的频率识别发动机转速。信号轮上有一处缺 2 个齿(见图 4-18),作为控制单元识别曲轴转角位置的基准标记。各气缸中的活塞通过连杆与曲轴连在一起。因此曲轴上信号轮的位置可以用来确定气缸中的活塞位置,但由于一个循环曲轴转两周,曲轴上信号轮的位置出现两次,因此不能确定气缸是否处于压缩上止点前 72°。上止点前 72°和压缩上止点前 72°的区分是前者不分压缩行程还是排气行程。

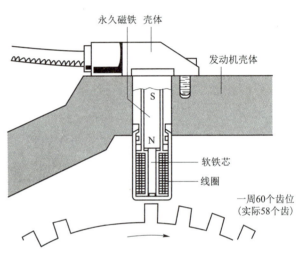

图 4-18 发动机转速传感器

微课 12 发动机转速传感器

1. 发动机转速识别

发动机转速是电控系统中重要的输入变量之一。60 个齿位代表曲轴转角 360°,每个记录下齿形的正向波形或负向波形均代表曲轴转过 3°(60×6°=360°),经转化变成曲轴转 1°需要的时间,我们称为 1°时间。72°减去点火角数值为曲轴需要再转过的角度,此角度再乘以 1°时间,即为从压缩上止点前 72°到点火需要的时间。

在汽车的很多测速系统中都使用感应式传感器,其中齿圈与传感头的间隙、齿圈的材质等对信号都有影响。G28 有静电屏蔽线,可减弱外界电磁场对信号的影响。

2. 曲轴位置的识别

当发动机转速超过 20 r/min 时,就会有足够幅值的交流电压信号,计算机上的信号处理电路(施密特触发器)会将幅值不同的正弦电压信号转变为恒定幅值的矩形波,即 58 个短方波和 1 个宽方波。在这些输入信号中,宽度两倍于其他方波的这个大的方波对应的曲轴位置是 1 缸活塞处于上止点前 72°的特定位置。

二、凸轮轴位置传感器 G40

因为凸轮轴和进气门、排气门所处的位置关系是确定的,所以凸轮轴位置信号可确定 1 缸活塞所处行程和距离上止点的角度。

如果点火系统中安装的是直接与凸轮轴机械连接的分电器，则分电器中的分火头将自动指向对应的气缸，ECU 不需要曲轴的位置信息。但是大众点火系统采用的是双缸同时点火方式和单缸独立点火方式，故需要给 ECU 提供更多的信息，使它能够确定哪个点火线圈应该被触发。为此，点火系统必须获得凸轮轴的位置信息。

凸轮轴霍尔传感器 G40 位于发动机气缸盖上或凸轮轴正时齿轮的后侧（见图 4-19），用于采集发动机 1 缸压缩上止点前 72°信号。发动机控制单元通过此传感器判别 1 缸是否在压缩行程，并确定爆燃所在缸和喷油顺序。当信号中断后，传感器不能识别爆燃所在缸，发动机爆燃控制从单独调节变为控制模式，即点火提前角均向后推迟约 15°，齿形皮带错齿，记忆为传感器有故障。

图 4-19　凸轮轴霍尔传感器 G40 的位置

霍尔传感器可以由计算机供电，也可以由蓄电池供电。图 4-20 所示为凸轮轴霍尔传感器 G40 的工作原理。随凸轮轴一起旋转的触发轮控制触发三极管，从而拉低了计算机内的高电位。具体来说，当三极管不导通时，信号线为 12 V 或 5 V（根据计算机内电源而定），一旦饱和，则导通信号线为 0.3 V（一个 PN 结电压），其高、低电压变换的位置反映凸轮轴的位置。

顺序喷油与单缸独立点火的道理相同，它们都需要确定哪个气缸的喷油器应通电喷射及哪个气缸的火花塞要点火，所以凸轮轴的位置必须被监测，才能确定喷射和单缸独立点火顺序。

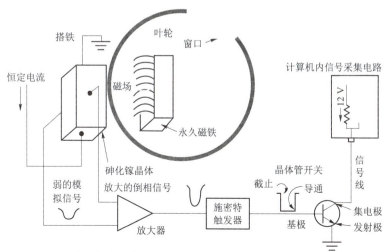

图 4-20　凸轮轴霍尔传感器 G40 的工作原理

三、点火控制信号相位关系

图 4-21 所示为凸轮轴和曲轴信号的波形与点火对应关系。在 G40 和 G28 信号重合时为 1 缸压缩上止点前 72°，事实上 G40 信号单独出现就确定了 1 缸压缩上止点前 72°，G28 信号单独出现时则可确定 4 缸压缩上止点前 72°。

在一些紧急情况下，如曲轴位置传感器（发动机转速传感器）失效后，则可将凸轮轴的信号作为系统的后备信号使用。但是凸轮轴信号的精度太低，因为作备用信号使用后，曲轴两周才刷新一次点火角，所以它只能暂时代替曲轴位置信号。

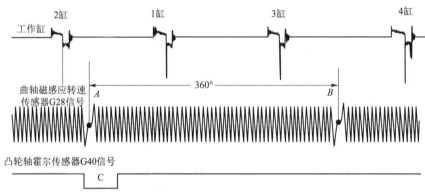

图 4-21 凸轮轴和曲轴信号的波形与点火对应关系（4 缸机）

四、双缸同时点火

大众捷达发动机采用双缸同时点火技术，其点火线圈和点火模块如图 4-22 所示。两个气缸合用一个点火线圈，即一个点火线圈有两个高压输出端，分别与一个火花塞相连，负责对两个气缸进行点火。气缸配对选择时，应注意当一个气缸处于压缩行程时，另一个气缸应为排气行程。因为必须确保在排气行程中所产生的点火火花既不点燃要排出的残余废气，又不点燃刚要进来的新鲜的混合气，所以对点火提前角调整的范围有一定的限制。

图 4-22 双缸同时点火线圈和点火模块

当初级电流接通时,次级线圈中会感应出 1~2 kV 系统并不需要的电压,它的极性与点火电压的极性相反,而这种感应电压造成的火花塞跳火应予以避免。分电器点火系统由于火花塞中心电极和旁电极之间存在间隙,故可以有效地消除这种现象。

对于单缸独立点火的系统来说,一般是在系统中采用二极管来实现这种功能。

对于双缸同时点火来说,当两个火花塞串联在一起时,火花塞上的感应电压相互抵消,消除了开关跳火现象,所以可以不需要在点火线圈上再附加二极管。

捷达1.6 L发动机点火系统电路如图4-23所示。对于双缸同时点火系统,就点火而言,如果4缸发动机点火顺序为1—3—4—2,且1、3缸及2、4缸各为一组,则不需要在凸轮轴上安装凸轮轴位置传感器G40仍然可以点火。例如,捷达,不着车时拔下G40传感器可以正常着车,着车后拔下G40传感器也可以正常着车,但爆燃控制和喷油控制会受到影响。

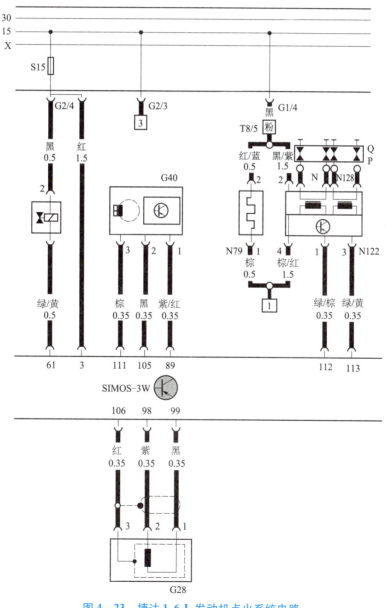

图 4-23 捷达 1.6 L 发动机点火系统电路

五、单缸独立点火

单独点火方式指每个气缸的火花塞上配用一个点火线圈,单独对本缸进行点火。

单独点火方式是德国 Bosch 公司于 1983 年开发并采用的。这种点火方式特别适合在四气门、五气门(每个气缸有两或三个进气门,两个排气门)发动机上配用,其优点如下。

(1) 无机械分电器和高压导线,因而能量传导损失、漏电损失小,机械磨损或破坏的机会均减少,加之各缸的点火线圈和火花塞均由金属罩包覆,故其电磁干扰大大减小。

(2) 采用了与气缸数相同的特制的点火线圈,该点火线圈的时间常数比传统的点火线圈小,因而线圈充电时间极短,能在高达 9 000 r/min 的宽广转速范围内提供足够的点火能量和高电压。

(3) 无机械分电器,又恰当地将点火线圈安装在双凸轮轴的中间,充分利用了有限空间,因而节省了发动机周围的安装空间,这对小轿车发动机室的合理布置有着特别重要的意义。

1. 点火线圈

点火线圈由一块铁芯构成,形成一个封闭的磁回路,并且有一个塑料外壳。在壳体内,初级绕组直接安装在铁芯的绕线管上,其外部缠有次级绕组。为了提高抗击穿能力,常将绕组制成盘式或盒式,如图 4-24 所示。为使两级绕组以及绕组同铁芯之间实现有效绝缘,壳体内灌满环氧树脂,这种设计形式可与各个应用机型相匹配。

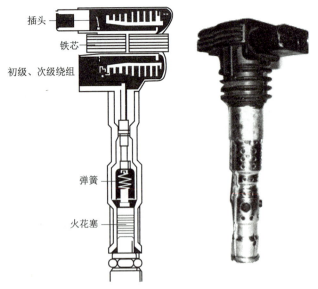

图 4-24 奥迪 1.8 T 汽车点火线圈和点火放大器点火线圈

2. 点火放大器

点火放大器由控制线圈初级电流的多级功率管所组成,用来替代传统点火系统中的熔断器。此外,点火放大器也承担着限制初级电流和初级电压的任务。限制初级电压是为了防止次级绕组中的电压过高,而这种高压会损坏电路中的部件;限制初级电流的目的是使点火系统的能量输出保持在规定的水平。点火放大器可以是内部式(作为控制单元内部的一部分)或外部式(位于控制单元之外)。

由于增压发动机压缩终了的气缸压力较高、放电较为困难,因此所需击穿电压较高,导致实际中点火线圈损坏的概率很高。

图4-25所示为奥迪1.8 T汽车发动机点火系统电路,从图中可知,单缸独立点火系统的次级线圈电阻还可以测量,而初级线圈电阻则不能测量;取消了高压线,使点火系统的次级点火电压示波工作必须使用专用感应元件,而夹高压线的感应钳已不能用于单缸独立点火系统中。

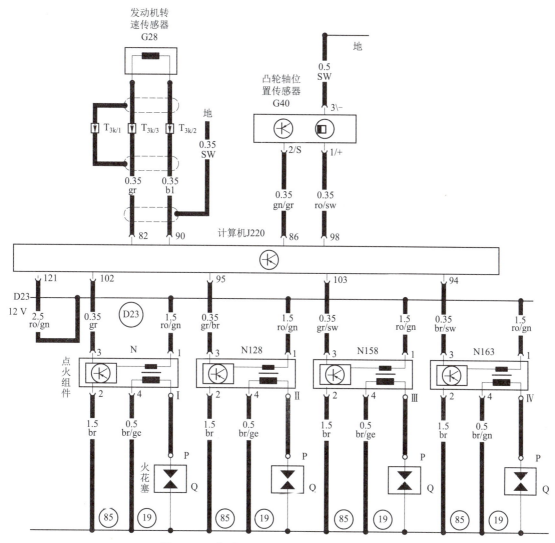

图4-25 奥迪1.8 T汽车发动机点火系统电路

单缸独立点火系统中每个气缸安装一个线圈和一只放大器,由控制单元按点火次序触发。这种分电器系统可以灵活安装,用于任何缸数的发动机上,而且它在点火提前角的调整方面也没有任何限制。但是必须注意的是,这种形式的分电器必须安装同步装置,同步信号由凸轮轴传感器G40产生。

第六节　气缸不做功的判断

气缸在不喷油、不点火、气门关闭不严等情况下不能正常做功，这样的故障在汽车上危害很大，所以有必要判断出哪个缸不做功，在判断出哪个缸不做功后可以不停止点火，但要停止这个缸的喷油。停止喷油可以防止未燃的混合气进入排气系统，造成排气管放炮、烧坏三元催化器，以及堵塞、烧坏氧传感器；防止未燃汽油沿活塞进入油底，稀释机油，造成拉缸。防止因发动机动力不足造成驾驶员进一步踩加速踏板使油耗升高、发动机高温开锅、变速器油温过高等，所以非常有必要判断出不做功或不正常做功的气缸。

当发动机动力不足时，一方面，驾驶员会本能地踩加速踏板来弥补动力不足，即节气门开大了，但实际上发动机转速并不高，进气管内压力高，压力传感器误以为进气量多，自动加大喷油量；另一方面，由于不做功，故缸不消耗氧气，氧气直接进入排气管内与一部分汽油发生氧化反应，即放炮，但氧气仍剩余较多，导致氧传感器误认为混合气稀，信号传给 ECU 后，ECU 加大喷油量，以致混合气更浓，直到氧传感器达到调整上限 +25%，即增加 +25% 的喷油量。

气缸不做功主要是由点火系统和喷油系统引起的。点火系统主要为点火器烧坏进入放大状态而不是开关状态；火花塞烧损或火花塞积炭导致火弱；高压线帽和点火线圈漏电等。喷油系统主要为不喷油，此时只会使氧传感器加大喷油量，不会有太大危害。因为点火系统是导致不做功的主要原因，所以主要分析失火的影响。

图 4-26 所示为燃烧失火对 HC、CO、NO_x 排放的影响，限定标准为纵坐标 100%，很显然，本车在不失火时 HC、CO、NO_x 三者排放都低于限定值 100%。

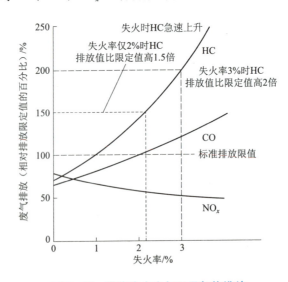

图 4-26　燃烧失火率与三元气体排放

在失火率为 3% 时，HC 的排放值比限定值多出了一倍，CO 排放值比限定值多出了许多，NO_x 的实际排放值比新车时的限定排放值少了许多。

一、通过点火器监视功率三极管

早期有些进口车，通过点火器监视功率三极管。当点火器回路中的功率三极管进入放大状态不能正常截止时，点火器内的点火监视电路得不到功率三极管交替导通、截止的信号。如果 ECU 得不到点火器的反馈信号（IGF），则 ECU 判定点火系统发生故障，此时 ECU 立即采取措施，使喷油器停止喷射燃油。

如果偶尔出现一次"不正常"信号，诊断系统并不判定为故障，一般"不正常"信号必须持续出现一段时间才判定为故障。例如，ECU 6 次以上通过 IGT 触发点火器，点火器连续 6 次没有 IGF 信号输入 ECU，才判定为故障。

初级点火反馈技术只能确定初级三极管造成不点火的故障，这种故障更换点火器即可。初级点火反馈技术在"初级"正常通断时，由于高压线断路或漏电、火花塞漏电或积炭、点火线圈开裂或断路等故不能确定"次级"是否真正在气缸内点火，更谈不上其他因素，如喷油器不喷油、气门关闭不严等造成的缸内不做功。

二、检测曲轴转速的变动确定气缸做功情况

气缸不做功必定伴随着短时间的转矩下降，其结果是曲轴转速的下降。早期监测曲轴转速的微小变化是很困难的，因为在发动机高转速、低负荷时，不做功仅使相邻两次点火间隔延长 2‰。因此，计算机硬件的运行速度和计算机软件的计算必须极其精确才能确定不做功气缸。现在中、高档轿车管理系统的故障监测功能相当强大，确定不做功气缸已不是难事。图 4-27 所示为缸内不做功的监测方法。

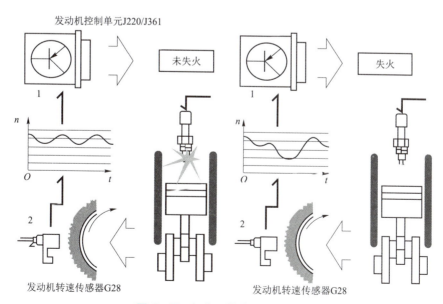

图 4-27 缸内不做功的监测方法

知识点滴：气缸做功稍差时，ECU是不能判定为不做功故障的，主要是没有这个必要。不做功识别和初级电路三极管通断监测是完全不同的，不要弄混。

同检测爆燃缸的道理一样，通常是检测曲轴转速变动所在的相位来确定不做功气缸的位置。在图4-28中，3缸不点火或不喷油时CD时间延长，ECU判定为3缸失火，开始对3缸进行断油控制。实际上当ECU内存储3缸不做功故障码时，可能是3缸点火故障，也可能是由3缸喷油器堵塞不喷油而造成的。

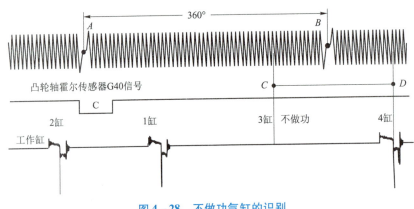

图4-28 不做功气缸的识别

三、气缸不做功的故障

因为实际中不做功多为失火所引起，所以不做功也称失火故障。一旦出现某缸不做功，发动机ECU通过转速变化情况会立刻监测到失火的气缸，同时把失火气缸的故障码存储起来。

故障排除中已指出能用执行元件诊断功能检查对应缸的喷油器，最好在喷油器上接二极管，二极管应闪亮，也可用穿心螺丝刀听喷油器开启的电磁异响声。

并不是每一台发动机的管理系统都有这样的功能。大家若想知道哪款车有这样的功能，可以看修理资料的故障码表，若有失火识别故障码，则本车的管理系统软件就有失火识别功能。知道有这项功能，就可以根据此功能的故障存储判断故障，使判断更为准确。

对于没有失火识别功能的发动机管理系统，可借助火花塞判断。但是一个缸一个缸地排除很浪费时间，所以可用激光测温仪直接打在排气歧管上，不做功缸歧管的温度比做功缸要低得多；也可打在火花塞根部，不做功缸火花塞的温度比做功缸要低得多。采用此法可节省时间。

第七节 分电器点火故障诊断与排除

一、分电器点火系统

在带分电器的点火系统中，由线圈产生的高压电要通过机械式分电器传递到需要点火的气缸。由于系统使用电子装置来实现分电器的点火角控制功能（传统为真空机构和离心机构），故分电器被简化，即取消了真空机构和离心机构。

修理时点火器若有点火触发信号，但点火却不正常，则判断故障为点火系统故障。实际上点火基准信号和1°信号发生部件很少有故障，一旦发生也多为人为故障。

低压部件有点火开关、点火线圈和点火模块等。

高压部件有分电器盖、装有限压电阻的分火头、中央高压线、分缸高压线、电磁干扰屏蔽电容和火花塞等。

有人说带分电器的点火系统已要被淘汰，不过国内与国外合作生产的家庭用车很多仍采用分电器点火。我们不能说双缸同时点火就比分电器点火好，毕竟分电器点火所用击穿电压比双缸同时点火击穿电压小，而且不存在火花塞上的高压点火跳火降低点火能量的情况，所以从成本和性能上只能说它们各有千秋。

二、带分电器点火系统的检测

故障检测时与传统点火系统判断故障一样，均是先判断是初级电路导致的故障还是次级电路导致的故障。方法是中心高压线距缸体距离为 12.5 mm 时应有明亮的蓝火并伴随"啪啪"声。为避免各缸进油太多，每次起动机点火时间应不超过 2 s。

若无火，则判断是初级电路故障。检查点火线圈和点火模块是否有 12 V 电源，然后检查点火模块是否搭铁良好，实践中的故障多为点火模块外壳搭铁不良。如电源和搭铁良好，检查 IGT 是否有触发信号，可以用二极管串电阻测试，二极管应闪亮；也可用示波器测试，应有约为 5 V 和 0 V 的方波信号。若无方波信号，则检查计算机是否有电源和搭铁。当计算机有电源和搭铁时，检查三个传感器的信号。此方法在实际中是最简捷的方法。

若有火，则判断是次级电路故障，此时应进行点火线圈检查、信号传感器检查、高压线检查和火花塞检查。

1. 点火线圈检查

测量点火线圈电阻是测量电路好坏的最基本方法，但大多数情况是不奏效的，通常初级线圈电阻为 0.4~0.5 Ω、次级线圈电阻为 10.2~13.8 kΩ，其最好的方法是听试火的声音及观察试火的颜色。

2. 信号传感器检查

测量磁感应线圈电阻是测量电路好坏的最基本方法，但大多数情况是不奏效的，如对于 G1、G2、NE 三个传感器，其线圈电阻相同，为 950~1 250 Ω，故最好采用示波器示波的方法。

信号轮和传感头在分电器内，由于无接触，所以不会损坏，通常在分电器外测量传感器电阻及其是否对地有短路即可。若拆分电器盖，则分电器内传感头的固定螺丝一定要用间隙规按标准间隙（0.2~0.5 mm）装回。事实上将 G1 和 G2 传感头装回原位很困难，因为 G1 和 G2 传感头在同一个底座上，G1 和 G2 传感头内的永久磁铁会吸引分电器轴上的信号轮，而且吸力很大，分电器轴不能被吸动，这时不是 G1 传感头吸引分电器轴就是 G2 吸引分电器轴，用手在分电器内这个小空间里要保证分电器轴恰好在 G1 和 G2 传感头中心，确实需要反复弄几次才能安装固定。若间隙不对，车辆起动后，几秒钟就会自动熄火，和点火模块有故障的现象差不多。此外，NE 的间隙也必须正确，否则根本无法起动车辆。

3. 高压线检查

每根高压线最大允许值电阻为 25 kΩ，电阻过大说明高压线内部存在断路；当高压线外皮损伤或老化漏电时，用手摸高压线，特别是摸高压线两头时会打手，若是晚上起动发动机后掀开机盖，则会发现高压线与缸体之间在跳火；当高压线漏电时，若是打开收音机则会有杂声。高压线漏电时，在清洗发动机或下雨后，将出现车辆无法起动的现象。

4. 火花塞检查

铂金火花塞更换里程为 10 万 km，中心电极和接地电极电阻应为无穷大，但由于积炭及汽油、机油或燃烧后的添加剂会堆积在白陶瓷体上，故会导致中心电极和接地电极之间电阻变小（但至少也要大于标准限值 10 Ω）。将发动机加速至 4 000 r/min 几次，然后检查火花塞，电极应是干的，若仅本缸是湿的，其他缸正常，则检查火花塞的螺纹和中心白陶瓷体是否损坏；若各缸都是湿的，则检查点火线圈点火能量是否正常。中心高压线对缸体跳火，红色时为点火线圈故障，蓝色时为点火线圈正常。而分缸高压线对缸体跳火，红色时为分电器盖、分火头漏电。分电器盖在凸轮轴前端固定，易发生开裂漏电、放炮和冒黑烟的情况。

电极间隙过大、过小故障。电极标准间隙为 1.1 mm，最大间隙为 1.3 mm。间隙过大时，点火线圈易损坏；间隙过小时，易积炭和积油。

现在火花塞的修理方法多为更换新的火花塞。

以上故障现象适用于有分电器的汽车，也适用于无分电器的汽车。但具体车型元件的参数最好参考具体车型数据。

第八节　点火能量不足

一、点火能量不足

点火系统主要控制点火正时和点火能量，实际中，电控系统控制正时传感器很少出故障，也就是说点火正时很少出故障，故障主要表现在能量上，如点火能量不足，或者说，实际修理中只要能处理点火能量不足故障，即可解决绝大部分点火故障。

点火能量不足故障主要表现为点火能量不足，故障点在点火放大器、点火线圈、高压线、火花塞，若有分电器，则分火头和分电器盖故障也会导致点火能量不足。其中点火放大器、点火线圈会导致产生能量不足，其他则会导致传输漏电故障。

二、高速时耸车

1. 火花塞故障

火花塞裙部被红棕色的氧化物覆盖，表现为高车速或加速时耸车，有供不上油的感觉。

若火花塞陶瓷绝缘体上积炭或火花塞陶瓷绝缘体被红棕色的氧化物覆盖，则会出现高车速缺火现象。这是因为高车速时气缸内温度极高，火花塞陶瓷绝缘体上的红棕色氧化物电阻随温度升高阻值变小，这样在高车速时击穿氧化物会出现中心电极和接地电极之间火弱甚至缺火现象，这种现象在侧电极为负极的线圈分配式同时点火系统中的火花塞上更容易出现。

分电器式点火系统所有火花塞的中心电极都是负极性的，因中心电极的温度较侧电极的温度高，中心电极为负极时更易向侧电极发射电子，因此工作更可靠。

双缸同时点火系统中有一半的火花塞中心电极是正极性的，侧电极向中心电极发射电子，但侧电极温度相对较低，不易发射电子，更易受污染。

一般的火花塞能用5万km左右，铂金火花塞寿命达10万km左右，但它只能保证在10万km内的电极间隙变化很小，不能保证陶瓷绝缘体上不因污染而漏电。火花塞裙部的红棕色氧化物与市场上的汽油质量参差不齐有关。另外，很多私家车的火花塞有黑色积炭，这主要与新手开车车速一直很低、路程很短等有关。

发动机ECU若有点火识别功能，在识别出某些缸工作不良后，可令这些缸断油以控制发动机排放，并上故障码，同时读数据流时氧传感器检测到多余的氧气，使氧传感器输出低电压，调节时ECU认为混合气稀，加大25%的喷油量仍稀，喷油修正数据超上限，不能再调节。点火模块搭铁虚接在各个车速范围都可能会出现耸车或突然熄火现象，但只要没有剧烈振动，则仍能跑到最高车速。

2. 高压线故障

高压线中间段橡胶和两端部橡胶嘴都会老化，所以高压线也是有使用寿命的。一旦高压线漏电，将排放出大量的HC、CO在排气管内燃烧放炮，使排气管烧红、加速无力、风扇2挡转动、发动机开锅，并在车下从车底传过很热的气流。

驾驶员在发动机无力时会加大节气门开度，发动机转速不高，混合气变浓，使补燃期过长，导致发动机生热过多而开锅。

高压线漏电会影响发动机怠速的转速，从而影响发动机发电电压，造成仪表内发动机指示灯闪烁。当漏电高压线与磁感应式车速传感器的距离较近时，对于出租车，高压漏电可能干扰车速传感器向计价器传输正确信号，使计价器乱跳字；对于家用轿车，可能导致仪表显示不准。对于单缸独立点火的点火线圈或双缸同时点火的火花塞，插火花塞处的橡胶绝缘体漏电较多，检测时用手捏单缸独立点火线圈的橡胶嘴处会发现有裂口（图4-29），不捏则不易发现。

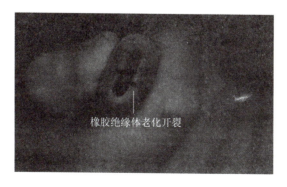

图4-29 开裂的橡胶嘴

开裂的橡胶嘴还会使火花塞白陶瓷体出现线沟状麻点，如图4-30所示。在修理过程中，若发现火花塞白陶瓷体出现线沟状麻点，即可更换高压线了，这可证明橡胶嘴与接地电极间有电弧发生。橡胶嘴内的白色物质为绝缘物质,有白色物质为正常现象。

图 4-30　火花塞白陶瓷体出现线沟状麻点

3. 点火线圈故障

发生故障的点火线圈主要是带涡轮增压的发动机的点火线圈,特别是发动机的点火线圈属于点火控制模块和点火线圈集成在一起的独立式点火线圈。其中,点火控制模块位于顶端,下部为线圈部分,次级线圈被初级线圈缠绕在中间并由硬质绝缘材料封装,最外层则是金属屏蔽层。

怠速不稳,加速时发动机无力。一方面是绝缘层绝缘性能不良,对已经损坏的点火线圈进行解体,就会使这些点火线圈(几乎都是次级线圈)绝缘层被击穿,有的在绝缘层上端被击穿,有的在绝缘层下端被击穿。绝缘层被击穿并非电路设计问题,主要是绝缘层绝缘性能不良,使匝间、层间与极间出现短路现象,从而导致点火能量下降或对发动机缸体上的某个位置直接跳火,而不再经火花塞跳火。

涡轮增压器对点火电压有影响。车辆正常行驶时,发动机、火花塞电极温度都很高,此时的混合气很容易被电离击穿。涡轮增压器工作时,气缸内的压力相对普通汽油机也会提高,混合气的密度变大,而此时击穿火花塞的电压要比普通发动机高出 2~6 kV(普通发动机为 8~12 kV)。在大负荷和急加速时点火击穿电压将达到 20 kV 左右,所以有些车在急加速时失火故障特别明显。

因氧传感器空燃比的自动调节作用,影响缸内点火能量的因素会导致喷油量增加。

可用示波器观察点火波形电压或大距离缸体跳火,发现其点火波形异常,高压点火电压约为 7 kV,冷车时次级高压在 10 kV 左右。

有时点火线圈或点火模块只有在高温时才断火,低温时一切正常,所以可以用暖风机加热或长时间工作后再做上述点火能量测试。

实践中双缸同时点火或单缸独立点火的点火线圈外壳为铸塑结构,因时间太长而老化或因点火线圈的电流过大而生热过多,都会导致塑料开裂漏电。

4. 点火放大器故障

点火放大器内部控制初级、末级三极管通断的功率管或内部集成电路损坏等也会导致加速不良,特别是在热车时。

第五章

怠速控制

一、情境引入

一辆 2011 年款大众迈腾 B7 轿车配有缸内直喷燃油系统，表现为发动机怠速不稳，并且行驶中制动时有发动机熄火现象，诊断仪显示节气门开度过大。

如果你是接车的修理技术人员，应如何解决本故障，修理方案应如何制定。

二、知识目标

- 能说出怠速调节系统的发展过程。
- 能说出怠速调节系统的影响因素。
- 能说出步进电动机的步进原理。
- 能说出尼桑 2000 发动机旁通气道积炭后，如何手动调节旁通气道、增加怠速电动机工作范围及延后清洗旁通气道时间。

三、技能目标

- 能够检查冷起动、高怠速、暖机控制和发动机目标转速控制是否正常。
- 能够检查急踩加速踏板和制动踏板时发动机怠速控制的灵活程度。
- 能够清洗旁通气道，并能做基本设定。

第一节 怠速控制内容

怠速控制（Idle Speed Control，ISC）本质是怠速转速控制，不同工况，特别是不同温度发动机的怠速转速控制目标是不同的。为了达到这个转速控制目标，发动机控制系统要在不同阻力或负荷下控制输出不同的转矩。

一、怠速转矩

怠速转矩是指发动机维持曲柄连杆机构和配气机构克服阻力运动的转矩,再加上维持润滑和冷却的转矩。发电机负荷增加、空调打开和液压动力转向给发动机增加的阻力矩称为动态负荷转矩。

二、怠速转速

怠速转速是指发动机对传动系统无动力输出情况下的发动机转速,这个转速在发动机不同工况时阻力是不同的,发动机控制系统要维持不同工况下的这个转速值,在不同情况下看起来即使是相同的怠速转速,但实际输出的转矩却不同。

发动机在冷车状态时,为了尽快热车,发动机设定的目标值较高,随冷却液温度升高,发动机设定的目标值下降,发动机 ECM 在冷却液温度高于 80 ℃后,怠速转速设定的目标值下降为一个固定值。通常将冷却液温度低于 80 ℃ 的发动机怠速转速称为冷车高怠速或高怠速,大众汽车把冷却液温度高于 80 ℃(日本 70 ℃)以后的固定发动机转速称为怠速。

现在市场的电控发动机主要为进气道喷射的缸外喷射发动机和缸内喷射发动机,一般在缸外喷射的发动机怠速较高,而缸内喷射的发动机怠速较低。另外,同种发动机日本汽车发动机怠速要比大众汽车低。

三、怠速控制

怠速控制是指维持怠速转速而进行的调节进气量多少的控制。

怠速转速过高会增加燃油消耗量。汽车在交通密度大的道路上行驶时,约有 30% 的燃油消耗在怠速阶段,因此怠速转速应尽可能降低。但考虑到减少有害物的排放,怠速转速又不能过低。

怠速转速控制的实质是对怠速时进气量的控制。怠速时喷油量不用另外单独控制,只要根据此时空气流量数据匹配这个工况下的空燃比的喷油量即可,这样不改变混合气的空燃比可以避免影响发动机排放指标。

四、转矩提升

为了维持发动机的怠速转速目标值,发动机在有阻力介入时,需要增加转矩以维持发动机怠速转速,这个过程标准称为怠速转矩提升。不过有的车型上发动机在阻力介入时转速控制目标值升高,这个过程也称为怠速提升。

汽车行业中能说出怠速转矩提升的人很少,但对怠速提升了解的人却很多,其实是一个怠速控制的两种说法，本质是一个内容。

在发动机遇到下列情况时，要进行发动机转矩提升。

（1）冷车起动后到暖机工况的运转。

（2）用电器用电负荷增加。

（3）空调压缩机突然吸合工作。

（4）手（自）动变速器由空挡移入行驶挡位时。

（5）驾驶员转动转向盘，转向泵的阻力增加时。

这些阻力介入时会引起怠速转速变化，使发动机运转不稳，甚至导致熄火现象。

五、怠速控制内容

怠速控制的内容随车型的不同而有较大差异。一般发动机 ECM 对怠速进行控制的内容如下。

1. 起动控制

为了改善发动机的再起动性能，在上次发动机点火开关关断（OFF）后，发动机 ECM 控制怠速控制机构回位或机械弹簧拉动怠速控制机构在全开位置，这样可保证在下一次起动期间，经过怠速控制机构的旁通空气量最大，发动机能克服阻力起动。

[技师指导] 实车操作观察起动工况：点火开关打到起动挡，怠速控制机构置于怠速范围的最大开度，起动后最大进气量使起动后的转速很高，所以起动机刚着火时发动机噪声很大。因发动机在不同温度和机械阻力环境中运转阻力不同，故起动后最大进气量支持的转速不同。

2. 起动后控制

在发动机起动后，若怠速控制机构仍保持在全开状态，怠速转速会升得过高，所以在起动期间或起动后，发动机转速达到规定值（此值由冷却水温度确定）时，发动机 ECM 开始控制怠速控制机构将阀门关小到由冷却水温确定的阀门状态。

[技师指导] 实车操作，观察发动机起动：假设起动转速最高升至 1 800 r/min，起动后发动机立即由 1 800 r/min 降到当时水温确定的冷车高怠速转速开始点，这里假设为 1 600 r/min。

3. 暖机过程控制

在暖机时，随着水温升高，发动机自身的运转阻力变小，根据冷却水温所确定的位置，怠速控制机构开始逐渐关闭。当冷却水温度达到正常温度时（不同车系的研发人员规定的这个值不同，丰田车系认为水温为 70 ℃，大众车系认为水温为 80 ℃），暖机控制结束。

[技师指导] 实车操作，观察发动机转速随发动机水温上升而下降的过程，以及发动机转速是否随水温上升而下降。

4. 转速反馈控制

在怠速运转时，如果发动机的实际转速与发动机 ECM 存储器存储的目标转速相差超过一定值，则发动机 ECM 将通过控制怠速控制机构增减怠速空气量，使发动机的实际转速与目标转速相同。

[技师指导] 实车操作：随着水温慢慢升高，丰田车系的怠速控制机构控制的进气量逐渐减少，发动机转速下降，至正常温度 70 ℃时，由暖机过程控制转至目标转速反馈控制（热车目标转速 750～850 r/min），到达目标转速后的怠速控制机构不再根据水温变化继续关小怠速控制机构，而是在此怠速控制机构位置上微调，微调的方向根据发动机转速而偏离目标转速情况。

由于设计允许偏离转速较小，故怠速控制机构就开始对应控制，所以观察者在发动机转速表上几乎看不到转速变化，但在检测仪的数据流中可以注意到发动机转速的变化情况。

5. 负荷变化的控制

发动机在怠速运转时，如变速器挂挡和摘挡、空调电磁离合器的接通或断开及转动方向盘等都将使发动机的负荷立刻发生变化。为了避免发动机怠速时转速波动或熄火，在发动机转速出现变化前，发动机 ECM 控制怠速控制机构开大或关小一个固定距离。

[技师指导] 打开前照灯、起动冷却风扇、鼓风机等用电器，用电负载增大，蓄电池端电压降低。为了保证发动机 ECM 供电端子和点火开关供电端子具有正常的供电电压，需要控制怠速控制机构，相应地增加空气量，提高发动机怠速转速和发动机的输出功率。以上述负荷起动发动机，当数据流中发动机转速或蓄电池电压读数下降后，发动机伴随点火提前角增大，同时怠速进气量增加。

6. 学习控制

发动机 ECM 通过怠速控制机构的伸缩，确定怠速控制机构的位置，以达到调整发动机怠速转速的目的。但发动机在整个使用期间，其性能会发生变化，例如怠速控制机构阀口变脏、发动机大修过、更换过发动机等都会影响发动机在同样怠速控制机构开度下的发动机转速。

如果怠速控制机构的位置不跟随改变，怠速转速会变得和初设的数值不同。为防止这种不良情况发生，发动机 ECM 利用反馈控制的方法，使发动机转速达到目标值。与此同时，发动机 ECM 将怠速控制机构的开度存储在存储器中，以便在以后的怠速控制中使用。

学习控制也叫自适应控制。当发动机 ECM 将怠速控制机构的开度存储在存储器中，在以后的怠速控制中使用时，发动机性能发生变化（动力性因故障变坏或大修后变好），怠速控制机构性能也会发生变化（变脏或脏后清洗），如果仅靠发动机 ECM 根据发动机目标转速自学习，有时自学习时间长，而在这段时间内怠速不正常。例如，节气门在曲轴箱通风量过大时会变脏，而发动机 ECM 会在节气门稍脏时根据目标转速开大节气门（此时节气门为怠速控制机构）保证怠速稳定。但当节气门脏到一定程度时，发动机 ECM 的自学习功能就会超限，在故障码中会提示怠速自适值超限。洗完节气门后，由于发动机 ECM 内存储的自适应值不会立刻随目标转速发生改变，所以会造成怠速在一段时间内居高不下，这是正常现象。有些车系为了快速自适应设计了基本设定程序，即由检测仪直接控制怠速控制机构，找到怠速执行机构开度的最小位置和最大位置，从而快速计算出怠速稳定点，找到自适应值。

7. 减速控制

节气门被打开时，发动机动力所需要的进气量全由节气门主气道提供，怠速旁通气道此时已无关紧要。但是为了防止松加速踏板熄火，电喷发动机在设计时已经考虑到应该在加速工况下开大怠速旁通气道，防止发生减速不稳而熄火的现象。怠速控制机构旁通气道的打开量比正常怠速时的开度还要大些。

[技师指导] 松加速踏板过程是减速过程，发动机从加速工况突然进入怠速工况，节气门完全关闭，怠速触点闭合。虽然车速不会马上降下来，但发动机转速在迅速下降，如果加速时怠速旁通气道全关，松加速踏板后节气门也全关，没有空气进入发动机气缸，即使有油有火，发动机此时也不会工作。当发动机转速一直下降到目标转速时，发动机ECM才控制怠速控制机构来调节怠速进气量，但已为时过晚。由于控制滞后，转速会一直下降到目标转速以下，使发动机抖动以致熄火。若在加速工况，怠速控制机构仍保持在标准怠速的开度位置，由于减速惯性的作用，也同样会下降至低于目标转速，造成发动机抖动不稳。为了使松加速踏板时转速不至于下滑到目标转速，应首先开大怠速控制机构进气量，让转速下滑到怠速工况时有一个缓冲过程，先下滑到目标转速以上（如1 200 r/min），然后再进入正常怠速控制，这样才能保证发动机稳定。观察数据流，在加速的非怠速工况，怠速控制机构门开度比怠速稳定时稍增大，但怠速控制机构的开度与起动位置及起动后的位置相比要小。

注：以上功能并不是下面要讲的怠速控制机构都有的。

第二节　怠速控制类型

怠速进气量的控制对策、方式随车型而有所不同。对电控燃油喷射发动机来讲，目前可分为旁通气道式和节气门直动式两种类型。

一、旁通气道式

旁通气道式怠速控制执行机构的种类较多，一般可按结构分为双金属片式、石蜡式、电磁阀式、旋转电磁阀式和步进电动机式五种。目前，仅存少量的旋转滑阀式（如丰田卡罗拉）和步进电动机式两种怠速调节机构。

1. 旋转滑阀式

旋转滑阀式目前在国内主要应用于早期的本田和丰田车系，其结构如图5-1所示，工作原理是电动机转动带动转阀转动，以打开或关闭旁通气道。

采用旋转滑阀式怠速控制机构的国内典型车型为丰田科罗拉（Corolla）。

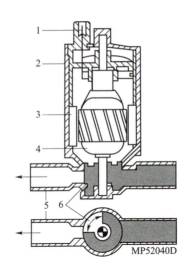

图 5-1　旋转滑阀式怠速控制

1—插头；2—电动机壳体；3—永磁体（定子）；4—电动机电枢（转子）；5—旁通气道；6—转阀

2. 步进电动机式

国内目前的三缸夏利 N3、比亚迪 F3 等采用步进电动机式怠速控制机构。

图 5-2 所示为旁通气道步进电动机式怠速控制。发动机怠速时，节气门处于全关闭的位置，怠速运转所需要的空气经怠速空气旁通气道进入进气总管，在旁通气道中安装了能改变通道截面积的怠速调整螺钉，通过旋进或旋出怠速调整螺钉，调整发动机怠速转速。

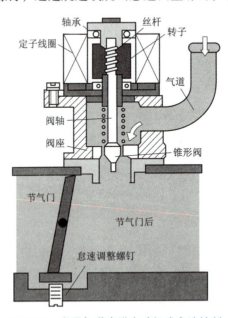

图 5-2　旁通气道步进电动机式怠速控制

怠速工况，如果怠速调整螺钉调整的进气量过大或过小，会使怠速控制机构的开度初始位置被调至过大或过小，从而影响怠速控制机构的关小或开大的范围，易产生故障；如果怠速螺钉调整的进气量过大，怠速控制机构在目标转速的反馈作用下，进气量会自动关小，当发生进一步多进气的情况时，怠速控制机构不能再关闭而减少进气量，所以易造成怠速转速过高；如果调节怠速调整螺钉使进气量过小，怠速控制机构在目标转速的反馈作用下，怠速控制机构控制的进气量会加大，当发生堵塞等进气少或有负荷需要多进气的情况时，怠速控制机构不能再开大增加进气量，所以易造成有负荷时怠速转速下降、抖动以致熄火。

所以怠速工况下的怠速调整螺钉是值得重视的，不可盲目地调节怠速调整螺钉，应该有一个清晰适中的调量，其目的是让怠速阀在怠速工况有一个较宽的自由调量，使怠速控制机构能攻能守。

旁通气道步进电动机式怠速控制系统维护多为清洗和做基本设定，如无人为原因或机械撞击，其基本不会损坏。

二、节气门直动式

节气门直动式取消了旁通气道，发动机各种工况的进气量完全从主气道通过。怠速工况时，由怠速电动机在发动机 ECM 的控制下推动节气门翻板，使其按要求打开一个开度，这个微小的开度即是怠速工况的进气量，进气多少由怠速电动机转动位置所决定，而电动机转动位置通过将反映节气门位置的节气门位置传感器信号输入发动机 ECM，再由发动机 ECM 控制电动机转动的开度，从而完成怠速控制。当驾驶员踩下加速踏板时，怠速触点断开，怠速电动机失去作用，节气门翻板完全由节气门拉索来控制。

节气门直动式分为半电子节气门式和全电子节气门式两种类型。

1. 半电子节气门式

图 5 - 3 所示为带节气门拉索的节气门直动式怠速控制机构，也称半电子节气门，这样的半电子节气门的电动机仅控制怠速时的空气流量。发动机 ECM 通过控制永磁可逆电动机只在角度 1 这个范围内控制怠速，而角度 2 仍然由与加速踏板相连的节气门拉索控制，车型如 2005 年前的捷达和红旗等。

2. 全电子节气门式

节气门电动机控制所有工况的空气流量，这种节气门叫全电子节气门，如图 5 - 4 所示。

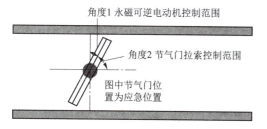

图 5 - 3　节气门直动式怠速控制机构

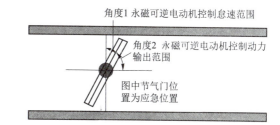

图 5 - 4　节气门直动式怠速控制和全程控制机构

发动机 ECM 通过控制永磁可逆电动机全程控制节气门开度。在角度 1 这个范围内控制怠速，在角度 2 这个范围内控制发动机在不同行驶工况的动力输出。本章只讲在角度 1 这个范围内控制怠速，角度 2 可参考第二章中电子节气门控制。

第三节　旋转滑阀式怠速控制机构

❄ 一、旋转滑阀简介

旋转滑阀是目前在电控发动机上应用较少，但功能较全面的一种怠速控制执行机构，但其结构与工作原理则与之有明显区别。图5-5所示为旋转电磁阀式怠速控制执行机构的结构示意图。

图5-5　旋转电磁阀式怠速控制执行机构的结构示意图
(a)节气门体侧气道和水道；(b)旋转滑阀侧节气门体的气道和水道；
(c)旋转滑阀电动机及插头；(d)旋转滑阀电动机减速机构

1. 单绕组式

单绕组式旋转滑阀的特征是电枢的电接头有两根线，易与电磁阀弄混，电枢只能做单向驱动，占空比的电磁力与复位弹簧力平衡时，滑阀位置就确定了。断电后由复位弹簧把滑阀拉到全开位置。单绕组式旋转滑阀比较简单，事实上其就是一个单向直流电动机，本节不作介绍。

2. 双绕组式

双绕组式旋转滑阀的特征是电枢的电接头有三根线，电枢可以做双向驱动，复位弹簧只在其中起平衡作用。当电枢旋转时，带动下部的旋转滑阀即可调节空气量的大小，主要应用在丰田车系低档车型中。

有的单绕组式旋转滑阀（三根线），线圈内可通过正反向流过的电流来控制电枢转动方向，如本田车系。

运行时，ECU 根据发动机工况决定 PWM 信号的脉宽，其工作可靠且控制精确。由于控制信号与比例电磁阀式怠速控制执行机构完全一样，可以在系统设计时根据情况选用，故而扩大了设计自由度。

二、旋转滑阀电路

丰田车系双绕组旋转滑阀式怠速控制电路如图 5-6 所示。

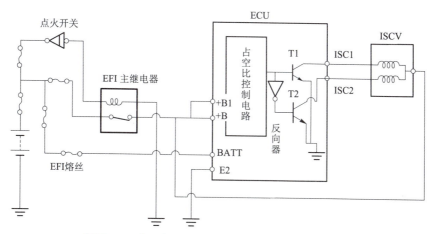

图 5-6　丰田车系双绕组旋转滑阀式怠速控制电路

主继电器向怠速控制机构（ISCV）供电，发动机 ECM 控制占空比电路，从而控制 ISC1 相和 ISC2 相绕组先后导通，由于 ISC1 相和 ISC2 相绕组绕向相反，所以转动方向相反。

三、旋转滑阀式怠速控制机构控制内容

在整个怠速范围内，发动机 ECM 根据水温等传感器输入的信号，确定发动机所处怠速工况的占空比，对怠速转速进行控制。旋转滑阀式怠速控制机构的控制内容如下。

1. 起动控制

在发动机起动时，发动机 ECM 根据发动机运行情况，从存储器中取出预存的数据，控制怠速控制机构的开度。

2. 暖机控制

在发动机起动后，发动机 ECM 根据冷却水温度，控制发动机在暖机过程中怠速转速的变化。

3. 反馈控制

发动机起动后，当满足反馈控制条件（怠速触点闭合，车速低于 2 km/h，空调开关断开）时，发动机 ECM 将根据发动机实际转速与存储器中预先设定的目标转速进行比较，如

果发动机的实际转速低于目标转速,则发动机 ECM 控制怠速控制机构将阀门开大;反之,则将阀门关小。

4. 发动机负荷变化时的控制

在发动机怠速运转时,如空挡起动开关接通或某种负载较大的电器立即工作,会使发动机的负荷改变,此时为避免由此引起发动机转速波动或熄火,在发动机转速出现变化前,发动机 ECM 控制怠速控制机构开大或关小一定角度。

5. 学习控制

旋转电磁阀式怠速控制是根据占空比怠速控制机构的转动角,从而达到调节发动机怠速转速的目的,但由于发动机在整个使用期间,其性能会发生变化,尽管控制的占空比仍保持在某一值,但发动机的怠速转速和使用初期数值已不一样。此时发动机 ECM 可用反馈控制的方法进行学习修正,将怠速转速调整到目标值。当目标怠速达到后,发动机 ECM 将其占空比存入备用的存储器中,并在以后的怠速控制中将其作为这一工况下控制占空比的基准值。

四、旋转滑阀式怠速控制机构检查

丰田双绕组旋转滑阀式怠速控制机构控制电路见图 5-6,在整个怠速范围内 ECU 通过占空比(0~100%)对怠速转速进行控制。

1. 检查 ISC 阀阻值

+B 与 ISC1 及 +B 与 ISC2 之间的电阻均为 18~22 Ω,如电阻值不符合要求,则应更换 ISC 阀。

2. 检查 ISC 阀

在丰田发动机 ECM 内有一套检查 ISC 阀工作的程序:在正常水温、发动机正常运转及变速器位于空挡位置时,将检查连接器中的 TE1 和 E1 端子用连接线连接起来,标准是发动机以转速 1 100~1 200 r/min 运转 5 s 后,转速会降低 200 r/min,如不符合要求,则应检查 ISC1 阀、ISC2 阀至 ECU 的线路和 ECU。

第四节 步进电动机式

步进电动机根据线圈的数量可分为双线圈式和四线圈式。双线圈式采用四根线实现两个线圈电流的正反向变化;四线圈式采用六根线实现四个线圈电流的通断,方向不发生变化。

一、六线步进电动机

1. 步进电动机结构

步进电动机安装在怠速控制机构(ISC)内,由四只线圈、磁性转子、阀轴和阀组成。发动机 ECU 根据节气门位置传感器、水温传感器、发动机转速等信号,控制怠速阀的步级数,阀前后移动控制怠速旁通气道的开启截面积,即控制怠速空气量,从而控制怠速转速。

不同汽车公司所采用的步进电动机式怠速控制装置在结构、型式上略有差异,但其工作原理基本相同。图5-7所示为丰田、日产和三菱公司的步进电动机式怠速控制执行机构的结构。步进电动机均为可逆式电动机,按步数进行控制,一般为125步(通常6线)和255步(通常4线)两种。步数越多,控制精度越高。一个脉冲电动机转动过的角度称为一步,丰田车系每周为32步,每步为11.25°,量程为0~125步,大约为4周,调节速度可达160步/s。

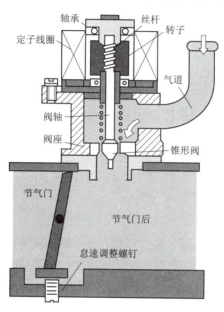

图5-7 步进电动机式怠速控制执行机构的结构

图5-8所示为步进电动机原理图,定子为C1、C2、C3、C4 4个线圈,每个线圈在定子上可形成4对磁极,4个线圈可形成16对磁极,定子形成的16对磁极使中间的转子在空间有16个位置对应,360°/16=22.5°,图中为C1线圈通电。若图5-8中4个线圈的极数加倍,则形成32对磁极,360°/32=11.25°。图5-8中步进电动机的转子由永久磁铁构成,N极和S极在圆周上相间排列,共有4对磁极,增加转子磁极数量只会增加转子的转矩,而不会改变转子转速,所以图中只画出一对磁极作为示意。

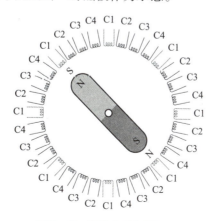

图5-8 步进电动机原理图

2. 步进电动机电路

ECU 通过控制定子相线绕组的电压脉冲,交替变换定子爪极极性,使步进电动机转子产生步进式转动。A、B 两定子绕组分别由 1、3 相绕组和 2、4 相绕组构成,由 ECU 内晶体三极管控制各相绕组的搭铁,图 5-9 所示为相线绕组的控制电路。欲使步进电动机正转,相线控制脉冲按 C1—C2—C3—C4 相顺序迟后 90°相位角,定子上 N 极向右方向移动,转子随之正转;欲使步进电动机反转,相线控制脉冲按 C4—C3—C2—C1 相顺序依次迟后 90°相位角,定子上 N 极向左方向移动,转子随之反转。

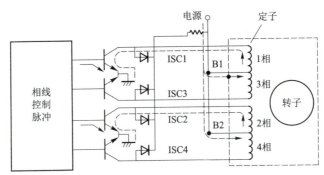

图 5-9 相线绕组的控制电路

转子的转动是为了使定子线圈电磁铁和转子永久磁铁的 N 极与 S 极互相吸引到最近距离,当定子的爪极极性随相线控制脉冲的变化而改变时,转子也随之转动,以保持转子的 N 极与定子的 S 极对齐。丰田发动机六线步进电动机转子转动一圈分为 32 个步,每一个步转动一个爪的角度(11.25°),步进电动机的正常工作范围为 0~125 个步。

❄ 二、步进电动机式怠速控制执行机构的控制内容

ECU 对怠速控制装置的控制内容因发动机而异。对于步进电动机式怠速控制装置,其控制内容主要有以下几项。

1. 起动初始位置设定

为了保证怠速控制机构在发动机再起动时处于全开位置,在发动机点火开关关闭后,ECU 的 M-REL 端子继续向主继电器供电,使它继续保持接通状态。此时,ECU 将控制步进电动机转动,使怠速控制机构全部打开(125 步级),或控制在上一次起动时的位置,为下次起动做好准备,然后主继电器才断电。

2. 起动后控制

由于发动机起动前,ECU 已把怠速控制机构的初始位置设定在最大开度位置,因此发动机起动后,若怠速控制机构仍保持全开,则会导致发动机转速过高。为了避免出现这种情况,在起动过程中,当发动机转速达到由冷却水温度确定的对应转速时,ECU 控制步进电动机转动,使怠速控制机构逐渐关小到与冷却水温度相对应的开度。

3. 暖机控制

在暖机过程中,ECU 控制步进电动机转动,使怠速控制机构从起动后的开度逐渐关小,

当冷却水温度达到 70 ℃时，暖机控制结束，怠速控制机构达到正常怠速开度。

4. 反馈控制

当发动机处于怠速工况运转时，如果发动机的实际转速与 ECU 存储器中所存放的目标转速差超过规定值（如 20 r/min），则 ECU 即控制步进电动机转动，通过怠速控制机构增减旁通空气量，使发动机实际转速与目标转速差小于规定值。目标转速与发动机怠速工况时的负荷有关，对应空挡起动开关是否接通、是否使用空调、用电器增加等不同情况，都有确定的目标转速。

5. 发动机转速发生变化的预控制

当发动机处于怠速工况时，空调开关、空挡起动开关等接通或者断开，都会引起发动机怠速负荷发生变化，产生较大的怠速转速波动。为了减小负荷变化对怠速转速的影响，ECU 在收到以上开关量信号及发动机转速出现变化前，就控制步进电机转动，预先把怠速控制机构开大或关小一个固定的距离。

6. 学习控制

ECU 通过控制步进电动机的转动，进而控制怠速控制机构的位置，从而调整发动机的怠速转速。由于发动机在使用过程中其性能会发生变化，因此这时怠速控制机构的位置虽然没有变化，但实际的怠速转速也会偏离初始数值。当出现这种情况时，ECU 除了用反馈控制使怠速转速仍达到目标值外，还将此时步进电动机转过的步数储存在备用储存器中，供以后的怠速控制用。

三、怠速控制执行机构检查

1. 车上检查

ISC 阀检查见图 5 - 9。当发动机熄火时，怠速控制机构会发出"咔嗒"一声的声响，如果不响，则应检查 ISC 阀和 ECU。

2. 检查 ISC 阀电阻

检测 B1—S1、B1—S3、B2—S2 和 B2—S4 四个线圈电阻，都应是 10～30 Ω，如电阻不对，则应更换 ISC 阀。

3. 检查 ISC 阀工作情况

（1）在 B1 和 B2 端子上接蓄电池正极，然后依次将 S1、S2、S3、S4 接负极（搭铁），阀应逐步关闭。

（2）在 B1 和 B2 端子上接蓄电池正极，然后依次将 S4、S3、S2、S1 接负极（搭铁），阀应逐步开启。

如果按上述检查时阀不能关闭或打开，则应更换 ISC 阀。

（3）诊断仪检测 ISC 阀步级数。丰田车步进电动机型怠速控制执行机构步级数量为 0～125，0 表示怠速控制机构全部伸出，怠速空气旁通道全部关闭；125 表示怠速控制机构全部收回，怠速空气旁通道全部开启。测试某辆工作状况良好的皇冠 3.0 型车发动机数据如下：冷车时，ISC = 55 步；热车后，ISC = 52 步；接通空调 A/C 开关，ISC = 63 步；切断空调 A/C 开关,恢复到 ISC = 52 步。

四、四线制步进电动机检查

早期通用汽车公司在国内的别克、凯越、君威和赛欧采用的步进电动机为四线型怠速控制机构。

1. IAC 阀结构和原理

IAC 阀（怠速空气控制阀）的特点：由两组线圈组成，每组线圈正反向通电实现极性变换。控制两组线圈极性变换与六线四组线圈极性不变但线圈缠绕方向改变的原理是相同的。图 5-10 所示为通用四线制步进电动机。

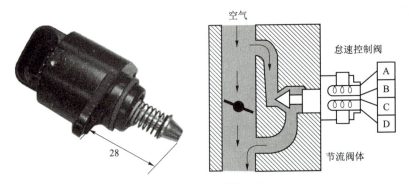

图 5-10 通用四线制步进电动机

怠速控制机构通过丝杆机构将带有 24 个磁极的转子的旋转运动转变为锥形阀的直线运动，其调节范围为 0~255 步级，怠速空气旁通道全关为 0，怠速空气旁通道全开为 255 步。

发动机每次关闭时，动力控制模块 PCM（脉冲编码调制）向 IAC 发出步级指令，按校准步骤让针阀移动到底座（伸出），然后离开底座（缩回）至上一次起动时的位置，这为重新起动发动机建立了一个正确的工作参数。

2. 检修 IAC 阀

在检修 IAC 阀时，不要用手推或拉动针阀，否则可能损坏丝杆螺杆的螺纹；也不要将怠速控制机构浸没在任何清洗液中，因为怠速控制机构是个微型电动机，浸在清洗液中可能会损坏线圈绝缘层；针阀及阀座锥面上有亮点是正常的，并不是接触不密封；要注意检查 O 形圈，安装时涂一点机油；更换新 IAC 阀时要注意型号，对于别克车，新阀尖到安装法兰座距离应小于 28 mm，大则可轻轻压回，否则安装时阀尖顶到底上会损坏丝杆的螺纹；拆卸电源线或 ECM 插头在装回后，点火开关应先置"ON" 5 s，再置"OFF" 5 s，然后再起动发动机，以便使 PCM 恢复怠速控制记忆。不同的车怠速学习方法不同。

当怠速控制机构的空气通道堵塞或卡住、步进电动机不良时会使怠速不稳或熄火，需对其进行检查，如检测 IAC 阀动作是否正常，可用诊断仪检测。

下面是检测的一组动态数据：关掉点火开关，IAC = 100 步；打开点火开关，IAC = 70 步；冷起动时，IAC = 101 步；热车后怠速，IAC = 40~44 步；打开空调，IAC = 90 步。实际上，只要怠速电动机不犯卡、不脏，就没有问题。

第五节 电子节气门

节气门直动式是通过永磁可逆电动机控制节气门开启程度,调节空气通路的截面,以达到控制充气流量、实现怠速控制的目的,多用于韩国现代和大众系列车型。

一、大众半电子节气门

一汽大众生产的捷达五阀和两电控发动机是通过节气门体控制部件中的怠速稳定控制装置直接控制节气门的开启来实现怠速稳定控制的。怠速稳定控制装置是由一个直流电动机通过齿轮传动来控制节气门开启的,如图 5-11 所示。

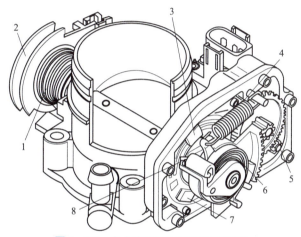

图 5-11 大众半电子节气门控制部件

1—回位弹簧;2—节气门操纵轮;3—怠速节气门电位计 G88;4—应急弹簧;5—怠速直流电动机 V60;
6—卷簧;7—节气门电位计 G69;8—怠速开关 F60

大众半电子节气门控制部件也称节流阀体(J338),它是一个电动机系统组件,由怠速直流电动机 V60、怠速节气门电位计 G88、节气门电位计 G69、怠速开关 F60、应急弹簧和卷簧等组成,其电路如图 5-12 所示。

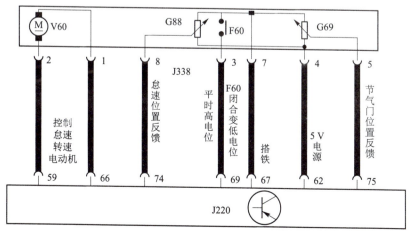

图 5-12 大众捷达半电子节气门位置传感器电路

1. 节气门电位计

节气门电位计（G69）与节气门轴连接，它的阻值变化反映了节气门在全部开度范围的位置，此信号作为主要的负荷辅助信号，直接影响发动机的喷油量和点火角，此外还可根据节气门位置信号的变化率来识别加减速工况。当节气门位置信号中断时，ECU 用发动机转速信号和空气流量计信号计算出一个替代值，发动机仍能运转。

2. 怠速节气门电位计

怠速节气门电位计（G88）与怠速直流电动机连在一起，向发动机 ECM 提供节气门的当前位置及怠速范围内怠速电动机的位置。当怠速节气门到达调节范围内极限时，如果节气门继续开启，怠速节气门电位计将不再起作用。如果其信号中断，应急弹簧将节气门拉动进入机械应急运转状态，发动机怠速转速将提高至 1 500 r/min。

3. 怠速开关

怠速开关（F60）在整个怠速调节范围内闭合，ECU 通过怠速开关的闭合信号来识别怠速工况。若怠速开关信号中断，ECU 将比较节气门电位计和怠速节气门电位计的值，根据两者的相位关系来判别节气门的怠速位置。

4. 怠速调节电机

怠速调节电动机（V60）是一个直流电动机，它能在怠速调节范围内通过齿轮驱动来操纵节气门开度。ECU 不断地采集转速传感器送来的转速信号并与理论怠速转速（840 r/min）进行比较，如果存在大于 50 r/min 的偏差，ECU 将根据节气门电位计当时的位置信息，在怠速范围内通过控制怠速直流电动机来调节节气门开度，实现对怠速进气量的调节，以控制发动机的怠速转速。

怠速提升控制的同时先调节点火提前角，再控制进气量，以保证发动机在各种工况下怠速稳定。例如，在打开空调时，ECU 将增大点火提前角，再增大进气量。节气门开度的稳定位置取决于怠速电动机内的占空比信号，电动机使节气门开度向关小的方向运动，应急弹簧使节气门开度向开大的方向运动，只有连续通占空比信号，电动机才能与弹簧拉力平衡（减小占空比节气门开大，增大占空比节气门关小）。如果怠速电动机损坏或电路出现故障，则应急弹簧将节气门拉到一个特定的运转位置，以保证车辆持续运行。

发动机怠速时，怠速稳定控制机构（V60 电动机）根据发动机的负荷（进气量）和发动机温度对节气门进行控制。起动后当发动机温度低时，节气门开度大；当发动机温度高时，节气门开度小，然后根据发动机水温逐渐下降，水温到 80 ℃时稳定在 840 r/min，进行目标转速（840 r/min）控制。行驶中，当突然放松加速踏板时，怠速开关 F60 由断开变为闭合状态，节气门由怠速直流电动机（V60）逐渐关闭（事实上这个过程很快），直至目标怠速 840 r/min 为止。在紧急运行状态下，节气门控制部件电源被切断，节气门控制部件内的紧急运行弹簧将节气门定位在预先设定的紧急运行位置，此时驾驶员对节气门调节无效。用诊断仪可检测怠速和节气门控制组件。

节流阀体检修：按技术要求，节流阀体外壳不能打开检修，也不允许人工调整。若因阀体积炭导致怠速不稳，则在清洗积炭后要用故障诊断仪进行基本设定。

二、全电子节气门

关于全电子节气门的内容参见电子节气门控制系统。

第六节　基本设定和自适应

一、基本设定

基本设定是在点火开关打开而发动机未运行时，通过人为控制某个执行器在最小的开度和最大的开度范围内动作，操作执行器工作到达最小的开度和最大的开度位置，由位置传感器将位置信息反馈给发动机ECM，发动机ECM以最小的开度和最大的开度的范围进行基于新开度范围下的开度控制。

对于电喷车的某些系统，在维修后或保养时必须进行基本设定。在基本设定过程中，发动机ECM中的某些参数（如怠速时的点火正时等）会调整到生产厂家设定的指定值，或者将某些元件（如节气门位置传感器的位置）参数存入发动机ECM，以便实行精确控制。对于节气门体，无论是半电子式还是电子式的节气门，发动机ECM必须知道电动机控制节气门在节气门位置传感器上能达到的实际的最小和最大位置。

二、怠速基本设定

以大众半电子节气门体为例，怠速基本设定过程是通过控制电子节气门电动机（V60）把节气门关到尽可能最小的开度，此时怠速电位计（G88）的电压信息传入发动机ECM，发动机ECM（J220）就会记忆这个开度（实际上是发动机ECM记忆节气门最小开度电压经模/数转换过来的数字电压），最大位置由怠速开关（F60）断开时的怠速电位计（G88）开度来决定，目的主要是重新划定怠速范围。

全电子节气门最大和最小位置是由电动机所能达到的位置所决定的，主要是重新划定怠速范围、划定部分负荷的范围、划定全负荷范围，以上在用解码仪读数据流时可见。

三、自适应

执行器在使用过程中，即使是为维持相同的控制目标，执行器的控制位置或信号也会不同，这个不同是由发动机ECM来完成的自学习功能，也称自适应。

四、怠速自适应

例如：在节气门体过脏后，节气门不能完全关闭，发动机ECM的怠速自适应程序自适应后可以使怠速正常，但当脏到一定程度如超过了发动机 ECM 内的限值（也就是接近了基本设定记忆值）时，即产生自适应超限故障，怠速将变得不稳定。

清洗节气门，此时发动机 ECM 内记忆的节气门最小值和实际节气门能达到的最小值不同，必然造成控制失准，导致发动机怠速居高不下，这种状况会在发动机 ECM 怠速自适应程序（软件）下逐渐恢复正常，但时间很长。怠速基本设定就是使发动机 ECM 立刻记忆真实的节气门最大、最小位置，让发动机 ECM 对节气门重新分区，能使怠速转速比自适应来得快。

五、基本设定条件

如果节气门体未损坏而发动机 ECM 损坏，更换新发动机 ECM，由于新发动机 ECM 记忆的节气门最大、最小位置和实际行驶中的节气门位置不相同，会导致电动机控制节气门时不正常，所以更换了发动机 ECM 后也需要做基本设定。

发动机损坏，更换发动机后，发动机的性能提高，如按原来发动机 ECM 记忆的值进行控制，会有一定的误差，所以更换发动机后也需要做基本设定。

以下内容和发动机怠速控制没有关系，主要与变速器控制有关系，但为了区别发动机做基本设定和变速器做基本设定的目的不同，这里一并写出。自动变速箱发动机 ECM 根据传过来的节气门位置信号，控制换挡和阀板油压。这个过程发动机 ECM 必须知道节气门在怠速至全开的变化范围。使用解码仪进入变速器发动机 ECM02 对自动变速箱车进行基本设定的方法是将加速踏板踩到底，触动强制低挡开关，并保持 3 s 以上，让发动机 ECM 记忆节气门的最大开度，以调节变速箱阀板的主油压。

另外，更换变速器发动机 ECM 和变速器与更换发动机和发动机 ECM 一样也要对节气门进行基本设定。

六、节气门基本设定过程

1. 通道号设定

在早期诊断仪功能不强大时需采用通道号进行基本设定，即要输入通道号（例如，捷达两阀半电子节气门的设定），在打开点火开关时通过基本设定（功能04）在显示组060 中完成。

检查条件如下。

（1）故障存储器中无故障。

（2）发动机不运转，点火开关打开。

（3）不踏下加速踏板。

（4）冷却液温度高于 5 ℃。

（5）进气温度高于 5 ℃。

（6）发动机 ECM 供电电压高于 11 V。

连接诊断仪进行上述操作后应打开点火开关,选择"01 发动机 ECM",显示器显示:按 0 和 4 键选择"基本设定",按 Q 键确认输入;

显示器显示:按 0、6 和 0 键选择显示组 060,按 Q 键确认输入。

按 Q 键,在该状态下,节气门通过位于节气门发动机 ECM 内的一个弹簧进入应急运行位置。两个角度传感器的应急运行位置被存入发动机 ECM,然后节气门被打开,如果达到全开,节气门控制器会有大电流流过,发动机 ECM 记忆此时发动机 ECM 开度的最大值。控制器(电动机)断电,在一定时间内,弹簧应被节气门关闭到先前应急运行位置。随后,节气门又被节气门控制器关闭,当节气门控制器又有大电流通过时,节气门发动机 ECM 内角度传感器传送的数值被存入发动机 ECM 内。

在车辆行驶的过程中,如果发动机 ECM 不能控制节气门电动机,则怠速升高且不稳。若此时驾驶员急踩加速踏板,因没有增加进气量,基本喷油量不变,发动机 ECM 根据加速踏板位置传感器被踩下的速度来增加修正喷油量,所以发动机可以加速,但非常缓慢,排放不正常。

在显示区 3 和 4 中检查节气门发动机 ECM 的规定值。

读取数据流			060
×××%	×××%	自适应电机计数	自适应状态

第一区:节气门角度(角度传感器 1)最小为 0%,最大为 100%。

第二区:节气门角度(角度传感器 2)最小为 0%,最大为 100%。

第三区:自适应电机计数 0~8,在自适应过程中,自适应步进计数应从 0 到 8(也可能过这个数字)。

第四区:自适应状态 ADP Lauft ADP I. O 或 ADP ERROR。

说明:显示区 4 的缩写"ADP"表示"自适应",也就是适配之意。如果发动机 ECM 自适应中断,且显示屏显示"功能未知或当前不能执行",那么可能是下述原因。

(1) 未满足检查条件。

(2) 节气门不能完全关闭(如脏污)。

(3) 节气门发动机 ECM 或导线损坏。

(4) 在自适应过程中,起动了发动机或踩动了加速踏板。

(5) 节气门壳体卡得过紧(检查螺栓连接)。

按右箭头键结束发动机基本设定。按 0 或 6 键选择"结束数据传递",按 Q 键确认退出。常见车型发动机节气门基本设定的通道号如下:进 01—04—输入通道号。小红旗电喷通道号为 001,奥迪 200 1.8T、捷达五阀、桑塔纳 2000 通道号为 098,捷达二阀及奥迪 C5 和 A6 通道号为 060。

2. 采用诊断仪的故障导航功能进行通道号设定方法

通道号设定采用的是 V. A. G1551 和 V. A. G1552 这样的老式诊断仪,而新型诊断仪为了简化记忆,通常在故障导航功能中完成基本设定。

第七节　怠速控制故障诊断与排除

一、怠速进气量不足

1. 故障现象

（1）踩加速踏板才可着车，松加速踏板熄火，加速一切正常，以上现象说明怠速工况进气量不足。

（2）怠速工况发动机不稳，怠速转速漂游不定，开空调转速下降以致熄火。

（3）发动机起动困难，需踩加速踏板起动，根本无怠速工况，这是典型的有油、有火而无空气的不着车故障。

2. 故障原因

怠速工况进气量不足的原因有以下两种。

（1）旁通气道不畅。

（2）旁通气道怠速步进电动机控制不良。

3. 故障诊断与排除

检查如下：

（1）将点火开关打开和关闭，用手摸电动机应有振动感，通过此法可初步判断电动机是否工作。

（2）为了进一步确认电动机工作是否正常，需用示波器或二极管逐一测量步进电动机的控制端（发动机 ECM 对电动机的控制信号），应均有频率信号电压。

（3）有控制信号也不能说明电动机运转正常，需拆下步进电动机检查阀芯脏堵情况，在用点火开关做通断试验（打开点火开关后再关掉点火开关）时，阀芯应前后移动。

（4）打着车怠速运转，拆下步进电动机做漏气和堵塞试验。

漏气试验：因拆下步进电动机在进气管上留下的进气孔，故通气量很大、怠速很高，此时步进电动机应全部伸出。

堵塞试验：用手堵住拆下的步进电动机在进气管上留下的进气孔，则通气量变小、怠速下降，此时步进电动机应缩回。

实践中通常是油污阻塞气流的畅通，需彻底清洗节气门体和步进电动机。清洗电动机时锥形阀部分向下，不要把油泥洗进电动机的丝杆内，否则可能导致电动机内转子卡死。

二、单、双旁通气道影响

1. 单旁通气道

对于单旁通气道而言，它只设步进电动机式执行器，若出现上述故障现象，则只需检查通气道脏堵和执行器工作状况即可。

2. 双旁通气道

对于双旁通气道而言,它设置了两个控制点,即怠速螺钉和怠速阀,它们是协调工作的,不可随意调大和调小。怠速螺钉的位置应让怠速阀工作在全程的 10%～30% 开度范围内,如果螺钉调节气道关闭过小,则怠速阀气道必然自动开大,怠速阀工作达到上限时,调节余量过小,当有负荷时,怠速增加进气量有限,导致转速下降、怠速抖动。

三、错误调整

对这种故障,许多维修人员有一个错误的处理方法,那就是调整节气门拉索或是调整节气门翻板的固定螺钉,其目的是让节气门在初态时就有一个开量,这样确实可以顺利起动,也可有一个基本的怠速,但没有解决怠速工况自动控制的问题。

更严重地是将节气门翻板调出一个开度的同时使节气门位置传感器信号发生了变化,且节气门位置信号过大,节气门位置传感器内的怠速触点信号被打开,发动机 ECM 接到的一直是加速工况,即使有怠速,发动机 ECM 也不做怠速控制,这将造成怠速不稳(或高或低),特别是有负荷时,将导致转速下降而抖动,开空调时易熄火。这种调节化油器的做法在电喷车上是绝对不允许的。

节气门翻板的固定螺钉不是给修理人员调整节气门翻板用的,它平时都是关闭的。

对于直接控制节气门的直动式可逆电动机而言,它的怠速进气量控制是靠电动机推动节气门来完成的,如果节气门体过脏,将造成起动困难、无怠速或怠速不稳的故障。

四、电子节气门体过脏导致 ASR 灯亮

1. 故障现象

故障现象是起步时有时 ASR(驱动防滑系统)警报灯会常亮,但对行驶无影响,最高车速、加速性能均正常。

2. 故障原因

在起步时 ABS 系统检测到驱动轮打滑,信号传至发动机 ECM,点火角和进气量都减小,节气门体过脏导致节气门不能关到最小,节气门位置传感器反馈信号开度过大,达到 ASR 灯报警条件。只要清洗节气门体,做基本设定,ASR 功能就会正常,警报灯也可立即熄灭。

这种情况读取发动机系统故障码时会出现发动机空气流量计信号太低、节气门信号不正确、节气门怠速开度超限二个故障码。

五、空气计量方式影响

质量型空气流量计和压力传感器同属于空气量的检测部件,但它们的检测方法却有本质的不同。当歧管真空漏气时,发动机故障的表现形式也大不一样,在检测此类故障时,首先应明确发动机配置的是何种空气测量元件,然后再根据故障现象来分析漏气的部位。

正常情况下,空气流量计信号随进气量的增加而增加。当有真空漏气时,应根据故障现

象来分析判断其漏气的部位及漏气量的大小,漏气量大时直接通过耳听即可。漏气分为外漏和内漏两种。

1. 外漏

外漏的气体是指未经空气流量计测量的多余空气。由于此多余的气体未经空气流量计测量,故喷油量未增加,而空气量增加会造成混合气过稀,导致发动机怠速不稳、加速无力,以致熄火。

2. 内漏

内漏的气体是指经过空气流量计测量的多余空气量。当旁通气道中怠速阀脏卡、怠速阀损坏、怠速控制失控,以及主气道中节气门翻板调整不当或节气门拉索过紧时,将会有多余空气进入歧管。由于内漏气体经过了空气流量计的测量,故喷油量随之增加,此时将导致发动机怠速升高。

当漏气量较大,转速升高到一定值(一般为 2 000 r/min 左右)时,将起动怠速超速断油功能,出现怠速游车。

六、发动机 ECM 怠速接口驱动装置损坏

1. 测量端子现象

在测量怠速控制阀插头时发现发动机 ECM 输出的火线正常,而发动机 ECM 控制的搭铁端中有一组始终接地或断开。

2. 故障原因

多数为发动机 ECM 控制端接地,一相绕组始终接地是造成步进电动机始终停留在某一位置的原因。怠速阀失控,步进电动机始终停留在某一位置上,较多的空气经空气流量计测量后很顺利地通过怠速阀进入歧管,造成发动机转速过高而不受控。

在修理中,尼桑六线步进电动机常存在发动机 ECM 内驱动装置中有一相损坏的故障。

尼桑发动机采用 LH (Hot Line,热线) 型空气流量计。HFM (Hot Film,热膜) 型燃油喷射发动机是在 LH 型燃油喷射发动机的基础上改进而来的,同属于直接测量空气量的发动机控制系统。HFM 型空气流量计受污染可能性小,结构稳定,其测量精度较 HL 型更高一些。但当故障为真空漏气时,它们所表现出的故障现象相同。

(1) 外漏时(不经空气流量计测量的多余气体),由于混合气较稀,将产生怠速不稳、动力不足、易熄火的现象。

(2) 内漏时(经空气流量计测量的多余气体),由于空气流量计信号增大,供油增加,混合气较正常时浓,将使怠速过高,以致产生断油游车现象。

七、怠速控制系统性检查

1. 检查顺序

(1) 确认是否是怠速故障:加速时正常,怠速时不正常,一般可确定为怠速故障,但

不排除存在点火、供油、配气正时、气缸密封性故障，以及进气堵塞或漏气和排气堵塞等。

（2）怠速故障属于下列哪一类故障。

①怠速自适应控制是超上限还是超下限判断。

②进气过多，怠速控制机构关闭已经最小，不能再关，为超下限。

③进气过少，怠速控制机构打开已经最大，不能再开，为超上限。

④当怠速转速能进行手动调节时，应如何调节，以及是否需要进行基本设定。

2. 诊断仪检查过程

（1）读取故障码是否有怠速超限故障码。

（2）读取数据流是否发现异常。

怠速检查时应以冷却水温度、怠速转速、怠速开关状态、空调开关状态、动力转向开关状态、点火提前角、怠速控制机构的开度位置（直动节气门由位置传感器电压或开度百分数、比例电磁阀为占空比百分数、步进电动机为步数）数据、用电负荷等为检查对象。

实际检查时重点注意故障码提示怠速控制超限、冷却水温度、怠速转速、怠速开关状态等，当发动机水温至暖机结束时，人为控制 4 个负荷介入，再观察怠速转速。

知识点滴：4 个负荷介入时不同车系的信号反馈方法不同，所以现象略有不同。一种是开关信号反馈，加载时，开关信号反馈给发动机 ECM，通常是突然开大固定的进气量，然后再进行目标转速反馈；另一种是发动机转速快速反馈，加载不大，且载荷是慢慢加到发动机上的，比较适用此种控制。

对于空调负荷，因负荷较大，故世界各国车系的控制方法都是相同的，即打开空调开关，信号到达发动机 ECM，发动机 ECM 控制提速并通知空调发动机 ECM 接通压缩机，或发动机 ECM 直接接通压缩机。

对于动力转向，有的车系有压力开关，有的无压力开关，对于有压力开关的，在转动转向盘时，发动机转速表指针要瞬间下降 100 r/min 左右，再恢复至正常怠速。这是由于在转向过程中，转向助力泵向发动机加载的过程是循序渐进的，而压力开关是到指定压力才闭合给发动机 ECM 发送搭铁信号的。对于没有转向压力开关的车系，在转动转向盘时怠速下降，但同时目标转速反馈控制程序的自适应反应很快，发动机转速表几乎是看不到有下降趋势的。

对于自动变速器挂挡和摘挡控制，多为多功能开关信号传入发动机 ECM，或有的无信号传入发动机 ECM，这种控制方式与动力转向负荷控制方式相同，只是都看不见发动机转速下降。

3. 诊断仪检查过程例子

下面以大众捷达半电子节气门为例检查怠速数据。

（1）冷却液温度应大于 80 ℃，但冷却风扇不能转。

（2）怠速开关状态"kerlauf"（德语），译为怠速开关 F60 闭合，如果没有显示"ker-lauf"，则应检查怠速开关。

（3）发动机怠速标准值应为 840 r/min ± 50 r/min。如果怠速转速不在标准值范围内，则读取空调工作状态数据。

（4）空调 A/C 开关：空调关闭应为"A/C - LOW"，压缩机关闭显示为"Kompr. AUS"。

如果怠速转速仍然超过范围，则读取怠速位置传感器数据的开度位置是否大于 5°。

如果怠速转速过低，则可能产生故障的原因是：发动机负荷太大，节气门控制部件与发动机 ECM 没有匹配，节气门控制部件损坏。

如果怠速转速过高，则可能产生故障的原因是：进气系统有泄漏，节气门控制部件与发动机 ECM 没有匹配，节气门控制部件损坏，活性碳罐电磁阀常开。

第六章 节气门体控制系统

一辆 2011 年款大众迈腾 B7 轿车配有缸内直喷燃油系统,表现为发动机怠速不稳,并且行驶中制动时有发动机熄火现象,诊断仪显示节气门开度过大。

如果你是接车的修理技术人员,应如何解决本故障,修理方案应如何制定。

- 能说出半电子节气门体和全电子节气门体如何区别。
- 能说出半电子节气门体怠速工作时节气门开大和开小的工作原理。
- 能说出全电子节气门体怠速工作时节气门开大和关小的控制原理。
- 能说出全电子节气门体节气门位置传感器冗余诊断的方法。

- 能够清洗半电子节气门体,并做基本设定。
- 能够清洗全电子节气门体。

节气门体系统既是传感器也是执行器,包括加速踏板位置传感器、节气门体和发动机控制单元三部分。

节气门体由节气门位置传感器、节气门电动机两部分组成,其分类方式如图 6-1 所示。节气门位置传感器安装在节气门体内,传统方式是由驾驶员操纵加速踏板上的拉索来控制进气量。当加速踏板被踩下时,节气门开度增大,进气量也随之增大。与此同时,空气流量计测量的空气流量也随之增大,喷油量也相应增多,混合气总量变大。

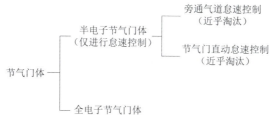

图 6-1 节气门体分类方式

节气门体分为半电子节气门体和全电子节气门体。在传统节气门体上，节气门阀的开度由加速踏板上的拉索来直接控制，动力输出完全取决于人，这种动力输出有时是不利的（如在冰雪路面），甚至是有害的。传统节气门体难以进行怠速控制、巡航控制、车身稳定控制，通常这三种控制需要另有三个独立的系统，使结构复杂。

第一节 加速踏板位置传感器

一、加速踏板位置传感器类型

加速踏板位置传感器类型如图6-2所示。

图6-2 加速踏板位置传感器类型

二、霍尔式节气门位置传感器

1. 霍尔效应的应用

普通的霍尔式节气门位置传感器靠滑动的滑臂和电阻元件之间的相互接触来控制工作元件，因相互接触有磨损而使其寿命变短。采用非接触式的位置传感器，其寿命可大大提高。

根据霍尔电压公式：

$$U_H = R_H IB/d \tag{6-1}$$

式中，U_H为霍尔电压；R为电阻；$d=$为直径；I为电流；B为磁感应强度。

从公式可知，霍尔电压U_H与输入电流I和磁感应强度B都呈线性关系，这种线性关系便构成三种传感器的应用方式。

（1）当输入控制电流I保持不变时，传感器的输出就正比于磁感应强度。因此，凡是能转化成磁感应强度B变化的物理量都可以进行测量，如位移、角度和转速。

（2）当磁场强度也就是磁感应强度B保持不变时，传感器的输出则正比于输入控制电流I。因此，凡是能转化为电流变化的物理量都可以进行测量。

（3）由于传感器的输出正比于输入电流I和磁感应强度B的乘积，所以凡是可以转化为乘法或功率方面的物理量也都可以进行测量。

2. 工作原理

驾驶员踩下加速踏板，如图6-3所示，踏板轴转动并带动永久磁铁转动，不同的位置穿过霍尔元件的磁通量是不同的，因此输出的信号也不同。

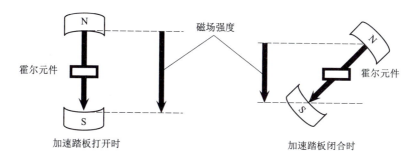

图 6-3 霍尔效应式加速踏板位置传感器示意图

霍尔效应式加速踏板位置传感器内部电路如图 6-4 所示，VC 为 5 V 供电，E（Earth）为接地，V 为信号输出，P1 或 P2（Position）分别是主、副位置的缩写，1 为主，2 为副。PA1 或 PA2（Position Angle）分别是主、副位置的缩写，1 为主，2 为副。

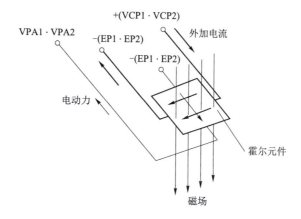

图 6-4 霍尔效应式加速踏板位置传感器内部电路

3. 传感器信号输出

加速踏板位置传感器输出电压特性如图 6-5 所示。

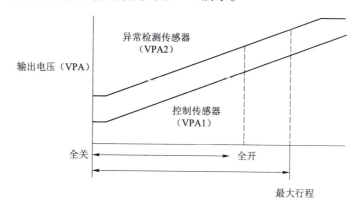

图 6-5 加速踏板位置传感器输出电压特性

[**技师指导**] 对于大众汽车,在"支架吊挂式"加速踏板上,加速踏板位置传感器采用"霍尔式",而在"地板卧式"加速踏板上传感器则采用了变压器式。

三、变压器式位置传感器

变压器式加速踏板位置传感器结构如图6-6所示,其工作原理如图6-7和图6-8所示,发动机控制单元给传感器提供5 V供电和接地电压,在传感器的印刷电路板上内部有一个正弦信号发生器,正弦信号通常为10 kHz,幅值一般在12 V左右,这个信号送到印刷电路板的初级线圈,次级线圈就会感应出同频的交流电。

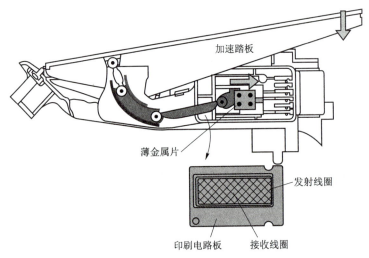

图6-6 变压器式加速踏板位置传感器结构

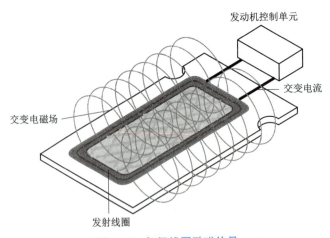

图6-7 初级线圈励磁信号

次级线圈输出交流电的幅值大小取决于初级线圈和次级线圈的匝数比,通常为1∶1。另外通过初级线圈和次级线圈之间的薄金属片确定磁阻。铁片的位置不同,对应的磁阻也不同,使次级输出信号的幅值不同,高速数模转换器将这个输出电压和初级线圈的电压做对比,从而确定铁片的位置,进而确定加速踏板的位置。

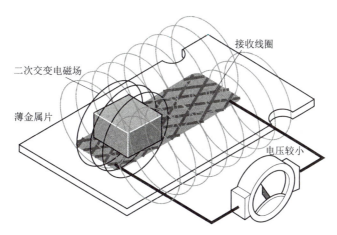

图 6-8　次级线圈输出信号

第二节　节气门位置传感器

一、节气门位置传感器作用

节气门位置传感器作用如下。

（1）确定节气门的开度位置，反映发动机所处工况。

（2）反映节气门开闭的速度，在急加速或急减速时，空气流量计由于惯性或灵敏度影响使其反应没么快，这样会影响汽车的动力性和燃油经济性。空气流量计这个缺陷可由节气门位置传感器弥补，故节气门位置传感器也是喷油量控制的一个重要信号。

（3）在一些装有自动换挡变速器的车辆上，节气门位置传感器主要控制换挡点和变矩器的锁止与阀板的主油压。

二、节气门位置传感器分类

无论是全电子节气门还是半电子节气门都要有节气门位置传感器，其分类如图 6-9 所示。

图 6-9　节气门位置传感器分类

节气门位置传感器安装在节气门体中，发动机电脑用它检测节气门的开度和加速踏板踩下的加速度，利用它修正实际喷油量、急加速时修正实际喷油量和断油控制等。

三、接触式节气门位置传感器

早期的节气门位置传感器为接触式,类似于滑动变阻器,其电路接线网如图 6-10 所示。当节气门全闭时,节气门位置传感器中的触点 IDL 闭合,所以在 ECU 的端子 IDL 上电压为 0 V。这时,约有 0.7 V 的电压加在 ECU 的端子 VTA1 上。当节气门打开时,IDL 触点断开,于是,大约有 5 V 或 12 V 的电压加到 ECU 的端子 IDL 上。加到 ECU 端子 VTA 上的电压随节气门的开度成比例地增加,当节气门全开时,电压为 3.5~5.0 V。ECU 根据从端子 VTA 和 IDL 输入的信号来判断汽车驾驶状况。

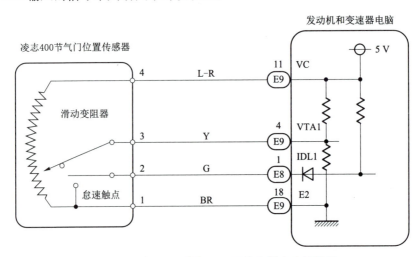

图 6-10 凌志 400 节气门位置传感器电路接线图

VTA1 电路中开路或短路或在 IDL 触点接通的情况下 VTA 信号输出超过 1.45 V,电脑上显示故障码。

当节气门位置传感器插头拔下时,电流只流经内部的两个串联电阻,最终信号 VTA1 的输出被固定在一个值上,这个值在诊断仪上可读出来。

后期在一些车型上出现的三线节气门位置传感器取消了怠速开关信号,利用输出的位置信号低于下限值识别发动机处于怠速工况。

接触式节气门位置传感器由于可靠性稍差,故障率高,故在 20 世纪末开始逐渐被淘汰。

四、霍尔式节气门位置传感器

1. 节气门体结构

常用的非接触式位置传感器是利用霍尔元件制成的,如图 6-11 所示。与加速踏板联动的轴上装有磁铁。当轴旋转时,改变了轴与霍尔元件之间的相对位置,从而改变了作用在霍尔元件上的磁场强度,结果使霍尔元件的输出电压也发生变化。测量此电压可知加速踏板被踩下的角度。

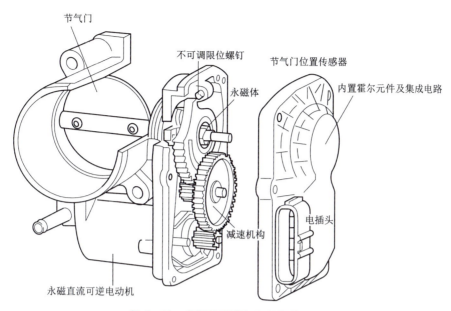

图 6-11 非接触型节气门位置传感器

2. 信号输出

霍尔式节气门位置传感器信号工作原理与加速踏板位置传感器相同，不再叙述。图 6-12 所示为霍尔式节气门位置传感器信号输出。

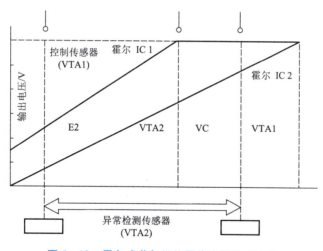

图 6-12 霍尔式节气门位置传感器信号输出

一般而言，霍尔元件本身输出电压与磁场的线性关系是良好的，只要放大器有很好的线性，就能获得良好的线性集成霍尔传感器。

五、变压器式节气门位置传感器

变压器式节气门位置传感器是最近几年才使用在节气门体上用于测量节气门的开度，由于要采用励磁和信号处理芯片，故成本要比霍尔式的高，但变压器位置采集的精度和可靠性要高于霍尔传感器。

节气门减速机构结构如图6-13所示，节气门电动机齿轮通过两级传动带动塑料的半边齿轮，半边齿轮内部的节气门轴带动进气道的节气门阀（翻板），然而不容易注意到的是半边齿轮内部内置了一个永磁体，用来改变变压器之间的磁阻。

图6-13 节气门电动机减速机构结构

在图6-14中，节气门体端盖内部内置了一个印刷电路板，在电路板上有两部分结构：一是变压器的初级和次级线圈；另一个是专用集成电路，这个集成电路的作用是产生正弦励磁信号给初级线圈，同时接收次级线圈感应过来的电压信号。

图6-14 节气门电机端盖电路

变压器式位置传感器工作原理示意图如图6-15所示，当节气门体被供电后，在集成电路内部产生10 kHz的正弦交流电（幅值一般与电源供电电压相同）给初级线圈，在次级线圈感应出同频的交流电，但幅值受两个因素控制：一是初级和次级线圈的匝数比，会使输入和输出的电压比值是一个定值，前提是理想的变压器；另一个是初级和次级线圈之间的磁阻，改变磁阻即可改变磁通量，从而在次级产生不同的电压。这个电压信号经过专用的芯片高速数模转换后即可知节气门体的节气门开度了。

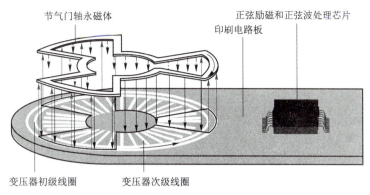

图 6-15 变压器式位置传感器工作原理示意图

第三节　全电子节气门体控制系统

一、全电子节气门体控制系统的组成

图 6-16 所示为丰田发动机电子节气门系统组成,在第一节和第二节中我们分别讲解了加速踏板位置传感器与节气门位置传感器的类型和工作原理,这节我们开始讲解发动机的扭矩控制。

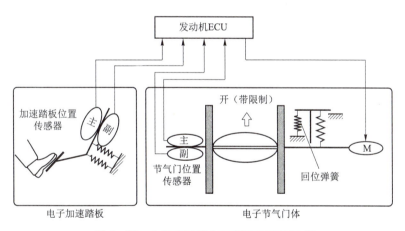

图 6-16 丰田发动机电子节气门系统组成

二、发动机扭矩控制

什么叫发动机扭矩控制呢?事实上,这个问题并不难说明,加速踏板反映了驾驶员希望的发动机扭矩输出的大小,或者说驾驶员把加速踏板踩下得越深,发动机输出的扭矩越大。因此,发动机控制单元在不同加速踏板位置都对应着一个扭矩。

发动机的扭矩实现。在发动机控制单元要实现相同的转矩时,处在不同发动机转速时都分别对应有一个节气门开度,发动机控制单元通过电动机驱动节气门达到这个开度即可,为达到精确控制，需要采用节气门位置传感器进行反馈控制。

［知识指导］混合动力汽车的扭矩控制是一部分由电动机完成、一部分由发动机完成的，控制策略确定好后，发动机将要完成的扭矩数值直接发给发动机控制单元，发动机控制单元控制电子节气门实现即可。

三、加速踏板传感器失效

加速踏板位置传感器信号失效分为以下两种工作情况。

1. 一个传感器的信号失效

一个传感器的信号失效（图6-17），即信号不在正常范围内，发动机控制单元采用另一个在正常范围内的信号作为正常信号，但节气门实际开度受到一定的限制。

微课13 节气门位置
传感器的信号失效

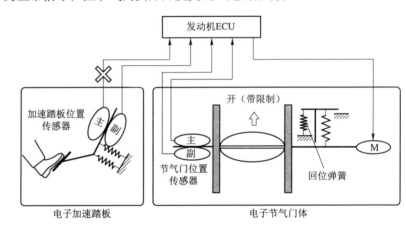

图6-17 一个传感器的信号失效

2. 两个传感器的信号失效

两个传感器的信号失效（图6-18），即两个传感器信号都不在正常范围内，发动机控制单元停止对节气门电动机的控制，这时阻止节气门关闭的弹簧和阻止节气门开大的弹簧将节气门拉到一个固定的节气门开度。

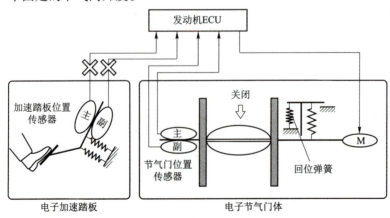

图6-18 主、副加速踏板信号失效的应急控制

四、节气门位置传感器失效

图6-19所示为丰田节气门位置传感器失效后的保护办法,是当信号断路时停止对节气门电动机的控制,这时阻止节气门关闭的弹簧和阻止节气门开大的弹簧将节气门拉到一个固定的节气门开度。

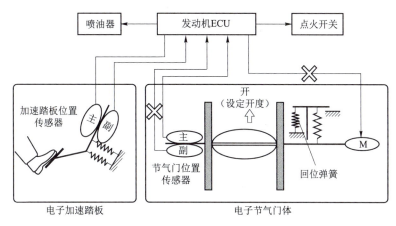

图6-19 副节气门位置传感器失效控制

[技师指导] 大众汽车节气门失效保护

大众汽车发动机控制单元J220根据节气门电位计G69提供的发动机负荷信息确定换挡时刻和调整主油路油压(该油压与挡位有关)。电脑还根据节气门电位计提供的加速踏板操纵速度信息调整换挡点。

节气门电位计失效时,电脑取一适中的发动机负荷作为节气门电位计的替代信号,用于确定换挡点,同时将变速器操纵油压根据相应的挡位调整至全负荷油压。

当G69出现故障时,J217不进入应急状态,此时以中等负荷信号(50%)来进行工作,但此时停止逻辑控制。锁止离合器停止工作(变速箱此时不再锁止),信号通过发动机控制单元传递至自动变速箱控制单元。

一个传感器信号失真或中断,而另一个传感器正处于怠速位置,则发动机进入怠速工况;如果另一个传感器正处于负荷工况,则发动机转速上升缓慢。若两个传感器同时出现故障,则发动机高怠速(1 500 r/min)运转。

第四节 节气门体故障

一、节气门体过脏超过自适应上限

曲轴箱窜气带来的黑色积炭沉积在节气门体、进气道内壁和进气门蘑菇头伞下。
在节气门体脏污后(图6-20),节气门体有自学习功能,节气门体会自动开大保持起动控制、怠速稳定控制、外界负荷介入提速控制。节气门体过脏，超过电脑自适应允许范围，再有负荷介入，如空调打开时，节气门电动机在开大调节过程中会断开怠速触点 F60，电脑收到信号后，电动机断电，节气门不能继续开大，发动机抖动或熄火。

图 6-20 节气门体积炭过脏

解决办法是在节气门体脏后开度超 5°，即可清洗节气门，不要让积炭液体渗到节气门轴中造成节气门轴犯卡。清洗后进入发动机和变速器电脑分别做 04 基本设定。

要减少节气门体的积炭，除了定期清洗节流阀体外，还应该维护 PCV 阀门，特别是在出现湿积炭时，因为湿的积炭会使干积炭沉积在上面。

二、节气门体加热管堵塞

节气门体水管的作用是防止节气门体太冷，导致结冰，使节气门轴卡在节气门体里。此种大众车在加防冻液时，有的修理人员拔下水温传感器，防止缸体内存空气，但高位空气也没见放出，也正常使用。其实大众车节气门体通过加液罐的花皮软管可以把缸盖上积存的空气排出，加液时可见气泡从罐内翻出，所以只管加液即可。图 6-21 所示为节气门体加热管内部堵塞。

图 6-21 节气门体加热管内部堵塞

节气门体在使用过程中，有的节气门体加热管内部堵塞，导致缸盖上空气不能排出，发动机产生高温。

三、基本设定的意义

半电子节气门或全电子节气门在更换节气门体、发动机、变速器、变速器电脑、发动机电脑时要做基本设定。做基本设定时，修理人员通过检测仪控制发动机电脑或变速器电脑，找到节气门能关闭的最小位置和能开大的最大位置，电脑自动把最大和最小位置存储，以便下一次起动时根据水温自动找到起动时的节气门开度。

更换节气门体、变速器电脑、发动机电脑时，电脑内存储的位置值与元件不相符合，会导致控制不精确，因此要做基本设定。图 6 – 22 所示为节气门应急开度和最小开度。

图 6 – 22　节气门应急开度和最小开度

更换新发动机、新变速器时，发动机动力性发生改变，变速器无磨损。若不做基本设定恢复出厂设置值，会导致电脑用旧发动机和旧变速器的磨损自学习值控制，故要做基本设定。

对于半电子节气门，发动机 01—04—098 或 060，此时应看到电动机平稳关到最小。变速器 02—04—000 踩下加速踏板到底保持 3 s，对于电子节气门因无拉索，所以电动机会从应急开度关到最小，反过来再开到最大，其方法根据《修理手册》给的通道号做即可。

四、节气门电动机 V60 扫膛

半/全电子节气门，因电动机工作中总受力，而且电动机轴也受弯力，所以电动机轴承套损坏的概率很高，导致电动机齿轮与减速齿轮顶齿或啮合不上（图 6 – 23），电动机对节气门控制失灵，基体设定做不了，试想电动机控制不了节气门向小关闭，怎么能做基本设定。

对半电子节气门而言，V60 电动机扫膛只影响怠速，导致怠速过高，且怠速不稳，节气门体内有电动机齿轮和减速齿轮不正常啮合的咔咔声，对于电子节气门会影响各个工况。做基本设定时听见不正常啮合的咔咔声，同时车不见好转，即可更换新节气门体，重新在无故障码存储和水温 80 ℃ 以上做基本设定。

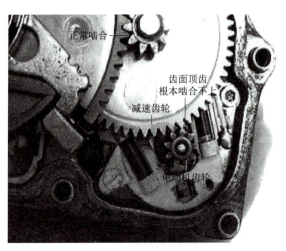

图 6-23 节气门电动机 V60 扫膛

实践中多为电动机轴铜套损坏,电动机很少损坏,可更换电动机轴铜套或电动机来解决,也可通过更换节气门来解决,注意别忘对发动机和变速器分别做基本设定。

五、紧急制动时发动机熄火

由于大众汽车在下排气时带有的炭颗粒和油气过多,造成节气门体过脏,在紧急制动的情况下,由于节气门体关闭,会造成发动机遇阻力时来不及反应而熄火。

第七章

进气系统控制

一辆 2011 年款大众迈腾 B7 轿车配有废气涡轮增压系统，撞车后突然出现发动机加速无力，诊断仪显示增压压力不足的现象。

如果你是接车的修理技术人员，应如何解决本故障，修理方案应如何制定。

- 能说出提高进气效率的措施。
- 能说出进气配气正时提前和滞后控制的作用。
- 能说出排气配气正时提前和滞后控制的作用。
- 能说出奥迪废气涡轮增压系统的增压和减压工作原理。

- 能够检查中冷器是否出现漏气。
- 能够检查出废气涡轮增压漏机油到排气管中燃烧导致机油消耗量过多，并更换涡轮增压器。
- 能够检查废气涡轮增压系统在原地怠速、节气门半开、节气门全开时增压压力的操作。

在不改变发动机气缸容积的情况下，增加进入气缸的空气量，再多次喷油后，可以增加混合气的总量和提高发动机的升功率。近年来，提高进入气缸空气量的新技术包括多气门技术、涡轮增压技术、可变配气相位技术、可变进气道技术、可变进气谐波技术和可变进气升程技术，其中涡轮增压技术和可变配气相位技术贡献最大。

第一节　可变配气相位技术

进、排气门开启的时刻对一定发动机转速下的气缸充气量和更好排气起着决定性的作用,所以可变进、排气门的配气正时技术是发动机进一步提高效率的有力措施。

可变配气相位技术包括进气相位可变技术和排气相位可变技术两种。进气相位可变的必要性见大众的链张紧式进气相位可变技术,排气相位可变的必要性和工作原理见丰田车叶片式可变配气正时机构。

一、链张紧式可变进气相位技术

链张紧式可变进气相位技术是大众专用的可变进气相位技术,但这样的结构难以控制排气正时可变。

发动机中、低转速运行时,活塞运动慢,进气管内混合气随活塞运动慢,气体的动能小或者说气体的惯性小。进气行程完了,活塞进入压缩行程,由于进气门的早开和晚关的特点,在压缩行程的刚开始阶段,气体受压缩,进气门向关闭方向运动,但还未关闭,可以说仍然是开启的,此时为避免已进入的混合气倒流回进气管,进气门应提前关闭。要想在压缩行程提前关闭,进气门应提前开启,即凸轮轴相位应向前转一个角度。图7-1所示为活塞在压缩时,进气门早关示意图。进气门提前开启和进气门提前关闭是一个意思,即早开肯定早关,要想早关也必须早开。

发动机转速高时,进气管内气流快,活塞在进气行程完成后,活塞在向上的压缩行程中,由于进气管内混合气保持原来的惯性,可继续涌入气缸,从而增加混合气量,所以在进气门应延迟关闭,即凸轮轴相位应向后转一个角度。图7-2所示为活塞在压缩行程时进气门晚关示意图。

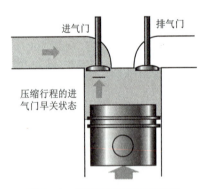

图7-1 压缩行程进气门早关

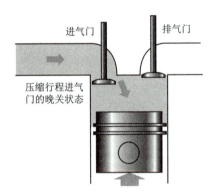

图7-2 压缩行程进气门晚关

在急速时,为防止进气行程废气回流过多,也应延迟开启(延迟关闭)。

进气门延迟开启和进气门延迟关闭是一个意思,即晚开肯定晚关。可变进气相位技术最好进气相位和排气相位都可变,链张紧式只能设计出进气相位可变,排气相位则不可变。

图7-3和图7-4所示为大众公司的奥迪V型6缸发动机的可变进气系统的元件位置和调整元件名称,电脑控制开关电磁阀实现进气门的相位可变。

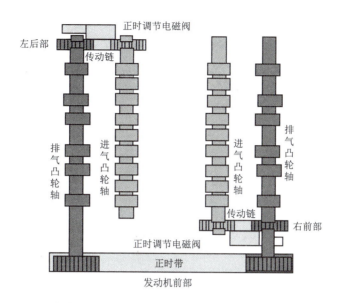

图 7-3 大众公司的 V 型 6 缸发动机的可变进气系统的元件位置

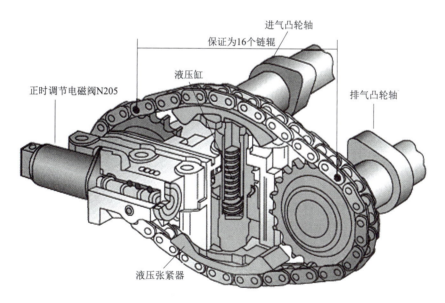

图 7-4 大众公司的 V 型 6 缸发动机左后列从后向前看的可变进气系统调整元件名称

[技师指导] 链张紧式可变进气相位只能用开关电磁阀调整，不能用脉冲电磁阀调整实现无级。叶片式则可用脉冲电磁阀调整，实现无级。

1. 扭矩调整

在中、低转速时，为获得大扭矩输出，凸轮轴调整器向下拉长，于是链条上部变短、下部变长。因为排气凸轮轴被正时齿形带固定了，此时排气凸轮轴不能被转动，进气凸轮轴被朝前转一个角度，进气门提前开启。图 7-5 所示为左后列可变进气正时的扭矩调整。

可变进气正时的扭矩调整原理（图 7-6）：N205 断电，活塞在弹簧作用下左移，油道 1 泄油，发动机机油泵的机油经油道 3 进入①位置，经油道 2 进入活动活塞 4 下部和固定活塞缸 5 上部之间的工作腔与①位置油压相平衡。活塞 4 上移完成调整。

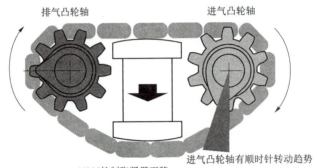

图 7-5 左后列从前向后观看的可变进气正时的扭矩调整

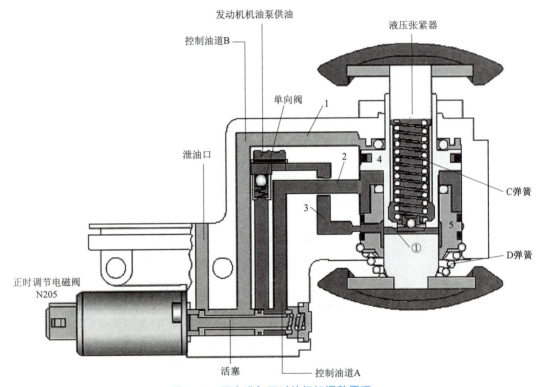

图 7-6 可变进气正时的扭矩调整原理
1，2，3—油道；4—活动活塞；5—固定活塞缸

2. 功率调整

急速时，进气门延迟开启。发动机高转速时，功率大，转速在 3 700 r/min 以上时，进气门也必须延迟关闭。调整链条下部短、上部长，进气门延迟开启，进气管内气流流速高，气缸充气量足。图 7-7 所示为左后列可变进气正时的功率调整。

可变进气正时的功率调整原理（图 7-8）：N205 通电，活塞克服弹簧右移，油道 2 泄油，发动机机油泵的机油经油道 3 进入活塞 4 上部位置，经油道 1 进入活塞 5 上部，活塞 5 下移压缩活塞 4，活塞 4 下移完成调整。

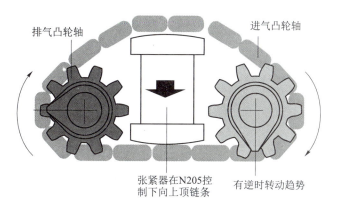

图7-7 左后列从前向后看的可变进气正时的功率调整

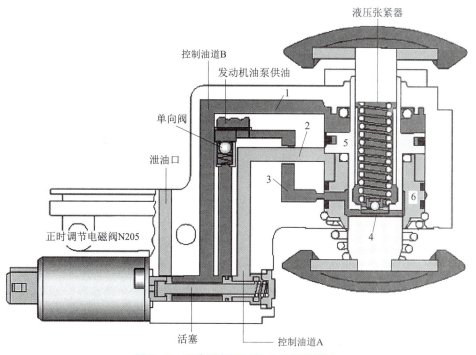

图7-8 可变进气正时的功率调整原理
1, 2, 3—油道；4, 5—活塞

改变进气门的开启时刻，可以改变功率随转速变化的趋向，可用以调整发动机扭矩曲线，以满足不同的使用要求。低转速时，进气门提前打开能防止低速压缩行程倒喷，有利于提高最大扭矩，但降低了此状态下的最大功率。例如，奥迪凸轮轴在扭矩位置时提高了输出扭矩，但功率有所损失（-3 kW 为功率损失）。高转速时进气门晚开、功率增加，有利于最大功率的提高。

[技师指导] 由于奥迪 A6 发动机电脑给液压张紧器电磁阀的信号是开关信号，所以只能有扭矩和功率两个极端调整状态，没有中间状态。

对于叶片式可变配气正时读数据流电脑控制电磁阀的信号不再是 ON/OFF，而是占空比的百分数时，说明此车的可变配气正时技术真正达到无级调节。

排气相位可变技术在大众这样设计的正时调节机构下实现较为困难。进、排气门的配气正时可变技术见丰田车系内容,当然大众的进、排气可变大多也采用叶片式。

3. 传动链条的安装

在修理或安装传动链条时,凸轮轴上缺口 A 和 B 之间的距离应为 16 个传动链辊。图 7-9 所示为链轮上第 1 和第 16 个链辊位置。

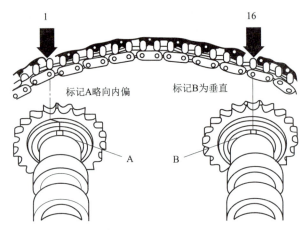

图 7-9　链轮上第 1 和第 16 个链辊位置

缺口 A 相对于链辊略向里安装,将凸轮轴调整器装到传动链中间,将带传动链条的凸轮轴和凸轮轴调整器装到缸盖上。通常用机油润滑凸轮轴工作面。

[技师指导] 链辊的多与少

(1) 当凸轮轴上记号与轴承盖记号间的链辊装配为 17 个时,起动和怠速都正常,但在 1 500~2 500 r/min 时加速迟钝,发动机无力,其原因为进气门打开得过于滞后。

(2) 当凸轮轴上记号与轴承盖记号间的链辊装配为 15 个时,发动机起动困难,怠速抖动,原因为进气门打开得过于提前。

(3) 发动机润滑系统的机油泵出现故障时,引起与 (1) 类似的故障。通过检查润滑系统排除此故障。以上三条会出现于凸轮轴的故障码。

(4) 正时调节电磁阀 N205 对地短路、正时调节电磁阀 N205 与发动机控制单元 J220 之间导线断路、熔断器损坏及装配时 A 和 B 之间为 15 个或 17 个链节都会导致功率下降。

4. 可变进气正时系统的控制和自诊断

可变配气正时系统主要利用空气流量计 G70 信号、节气门开度 G69 信号、曲轴位置传感器 G28(也是发动机转速)信号和修正信号冷却液温度 G62、两个凸轮轴位置传感器 G40 信号确定标准正时的大小,并由电脑转化成控制电磁阀的开关或占空比信号,从而控制进入执行机构的压力和流量。电脑同时从曲轴位置传感器 G28 及两个凸轮轴位置传感器信号 G40 确认实际的进气门正时,并与标准正时比较,比较有较大差值时确定为电磁阀或液压张紧器的执行机构有故障。

[技师指导] 用双通道示波器观察发动机转速/位置传感器 G28 和凸轮轴位置传感器 G40 的信号时,凸轮轴位置 G40 的信号在可变配气正时调节机构起作用,即信号轮随凸轮轴发生了转动时两波形会错开,此动作反馈发动机的功率变化。

5. 大众可变进气正时机构检查

（以 BORA 数据为例）

（1）通过 01—02 进入发动机电脑读取故障码。

（2）通过 01—03 进行执行元件正时调节电磁阀 N205 自诊断。

（3）进入 01—08—091 组读取数据流。发动机转速达 2 200～4 000 r/min，读取测量数据。

Read measuring value block 91			
640—6800 r/min	0—98%	ON/OFF	负 3 kW—正 25 kW

显示区 1 为发动机转速，显示区 2 为发动机负荷，显示区 3 为开关电磁阀通断电指示，显示区 4 为配气正时调整后发动机的功率增加或减少量。

正常位置和调整位置。在汽车停止时挂 1 挡加速，可使凸轮轴进入调整位置。显示区 4 显示可调凸轮轴的实际位置，如果凸轮轴调整功能已起动，显示区 3 为 ON，显示区 4 将显示凸轮轴位置的角度调整后引起的功率增减量（反馈信号）。

（1）发动机在低速增扭位置时功率变化为 -3～6 kW。

（2）发动机在高速功率位置时功率变化为 16.0～25.0 kW。

（3）如果试车时显示区 4 显示值在 6.0～16.0 kW，说明正时调节电磁阀已将机油压力传至机械式凸轮轴调整器上，但未达到上或下的终点位置，卡在中间位置上（如运动困难）。

[技师指导] 顶气门

在修理发动机配气机构时，新手一定把握正时带或链、进气凸轮轴和排气凸轮轴的正时装配，否则易顶气门。配气机构装配完后，多盘转曲轴几转，十几分钟后再多盘转曲轴几转，反复两至三次，发动机油底壳内油经机油泵进入液压挺杆和张紧器，液压顶杆长的变短、短的变长，让液压顶杆和气门自动找到间隙，让可变配气正时的张紧器在进气迟后位置。修理发动机配气机构时多盘几转曲轴是非常关键的，否则液压挺杆无油过短而起动困难，或有油变长，液体不可压缩，在起动的瞬间顶气门。实践中，很多师傅都会出现这样的修理事故，就是忽略了液压挺杆在未装车之前在机油中浸过，液压挺杆可能变长。盘曲轴也是测试发动机曲轴与凸轮轴的正时装配，进气凸轮轴和排气凸轮轴正时装配时，盘曲轴也会立刻发现气门顶活塞。

二、叶片式正时调节机构

丰田发动机智能可变配气正时技术（Variable Valve Timing - intelligent，VVT - i）采用叶片式配气正时调节机构比链张紧式更易实现进、排气正时都可变。

丰田 VVT - i 控制器结构（图 7 - 10）包括由正时链条驱动的壳体、与进气和排气凸轴相连的叶片。进气侧是三片式，排气侧是四片式。从进气门和排气门凸轮轴处的提前或延迟侧路径传送的油压，使 VVT - i 控制器叶片旋转，以持续地改变进气门正时。

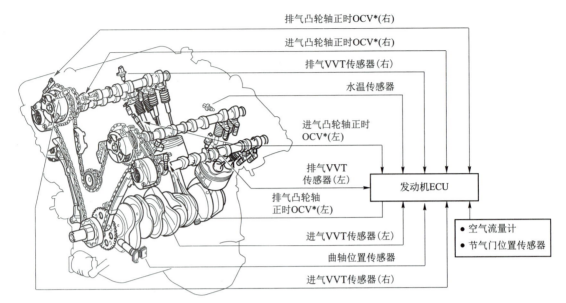

图 7-10　V 型发动机智能可变气门正时系统（VVT—i）元件布置图

可变气门正时系统是一种改变气门开启时间的电控系统，通过在不同的转速下为车辆匹配更合理的气门开启和关闭时刻，来增强车辆扭矩输出的均衡性，提高发动机功率并降低车辆的油耗。

1. 基本要求

可变配气相位的调整基本要求如下。

1) 怠速

通过消除气门重叠角，以减少废气进入进气道，达到稳定怠速、提高燃油经济性的目的。

2) 中等负荷

通过增加气门重叠，从而增加了内部 EGR（废气再循环）量，这样就减少了进气歧管内的负压，因而也减小了活塞的泵吸损失并且改善了油耗。另外，由于此内部 EGR 的结果以及未燃气体的再次燃烧，降低了燃烧温度，故 NO_x（氮氧化合物）排放减少，HC 排放也减少。

3) 低速大负荷和中速大负荷

通过提前关闭进气门，以提高充气效率。在低速到中速范围提高扭矩输出。

4) 高速大负荷

通过推迟进气门关闭时刻，以提高充气效率，达到提高功率的目的。

5) 低温

通过消除气门重叠可防止废气窜入进气道，以减少低温下燃油消耗，稳定怠速，降低怠速转速。

当发动机停止时，锁销在最延迟端锁止进气凸轮轴和在最提前端锁止排气凸轮轴（图 7-11），确保发动机起动正常。

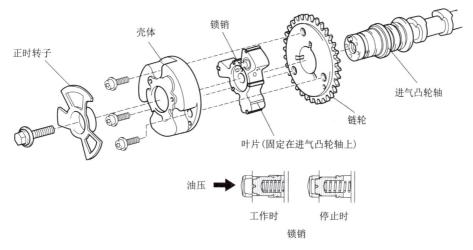

图 7-11 进气侧 VVT-i 控制器

在排气侧 VVT-i 控制器上提供了提前辅助弹簧，当发动机停止时这个弹簧应在提前方向施加扭矩，这样能确保锁销很好地啮合，如图 7-12 所示。

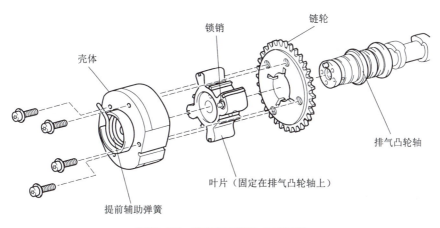

图 7-12 排气侧 VVT-i 控制器

进气凸轮轴正时油压控制阀（图 7-13）按发动机 ECU 的占空比信号改变阀芯位置，从而可以控制用于 VVT-i 控制器提前侧或延迟侧的油压，使之按 ECU 的指令完成适度调节。

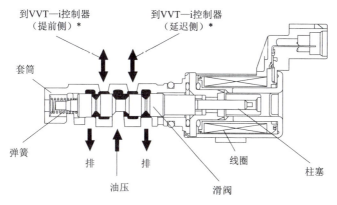

图 7-13 进气凸轮轴正时油压控制阀（*排气侧油压控制阀，提前侧和延迟侧相反）

工作原理：凸轮轴正时油压控制阀根据发动机 ECU 的信号选择流向 VVT-i 控制器的通道。VVT-i 控制器应用油压使凸轮轴向提前侧、延迟侧旋转或保持固定不动。

发动机 ECU 根据（图 7-14）发动机转速、进气量、节气门位置和冷却液温度来计算各种运行条件下的最佳气门正时，用来控制凸轮轴正时油压控制阀，同时发动机 ECU 还通过凸轮轴位置信号和曲轴位置信号来计算实际气门正时，并进行反馈控制。

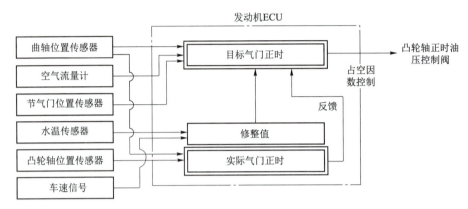

图 7-14　可变气门正时机构工作原理图

2. 进气和排气配气正时提前

由发动机 ECU 控制正时油压控制阀在图 7-15 所示位置，此时油压作用于气门正时提前侧的叶片室，可使凸轮轴向气门正时的提前方向旋转。

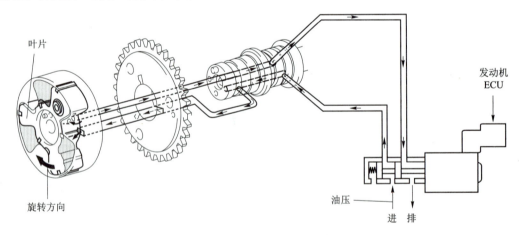

图 7-15　进气侧正时提前

由发动机 ECU 控制正时油压控制阀在图 7-16 所示位置，此时油压作用于气门正时延迟侧的叶片室，可使凸轮轴向气门正时的延迟方向旋转。

3. 进气和排气配气正时延迟

当凸轮轴正时油压控制阀通过来自发动机 ECU 的延迟信号（见图 7-17 和图 7-18）定位时，总的油压施加到正时延迟侧叶片室，使凸轮轴向正时延迟的方向旋转。

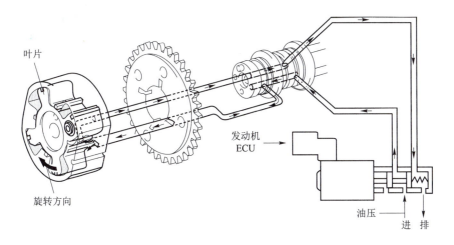

图 7-16 排气侧正时提前

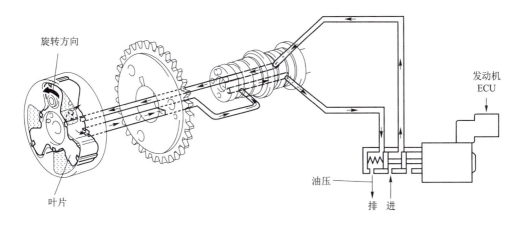

图 7-17 进气侧正时延迟

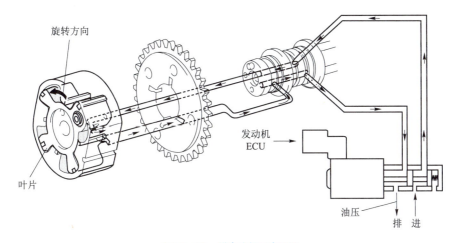

图 7-18 排气侧正时延迟

4. 进气和排气配气正时保持

当达到目标正时后，通过将凸轮轴正时油压控制阀保持在中立位置，从而保持气门正时，除非运行状态改变。

这可以使气门正时调整到期望的位置并防止发动机油在不必要的时候溢出。

第二节 可变进气管长度技术

一、可变进气管长度

由于进、排气门的开启和关闭，造成进、排气管内产生气体运动，在特定不变的进气管长度和形状条件下，可以利用此气体运动来提高下一工作缸的进气压力，增大进入下一气缸的空气量，这就称为动态效应。

随着电子汽油喷射的广泛应用，进气系统设计的自由度大大增加，动态效应技术得以迅速发展，大多数汽油喷射发动机都具有调整好的进气系统。与其他增压方式（如涡轮增压）相比，它具有结构简单、惯性小、响应快等优点，更适于频繁改变工况的车使用。

为分析方便，将进气管动态效应分为进气管的惯性效应与进气管的波动效应两类。

（一）进气管的惯性效应

在进气行程前半期，由于活塞下行的吸入作用，气缸内产生负压，新鲜空气从进气管流入，同时传出负压波，经气门、气道沿进气管向外传播，传播速度为声速（注意：压力波和新鲜空气的行进速度和方向是不同的，压力波可正反向传播且很快，而空气只能以较低的速度"运动"，不能称为"传播"）。当负压波传到稳压室的开口端时，稳压室内的新鲜空气量很大，不易被形成负压，所以波又从稳压室开口端向气缸方向反射回正压波。

如果进气管的长度适当，从负压波发出到正压波返回进气门所经历的时间正好与进气门从开启到关闭所需的时间相匹，即正压波返回进气门时，正值进气门关闭前夕，从而提高了进气门处的进气压力，达到增压效果。

可见，它是以稳压室为波节的压力波。若进气管的长度不适当，进气门关闭时，此处压力不是处于波峰而是在波谷位置，即负压波返回时刻就会降低气缸压力，得到相反的效果。

之所以叫惯性效应是因为这部分气体在进气门和稳压室之间波动时基本保持原来的动能，这部分动能也称惯性。惯性效应一定要把握是在进气行程的前半期，且开口端为稳压室，否则容易与进气管波动效应概念混淆。

（二）进气管的波动效应

当进气门关闭后，进气管的气柱还在继续波动，此气柱在进气管内的弹性波动对以后其他各气缸的进气量有影响，这称为波动效应。

进气门关闭时，进气管内流动的空气因急速停止而受到压缩，在进气门处产生正压波，向进气管的开口端滤清器传播，当正压波传到滤清器时，产生反射波，反射波的性质与入射波的性质相反，即为负压波，该波又向进气门处传播。当它到达进气门处时，若气门尚未打开，则此波向进气管的开口端滤清器传播，在开口端再次反射时，反射波为正压波，该波又向进气门处传播，这样周而复始，气波在进气管中来回传播，进气门处的压力也时高时低，形成压力波动。如果使正压波与下一循环的进气过程重合，就能使进气终了时压力升高，从而提高充气效率。此时如与负压波重合，则气门关闭时压力便会下降，进气效率降低。

波动效应一定要把握是在进气门关闭后，且开口端反射位置是节气门或空气滤清器，否则容易与惯性效应概念混淆。

研发人员在发动机试验台上使用几何形状可变的进气管找出发动机功率和扭矩升高最佳区域，记录此时的发动机转速、发动机负荷和节气门位置，从而确定最理想的转矩和功率曲线，再改变进气管长度找出发动机功率和扭矩升高最佳区域，从而确定新长度下最理想的转矩和功率曲线，并依次改变进气管长度、发动机功率和扭矩升高最佳点，从而确定长、短两个进气管长度，把发动机功率最佳点（长管）和扭矩升高最佳点（短管）的发动机转速、发动机负荷和节气门位置分别写入电脑作为比较数据。

汽车行驶时，当发动机转速、发动机负荷与节气门位置对应上时，电脑通过执行器控制进气管达到或长、或短的位置。

长进气管和短进气管的变换时刻与发动机转速、发动机负荷和节气门位置这三个传感器有关。实践证明，长进气管或短进气管与发动机转速相关极大，其次为发动机负荷和节气门位置。

修理中，不必因为可变进气管长度执行器不动作而怀疑相应的三个传感器有故障，只要目视检查可变进气管长度执行器在动作工况是否动作即可。

二、可变进气管长度技术

1. 长进气道

发动机在低转速时，空气经过长的进气道（图7-19）进入气缸，使气缸充气最佳，发动机输出扭矩增大。

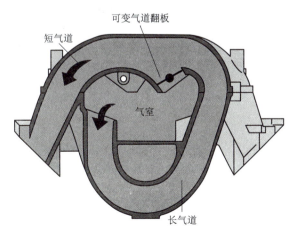

图7-19　奥迪A6发动机低速使用长的进气道

图 7-20 所示为带进气道可变长度的发动机和不带进气道可变长度的发动机在低转速区域内的扭矩对比。

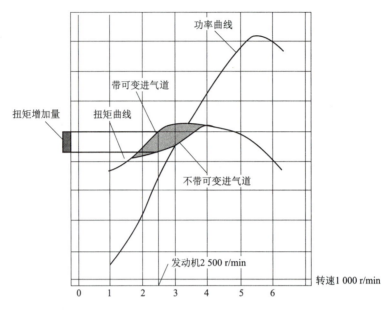

图 7-20 发动机在低转速区域内的扭矩对比

2. 短进气道

如图 7-21 所示，发动机在高转速时，空气流经短进气道进入气缸，可提高发动机的输出功率。

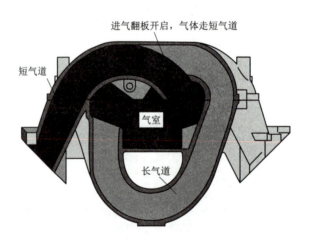

图 7-21 奥迪 A6 发动机高速使用短进气道

图 7-22 所示为带进气道可变长度的发动机和不带进气道可变长度的发动机在高转速区域内的功率对比。

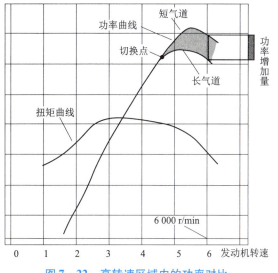

图7-22 高转速区域内的功率对比

三、进气管长度无级调节

调节长、短进气管会增加气缸的充气量，特别是在发动机低转速范围内增加的气缸充气量更大，扭矩明显提升。

如图7-23所示，进气管长度范围内无级调节的进气系统的进气管长度随着发动机转速增加而改变。当速度增加到某一定值时，进气通道变短，发动机转速增高，转鼓向逆时针方向转动，转鼓的转动位置通过滑动变阻器将信号反馈给电脑，用于监测其是否达到ECU控制的位置。

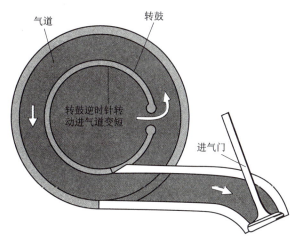

图7-23 理想的进气通道长度无级调节的进气系统

要想实现无级可变的进气系统，研发人员必须在发动机试验台上获得各个进气管长度发出最大扭矩或功率时发动机转速、发动机负荷和节气门位置，并把这些位置写入电脑作为比较数据。当发动机转速、发动机负荷和节气门位置对应上时，控制进气管几何形状达到理想的位置，这样的进气管长度无级可变进气系统在未来会得到应用。

实际中到现阶段（2007年），丰田公司和大众公司一样只在低速和高速选两个固定的长度，仍没有这样的无级可变进气管，其原因可能是做上述试验得出的结果难以控制。

四、可变进气系统真空作用器的控制

可变进气系统真空作用器的控制首先要建立真空源。发动机的进气歧管、单向阀、真空罐及真空管完成真空源的建立。真空罐用于储存真空，单向阀设计的目的是当节气门开度开大时刻恰是要打开阀门的时刻，此时真空作用器因膜盒膜片两边都为大气压，且真空作用器内弹簧会使阀门关闭，所以设计上加单向阀让真空罐能在节气门开大时保持怠速建立的真空度。

图 7-24 所示为高尔夫 A4 的真空作用元件，一旦真空源的组成元件及管路有漏气，将导致真空作用器不能克服弹簧拉开阀门，使发动机动力下降。

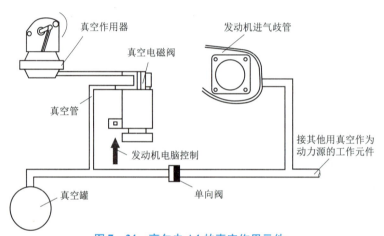

图 7-24 高尔夫 A4 的真空作用元件

真空电磁阀和真空作用器如图 7-25 和图 7-26 所示。真空电磁阀的本质是两位三通电磁阀，平时真空电磁阀使真空作用器通大气，通电时膜片两边压力平衡，弹簧使操作杆动作而关闭阀门，电脑控制真空电磁阀通电时，真空电磁阀使真空作用器通真空接开阀门。真空作用器的弹簧在真空室内，不在大气室内。

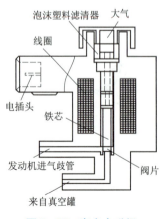

图 7-25 真空电磁阀

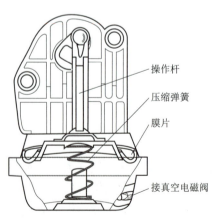

图 7-26 真空作用器

五、可变进气系统检查

可变进气系统出现故障后导致整车的油耗升高且高速功率差。

1. 一般性检查

（1）检查转换机构是否运转自如。用手拉动拉杆看铰接机构所连的杆和轴的运动情况，其故障实际多为轴生锈或积尘变粗卡死，但概率较小。

（2）检查真空管连接是否完好，检查真空系统元件及进气歧管真空罐的密封性。可以对真空管路整体打压后测漏，若有漏损则再分段检查。

2. 转换电磁阀 N156 检查

（1）起动发动机，使之怠速运转。突然急加速至 4 000 r/min，此时真空作用器应拉动操作杆。

（2）电磁阀 N156 的电阻：25~35 Ω。

（3）通过 01—03 可以对其进行执行元件进行自诊断，电磁阀不动作说明电脑或线束损坏。

（4）通过 01—08 读取数据流，宝来数据流 095 组数据如下：

Read measuring value block 95			
640—6800 r/min	0—98%	90 ℃	IMC – V ON/OFF

显示区 1 为发动机转速，显示区 2 为发动机负荷，显示区 3 为冷却液温度，显示区 4 为调整电磁阀的通电和断电。

1 区和 2 区用来看条件是否达控制切换点。

4 区用来看进气歧管转换电磁阀是否通电。IMC—V 是 Intake Manifold Control—Valve 进气歧管控制阀的缩写。显示区 4 应从 IMC—V OFF 转换成 IMC—V ON。

第三节 发动机谐振增压

一、谐振增压作用

进气谐振增压能提高发动机的进气效率。进气谐振增压是利用上一缸活塞进气行程下行产生的吸力，使进气管内的新鲜气体有了动能，然后此动能被转化成下一缸活塞进气门打开时推动气体流入的气缸的另一个动力，该动能可用来压缩新鲜充量，通常称为谐振控制进气系统或声学控制系统（Acoustic Control Induction System，AC2S）。

二、谐振增压结构

谐振增压系统是使用短通道，将有相同点火间隔的气缸组与谐振腔相连，然后谐振腔经过谐振管与大容积充气室相连。

在谐振增压系统中，为了充分利用进气管内脉冲能量产生的气体动能，又使各缸进气互不干扰，进气管通常采用分支方案。分支的原则是一根进气管所连各缸进气歧管必须不相重叠（或重叠很小）。

1. 直列 6 缸发动机

发动机的进气理论行程为 180° 曲轴转角，实际上进气门要早开和晚关，进气角度实际的曲轴转角大约在 240°，而 6 缸发动机实际进气间隔角才 120°，即每时每刻都是两个气缸同时进气，这样两个气缸进气都不会充足。

设计上，若采用两根进气管，如图 7-27 所示，一根进气管所连接气缸的数目不宜超过三个，同时应该使点火顺序相邻的各缸进气相互错开，如发火次序为 1—5—3—6—2—4 的 6 缸发动机，可采用 1、2、3 缸及 4、5、6 缸各连一根进气管。阀门在大节气门开度和低发动机转速时关闭，1 缸进气未结束时，5 缸也进气，但互不冲突，各缸进气更充分。

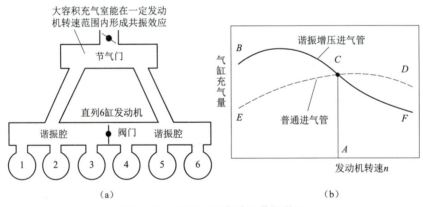

图 7-27　直列 6 缸发动机谐振增压
(a) 结构形式；(b) 空气输入曲线

工作原理如下。

(1) 发动机转速低时，ACIS 阀门关闭，此时 1、2、3 缸的进气间隔角变为 240°，4、5、6 缸的进气间隔角也变为 240°，气缸充气量符合 BC 曲线，相对普通进气管各缸进气量增多。

(2) 高发动机转速时，ACIS 阀门打开相当于普通进气管，进气间隔角恢复为 120°，进气量符合 CD 曲线，阻止发动机转速超过 A 转速时造成的充气量下降。

2. V 型 6 缸发动机

V 型 6 缸发动机通常将左列和右列的气缸分开，中间采用 ACIS 阀来控制实现谐波增压，结构如图 7-28 和图 7-29 所示。

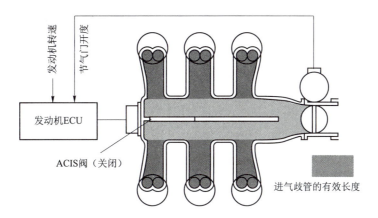

图 7-28 ACIS 阀关闭

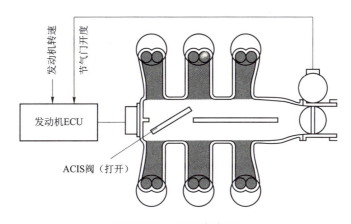

图 7-29 ACIS 阀打开

三、谐振增压控制策略

发动机谐振增压控制时，谐振增压进气管和普通进气管的切换时刻根据发动机转速和节气门开度控制。例如，某 V 型 6 缸发动机使用 ACIS 阀控制的示意图如图 7-30 所示。

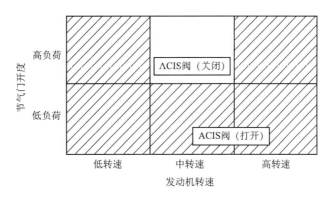

图 7-30 某 V 型 6 缸发动机 ACIS 阀控制的示意图

第四节 大众涡轮增压系统控制

一、涡轮增压简介

1. 涡轮增压

所谓增压,就是利用增压器压缩经滤清器进来的新鲜空气,增加其密度,使进入气缸的实际空气量比自然吸气发动机的空气量多,达到增加发动机功率、改善燃料经济性和排放性能的目的。

废气涡轮增压是利用从发动机排气管排出的具有压力和较高温度的废气驱动涡轮机旋转,与涡轮同轴相连的泵轮便被带动旋转,将吸入的新鲜空气进行压缩后再进入发动机气缸内,从而在气缸内体积不变,达到增加缸内实际空气量目的。涡轮机和泵轮这一套系统称为增压器。

2. 增压效益

在我国西北和西南有大面积的高原与山区,这些地区海拔高而空气稀薄,汽油机车辆在该地区行驶时,由于空气密度下降致使发动机功率严重下降,故采用增压汽油机增加进气量,恢复汽油机功率是非常必要的。

过去由于汽油机存在着增压后爆燃倾向增大、热负荷增高,且增压系统较复杂等困难,限制了涡轮增压在汽油机上的应用。近年来由于汽油机广泛采用电控喷射系统,以往化油器式发动机增压后混合气不易调节控制的问题随之解决,增压发动机易产生爆燃的问题也可以通过电脑控制点火时间与增压压力得到抑制,使增压汽油机在汽车上得到广泛的应用。

汽油机在低负荷区工作时,燃料消耗率增加较快、费油,提高发动机负荷率和采用汽油喷射系统是提高燃料经济性的有效途径。

涡轮增压发动机在低转速时具有较低的燃料消耗率,这对汽车来说,发动机的低速耗油率性能对提高汽车行驶时的燃料经济性是很重要的。不仅如此,排放性能也有所改善,在小负荷范围内,改善排放不明显,但在接近于全负荷工作区,由于增压机的压缩比较低,故可进一步减少 NO_x 的排放。

发动机进行涡轮增压匹配试验表明,采用涡轮增压不仅使汽油机的最大功率和最大转矩有较大的提高,燃料经济性也有明显改善,增压后耗油率降低了30%左右。

二、发动机改进

汽油机采用增压技术后,其机械负荷和热负荷均会增加。为保证增压汽油机能可靠耐久地工作,必须对这种增压机型在主要热力参数的选取、结构设计、材料和工艺等方面采取一些措施。

1. 降低压缩比

为了降低爆发压力,在增压汽油机上可适当降低压缩比,但也不能降得过低,否则终了压力不够反而会造成冷起动困难。

2. 供油系统

汽油机采用增压后，每循环进气量增多，所以要求增加每循环的供油量。

3. 改变配气相位

为了提高汽油机的扫气（借助于进、排气门之间的压力差，用新进空气驱赶废气排出气缸）能力，清除燃烧室废气，提高充气效率及降低热负荷，增压汽油机一般采用较大的气门叠开角。

4. 设置分支排气管

在脉冲增压系统中，为了充分利用脉冲能量，使各缸排气互不干扰，排气管通常也要如进气管一样采用分支方案。

分支的原则是一根排气管所连各缸排气歧管必须不相重叠（或重叠很小）。例如，一般四冲程汽油机排气脉冲延续时间为240°曲轴转角，这时一根排气管所连接气缸的数目不宜超过三个，同时应使相邻发火的各缸排气相互错开，如发火次序为 1—5—3—6—2—4 的 6 缸机，可采用 1、2、3 缸及 4、5、6 缸各连一根排气管。

5. 冷却增压空气

空气经过增压后，温度也随之升高，如果直接进入气缸，就会使进气密度减小，直接影响功率的增加。将增压器出口的增压空气加以冷却，可提高充气密度，从而提高充气效率。若增压压力不高，也可不必使用中间冷却。此外，还可降低压缩始点的温度和整个循环的平均温度，从而降低热负荷和排气温度。

汽油机采用增压技术后，可使功率提高、耗油率和噪声降低，有利于解决燃料燃烧不完全等问题，排放性能得到改善。

三、两种废气涡轮增压结构

按控制装置的结构形式分类，涡轮增压器可分为旁通阀门式涡轮增压器和可调整叶片式涡轮增压器。

1. 旁通阀门式涡轮增压器

图 7-31 所示为常用旁通阀门式涡轮增压器，旁通阀门式涡轮增压器由电脑控制电磁阀切换大气和高压空气进入气动装置的无弹簧端。

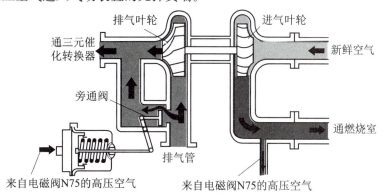

图 7-31　常用旁通阀门式涡轮增压器

汽车上坡或重载时，节气门开度较大，发动机转速却较低，此时排气管排出废气的运动速度较低，泵轮转速低，增压效果不好。为了提供足够的转矩，涡轮增压器蜗壳内的旁通控制阀必须使增压器在排气管排出废气量和运动速度较低时，控制所有排气冲击泵轮，增压器内泵轮也能以高转速运转，发挥出高效率。另外，为了防止发动机在高转速时，涡轮增压器在较高排气量和排气速度的条件下发动机排气不畅和增压压力过高，涡轮增压器蜗壳内的旁通控制阀必须让一部分气流绕过涡轮直接进入下游排气管。

在涡轮增压系统中，气动控制装置内的弹簧用于关闭旁通阀，从 N75 过来的增压后的空气用于开启旁通阀，降低增压压力。传统非电控涡轮增压系统把泵轮泵过来的高压空气直通气动控制装置无弹簧端，即增压压力高时打开旁通阀降压。电控的涡轮增压系统中，在电脑控制下，控制电磁阀 N75 让增压后的空气进入气动调节装置，打开旁通阀。

2. 可调整叶片式涡轮增压器

图 7-32 所示为可调整叶片式涡轮增压器。可调整叶片式涡轮增压器的基本工作原理：ECU 根据发动机负荷确定的增压压力控制电磁阀的占空比信号，从而控制叶片角度或旁通阀开度。

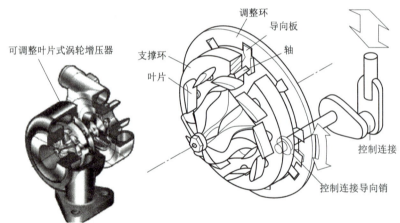

图 7-32　可调整叶片式涡轮增压器（例如奥迪 200 1.8 T）

图 7-33 所示为可调整叶片式涡轮增压器的增压调节原理。气动调节器控制连接杆，连接杆控制导向销，导向销控制调整环逆时针转动，叶片角度增大。

微课 14　涡轮增压系统

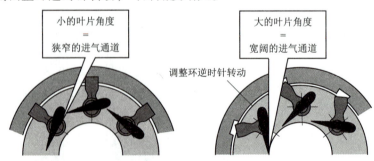

图 7-33　可调整叶片式涡轮增压器的增压调节原理

为了使控制增压压力精确，必须将增压压力作为反馈信号。此功能由一个测量范围达到 250 kPa（2 500 mbar）的增压压力传感器实现。传感器可以装在中冷器上，也可以装在节气门体上。

四、涡轮增压控制

发动机处于不同负荷，电脑有不同负荷的增压压力。空气流量是发动机的负荷信号，它可以是进气压力传感器，也可以是空气流量计。当空气流量由进气压力传感器计量时，负荷即为压力传感器信号，和增压压力传感器为同一个传感器。当空气流量由空气流量计计量时，负荷由空气流量计确定。

空气流量信号失效后可以用发动机转速和节气门转角确定负荷，作为替代信号，所以实际中也可以用发动机转速和节气门转角确定设置点，储存在电脑中。

图7-34所示为大众涡轮增压系统工作原理，分为增压控制和超速切断控制。

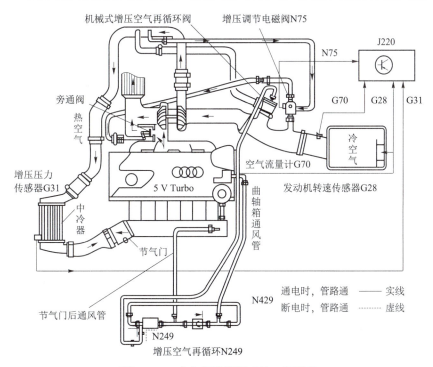

图7-34 大众涡轮增压系统工作原理

1. 增压控制

电脑根据空气流量计G70信号和发动机转速传感器G28信号，通过电脑J220输出脉宽可变的占空比信号，并将这个信号作用到增压调节电磁阀N75，增压调节电磁阀N75调整旁通阀门的有效开度，控制冲击泵轮的废气量，从而控制泵轮转速，最终控制增压压力。增压压力传感器G31反馈监测到的进气压力值，使其与电脑内要控制的压力相一致。

2. 超速切断控制

车辆大负荷行驶，突然松开加速踏板，节气门迅速关闭，而涡轮转速仍然较高，若不加以控制，增压空气继续流向节气门，可能造成节气门电动机堵转导致的损坏。为防止节气门损坏，发动机控制单元将N249打开，接通空气再循环阀的真空回路，使空气再循环阀打开，增压气体在回路中形成局部循环，避免增压空气冲击节气门。

[技师指导] 节气门开度处于应急开度时电动机不通电。在大负荷时节气门开度为正向,节气门电动机电流也为正向。松加速踏板后,加速踏板位置传感器识别为急速,电脑控制节气门电动机断电,节气门在回位弹簧的作用下回到应急位置,此时转速大于 1 500 r/min,电脑的急速目标转速为 840 r/min,所以电脑控制电动机电流反向,使节气门开度小于应急开度,此时高压空气会阻止电机关闭节气门,造成电动机堵转烧毁,所以必须对 N249 加以控制。

图 7-35 所示为增压调节电磁阀 N75 结构,当电磁阀 N75 断电时,空气通往调节器的旁通阀。通电时,高压空气通往调节器的旁通阀将旁通阀打开,以降低涡轮转速。

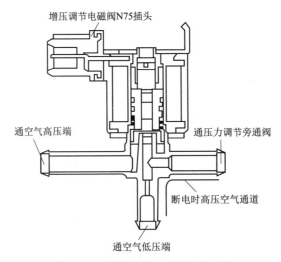

图 7-35 增压调节电磁阀 N75 结构

涡轮增压发动机使用与爆燃控制相配合的增压压力控制。在发动机整个使用寿命期内,要使发动机在最大可能的点火提前角下工作,发挥最大动力,且不损坏发动机,爆燃控制是唯一的办法。对于爆燃首先的反应是减小点火提前角。一旦点火角在标准点火角上推迟 15°(该极限根据废气的温度而改变),即减小了 15°点火角,到达点火角推迟极限,若仍然爆燃,为进一步减少爆燃,则应降低增压压力。

五、废气涡轮增压系统的检查

(一)检查废气涡轮增压系统的条件

(1)发动机系统无故障。
(2)进气及排气无泄漏。
(3)发动机温度高于 80 ℃。
(4)增压压力传感器 G31 正常。

(二)检查 G31 是否正常

拔下进气歧管与燃油压力调节器之间的连接软管,将它接到数字压力测示仪 V. A. G1397/A 的 T 型管上,图 7-36 所示为进气压力的测量,如果实测压力和数据流显示压力相差过大,说明进气压力传感器 G31 有故障,则更换进气压力传感器。没故障时读取数据流。

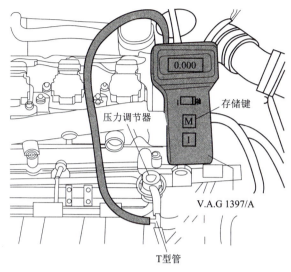

图 7-36 进气压力的测量

(三) 读取数据流

进入发动机系统,08—读取数据流。

1. 显示组 114

Read measuring value block	114		
10—150%	10—150%	10—150%	0—100%

显示区 1:由加速踏板位置传感器确定的特性曲线值。

显示区 2:由爆燃控制、海拔高度自适应确定的发动机负荷。

显示区 3:由增压压力调节到的规定负荷。

显示区 4:增压压力电磁阀占空比。

2. 显示组 115

Read measuring value block	115		
640—6800 r/min	10—150%	990—2200 mbar	MAX. 2200 mbar

显示区 1:发动机转速。

显示区 2:由增压压力调节到的规定负荷。

显示区 3:理论增压压力。

显示区 4:实际增压压力。

实际值与显示区 3 中理论值进行对比,允许偏差最大为 100 mbar。如果,增压压力过高或过低,则检查增压压力限制电磁阀 N75、气动控制装置工作是否顺畅,最后增压压力单元。

以 2 挡从 2 000 r/min 开始全负荷加速，达到 3 000 r/min 时按下数字压力测试仪 V. A. G1397/A 上存储键 M，此时绝对压力正常值为 1.5 ~ 1.65 bar。若用日常生活中的普通压力表测量，则注意普通表为相对压力表，读数应为 0.5 ~ 0.65 bar。如果超出检查增压压力调整电磁阀 N75，则电磁阀电阻为 25 ~ 35 Ω。

（四）机械部件检查

1. 检查增压压力调节执行机构

发动机机油温度不低于 60 ℃，进、排气无泄漏。拔下 N75 插头，起动发动机，突然加速到最高转速，增压压力调节阀的调节杆应运动。如果调节杆没有动，检查摇臂是否运动自如，如果卡滞，则更换涡轮增压器；如果摇臂运动自如，但调节杆不动，则更换涡轮增压器。图 7 - 37 所示为检查增压压力调节执行机构。

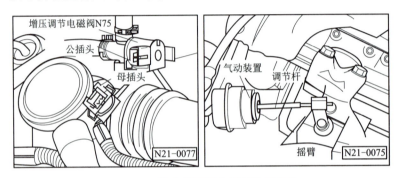

图 7 - 37　检查增压压力调节执行机构

N75 电磁阀损坏或更换后未做基本设定，发动机加速不良。节气门开度变化时，旁通阀的气动调节机构应动作平顺。

[技师指导] 修理人员一定要熟悉爆燃的声音。找一台汽油发动机，把加速踏板猛踩到底时听到的"哗哗"或"哇哇"声即为爆燃声（柴油车上坡时的声音）。电喷发动机有爆燃传感器，最大可推迟点火角为 15°，点火角推迟到最大后，正常不可能再爆燃，一旦爆燃则可能使增压压力不可控，导致压力增高。G31 把实际压力信号给电脑，电脑比较标准增压值发现超过公差范围时，即超了 100 mbar，上故障码，查询发动机控制单元有故障存储为"增压超过公差范围"。

增压压力过高，发生爆燃，根据经验，压力传感器 G31 不易出故障，多为增压压力限制电磁阀 N75 与增压器气动调节器相连的高压气管断裂，将断裂的真空管重新接好后，故障即可排除。

[技师指导] 增压压力限制电磁阀 N75 与增压器气动调节器相连的真空管断裂，导致 N75 失去调节作用，电脑控制失效，从而使增压压力传感器 G31 监测到较高的压力，将该信号传递给发动机控制单元，控制单元产生上述故障记忆。

2. 空气再循环阀 N249 检查

涡轮增压器空气再循环阀 N249 电阻规定值为 21 ~ 30 Ω，进行 03 执行元件自诊断，触发 N249 工作是否正常。

3. 超速切断阀检查

超速切断阀位于增压器前部，该阀在超速及怠速时由真空作用打开。图 7-38 所示为检查超速切断阀。

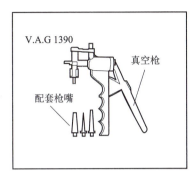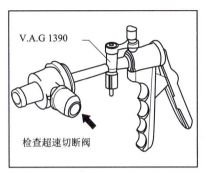

图 7-38　检查超速切断阀

将手动真空泵 V.A.G1390 连接到超速切断阀上的真空接头上，操纵手动真空泵，超速切断阀两管应打开相通。操纵手动真空泵的通气阀，使超速切断阀从真空切换为通大气，超速切断阀两管应不通。

六、涡轮增压系统常见故障

排除涡轮增压系统的故障时要仔细区分是涡轮增压系统故障，还是发动机其他系统故障。节气门体有故障时会产生和增压系统一样的故障现象，要通过做基本设定来解决。发动机动力不足时，仔细检查进气系统是否有堵塞和漏气的地方，多数情况为堵塞和漏气引起。

（一）增压器漏油故障的表现

漏油是增压器最常见的故障，表现为从泵轮端口或涡轮端口漏出机油，导致排气管冒出大量蓝色烟雾，使汽油机动力下降，拔机油尺可明显看见油位下降。

（二）增压器漏油故障的原因分析

发动机运转时，增压器的转速高达 10 万 r/min 以上，并且温度很高，因此增压器必须处于完全的流体摩擦的润滑条件下。如果这个条件不能满足，增压器轴、浮动轴承、中间壳的承孔就会出现干摩擦。干摩擦产生的高热量会使增压器轴、浮动轴承、中间壳三者之间发生磨损、烧蓝，使增压器两端的金属密封环磨损失效，从而引起漏油。机油压力不足、流通量不够或排气过高温是导致增压器漏油的直接原因。图 7-39 所示为增压器漏油位置。

增压器的回油管变形、阻塞或曲轴箱内气压太高，造成回油不畅，会使增压器中间壳体内的机油压力增大，从而造成机油从增压器两端有一定开口间隙的密封环处漏出。空气滤芯堵塞会造成进气管真空度增大，导致机油从密封处主动漏进进气管。

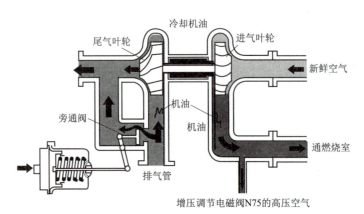

图 7-39 增压器漏油位置

(三) 预防故障应采取的措施

1. 熄火前怠速运转降温

正确使用涡轮增压器,应保持起车和收车各 3 min 以上怠速运转。增压发动机起动后,应首先怠速运转 3~5 min,让机油充分润滑增压器后再挂挡投入运行。如在冬季,这个怠速运转预热的时间还可适当加长。在发动机高速运转中,不能突然熄火。收车时,应先收加速踏板,以使增压器有足够的时间降低转速,此时仍有足够的机油进行润滑从而带走热量,怠速运转 3 min 后,增压器的温度已降低,此时再熄火。

但实际车主这样操作的很少,所以近几年在增加器上设计了冷却液水道,辅助机油散热,并采用电动冷却液循环泵在发动机熄火后再工作一段时间,来使增加器降温。

2. 发动机润滑系统的定期维护

发动机应定期更换机油和机油滤清器。若在增压器进油管路中也设有机油滤清器,要与"三滤"(汽油滤芯、机油滤芯、空气滤芯) 一并更换。

对于有漏油、烧损故障的增压器,整体更换的处理措施是必要的,但是一定要弄清引发故障的最初原因,否则可能一年更换几个增压器。

3. 叶片损伤

防止异物进入进、排气道给泵轮叶轮或涡轮带来致命的损伤。

七、与涡轮增压系统易混故障

1. 空气滤清器堵塞

空气滤清器堵塞后,怠速基本正常,加速加不上,发动机随加油转速反而下降,甚至熄火,检测仪检测显示为空燃比超限。

2. 空气流量计后漏气

空气流量计后漏气,只能怠速运转,加不上速,且加速时放炮。

3. 废气再循环阀卡滞

废气再循环阀卡滞开启,发动机功率不足。

第八章

排放控制系统

工作人员从奥迪发动机系统诊断到油箱密封故障,故障件有三个,分别是油箱加注盖、活性碳罐及其管路、油箱本身。

如果你是接车的修理技术人员,应如何找出这是上述故障件中的哪一个,修理方案应如何制定。

- 能说出曲轴箱通风作用和原理。
- 能说排气再循环作用和原理。
- 能说二次空气喷射作用和原理。
- 能说出油箱密封检查的作用和原理。

- 能够清洗曲轴箱通风管路,并对管路进行检漏。
- 能够检查活性碳罐管路及碳罐电磁阀工作情况。
- 能够在发现油箱密封性不足的情况下,用发烟设备检查油箱的密封性。

第一节 排放控制技术

一、汽车公害

汽车的公害主要包括以下三个方面。

1. 排污对大气的污染

在大气污染中,汽车排放所造成的污染占有相当比重。据有关资料介绍,大气中所含 CO 的 75%、HC 和 NO_x 的 50% 来源于汽车的排放。排气污染的影响在于排污的危害最大,而且排气净化问题已成为当前汽车工业发展中起决定性作用的因素之一,因此排放控制主要就是排污控制。

2. 电波干扰

汽车的电气设备对无线电广播及电视的电波会产生干扰,但只是局部问题。

3. 噪声对环境污染

噪声对环境污染如发动机燃烧噪声、轮胎与地面的各种接触声音。

除了公害以外,还有车位占地产生资源不公平和交通事故等。

二、汽车排污的来源

汽油是多种碳氢化合物的混合物。在发动机气缸内,汽油和空气混合并燃烧,大部分生成 CO_2 和 H_2O。依据燃烧条件,也有一部分由于不完全燃烧而生成 CO 和 HC 化合物。此外当燃烧温度很高时,空气中的氮与未燃的氧起反应,生成 NO_x。其中 CO、HC 和 NO_x 气体对人类与环境都会造成很大的危害。

汽车排污的来源有以下三方面。

1. 从排气管排出的废气

从排气管排出的废气主要成分是 CO、HC、NO_x,其他还有 SO_2、铅化合物和炭烟等。

2. 曲轴箱窜气

曲轴箱窜气,即从活塞与气缸之间的间隙漏出,再自曲轴箱经通气管排出的燃烧气体,其主要成分是 HC。

3. 挥发的汽油蒸气

从油箱盖挥发、油泵接头挥发、油泵与油箱的连接处挥发出的汽油蒸气,成分是 HC。汽油车排放源的有害气体相对排放量如图 8-1 所示。

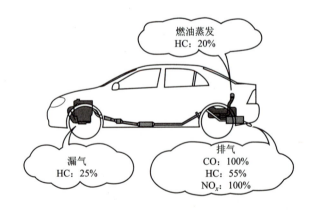

图 8-1 汽油车排放源的有害气体相对排放量

汽油排污的成分中,CO、HC 和 NO_x 是主要的污染物质,因此,目前汽车的排污标准和净化措施也旨在降低这三种成分的含量,为此在汽车上增设了相关的装置。

三、有害物处理办法

所有法规控制的污染物都是由于燃料本身的特性和燃烧过程所产生的，已经确定的污染物来源有三个方面：蒸发污染、曲轴箱污染和尾气排放污染。

上述三个污染源都产生 HC 污染，曲轴箱污染和尾气排放污染中还包括 CO 和 NO_x 排放，在设计中分别采用不同的技术控制这些排放污染。

本章所描述的控制系统总体可分为两大类。

1. 燃烧前处理

燃烧前处理是控制有害污染物生成的系统，也是排放控制优先采用的方法。因为在污染物生成之前就进行控制，比在它生成之后再进行控制更有效果，这些方法和设施总称燃烧前处理控制。

2. 燃烧后处理

燃烧后处理是在污染物生成之后减少它的排放水平，被称为燃烧后处理控制。

图 8-2 所示为发动机燃烧前处理和燃烧后处理措施。表 8-1 列出了主要的排放控制系统，并将它们分为燃烧前处理和燃烧后处理两组，表中还列出利用这些方法控制的污染物质。

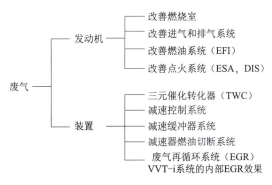

图 8-2 发动机燃烧前处理和燃烧后处理措施

表 8-1 排放控制系统的分类

系统	分类	控制的污染物
发动机设计/运行	燃烧前处理	HC、CO、NO_x
计算机控制	燃烧前处理	HC、CO、NO_x
点火控制	燃烧前处理	HC、CO、NO_x
废气再循环	燃烧前处理	NO_x
蒸发控制	燃烧前处理	HC
空气喷射	燃烧后处理	HC、CO
催化转化器	燃烧后处理	HC、CO、NO_x

四、燃烧前处理控制

燃烧前处理控制包括燃料配比、发动机结构设计、发动机运行、燃油控制、点火控制、废气再循环以及蒸发控制。

（一）燃烧前处理控制技术

与污染物生成之后再对其进行控制相比，发动机内控制污染物的生成更加有效，因而改进发动机设计是汽车污染控制的最有效的措施。良好的发动机设计能够降低附加设备和后处理方法的要求。

20 世纪 70 年代，工程师为了满足排放法规要求，采用了大量设施和技术。

20 世纪 80 年代，工程师重新设计了全新性能的发动机，发动机结构设计和运行目的是同时获得良好的排放水平与发动机性能。

（二）全新的发动机结构设计

1. 发动机进气管设计

通过进气管设计和使用燃料喷射技术能实现获取燃料的均匀性。

2. 燃烧室设计

燃烧室设计得使火焰传播速度更快。

3. 燃料喷射

由于燃料喷射的均匀性，故减少了 CO 排放。

4. 计算机控制的技术进步

1）CO 排放控制

计算机控制的技术进步使新开发的发动机能够同时获得良好的发动机性能和较低的排放水平。例如，通过对燃料系统的控制来减少喷油量，且可以减少 CO 排放，因为它降低了燃料部分燃烧的概率。

2）HC 和 NO_x 排放控制

在发动机正常运行工况下，混合气能够提供足够的空气，保证燃料的完全氧化生成 CO_2。对冷发动机进行进气加热可以改善燃料的蒸发性能，增加点火提前角可以有更多的时间实现完全燃烧。但是这导致了 HC 排放量的上升，同时也增加了燃烧温度，导致 NO_x 排放的增加。

NO_x 产生于燃烧室的高温。稀混合气和点火提前角较大可使燃烧室温度升高，此时产生高的输出功率和低的燃油消耗率，通过对燃料的控制和略微推迟点火能够降低燃烧的温度。使用废气再循环技术，利用废气稀释新鲜混合气也可达到同样的目的。

以上内容很多已经讲过，本章针对二次空气喷射控制、油箱蒸发物控制、废气再循环控制、曲轴箱强制通风系统加以说明。

第二节　二次空气喷射控制

随着新的排放标准的不断出台，对汽车排放的要求日益严格。2000 年出台的欧洲Ⅲ号标准和2005 年实施的欧洲Ⅳ号标准，除各项排放指标都比欧洲Ⅰ号、Ⅱ号标准有所提高外，检测方法也有所改变，过去的检测是在热起动情况下进行的，而且可以经过40 s后再检验，而现在则改为在冷起动状态下直接进行检验。在冷起动状态下，发动机要求极浓的混合气以利于起动，但这一阶段因为混合气不能充分燃烧，所以废气中所含 CO 和 HC 的比例较高，如不采取措施，这一过程中将造成大量的排放污染，这就要求发动机在冷起动后的排放必须达到一个新的标准，否则不会通过如此严格的检验。二次空气系统主要就是在这一阶段工作。

一、二次空气系统喷射作用

二次空气供给装置是降低尾气排放的机外净化装置之一。一方面，可以降低冷起动阶段有害物质的排放；另一方面再次燃烧产出的热量可以使三元催化反应器很快达到所需的工作温度，大大缩短了催化反应器的起动时间，极大地改善了冷起动阶段的排气质量。

在冷车起动后将一定量的空气引入到排气管中，使废气中的 CO 和 HC 进一步燃烧，以减少 CO 和 HC 的排放，这是减少污染物排放最早的使用方法。

二、二次空气系统喷射两例

二次空气系统的控制实质是向废气中吹入额外的空气，以增加氧含量，使废气因未充分燃烧而产生的 CO 和 HC 在排气的高温下再次燃烧，生成 CO_2 和 H_2O，达到排气净化的目的。

在采用催化反应器技术以后，这一方法仍然使用。在对汽车排放要求越来越严格的今天，二次空气供给这种净化方式的作用越来越重要，整个装置的结构也越来越完善，已逐渐发展成为二次空气系统。

(一) 奥迪 A6 二次空气系统

奥迪 A6 的部分车型装有二次空气系统，现以该车型的二次空气系统为例，说明系统的组成及工作过程。奥迪 A6 二次空气系统组成和工作原理如图 8-3 所示。

二次空气系统工作原理：在冷起动阶段，发动机控制单元 J220 控制二次空气泵继电器，从而驱动二次空气泵电机工作，新鲜空气被加压于二次空气组合阀等待。控制单元 J220 再控制二次空气进气阀（实质是个真空电磁阀）将两个二次空气进气组合阀膜片上部抽成真空，两个二次空气进气组合阀打开，将新鲜空气引到到左、右两侧的排气管中与未燃的 HC 发生再次燃烧生成 CO 和 H_2O，从而达到机外净化的目的。

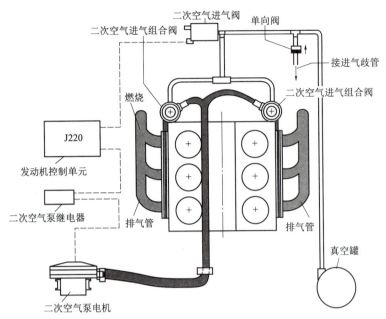

图8-3 奥迪A6汽车二次空气系统组成和工作原理

由此可见,二次空气系统并不是一直在工作,而是由发动机控制单元J220根据发动机的水温进行控制,即只在部分时间内起作用。发动机冷起动时工作时间约100 s,而热起动工作时间约10 s。二次空气系统工作时,三元催化器前的氧传感器因排气中氧含量高,氧传感器电压输出低,通过此数据可看出系统是否工作。

(二)宝来二次空气系统

宝来的部分车型装有二次空气系统,图8-4所示为宝来二次空气系统空气喷射阀位置。

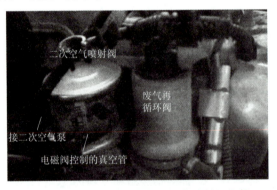

图8-4 宝来二次空气系统空气喷射阀位置

1. 二次空气进气组合阀

如图8-5所示的二次空气进气组合阀为真空开启式。

二次空气进气组合阀的另外一种设计也可以通过二次空气泵产生的压力来打开或关闭组合阀,此时组合阀上的真空管要取消,组合阀上部的大气孔堵死,同时膜片下通大气,用大气和废气的压力关闭组合阀,当近控制系统要进行向排气系统供气时,二次空气泵工作产生的压力打开组合阀阀门。

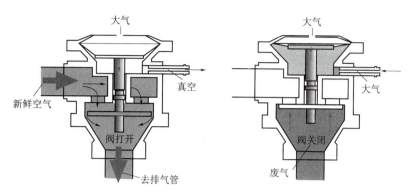

图 8-5 二次空气进气组合阀

2. 工作原理

如图 8-6 所示,当发动机控制单元 J220 发出指令,控制二次空气泵继电器 J229 动作后,二次空气泵电机 V101 就被起动,空气经二次空气泵加压后到达空气进气组合阀;同时,控制单元 J220 控制真空电磁阀 N112,使与其相连的真空作用到二次空气进气组合阀上,进气组合阀在真空的作用下开启,便将气泵送来的二次空气吹入到气缸盖的排气通道中。

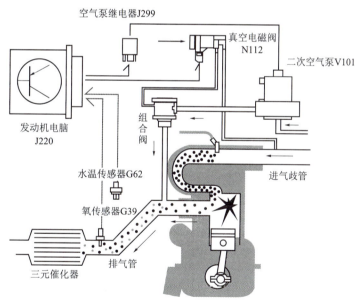

图 8-6 宝来汽车二次空气喷射原理图

第三节 油箱蒸发物控制

油箱蒸发物控制:一是控制油箱蒸发出的燃油蒸气进入发动机燃烧,也称活性碳罐蒸发控制;二是监测油箱盖是否有燃油蒸气溢出,或者说油箱是否有漏的地方,也称油箱泄漏检测控制。

一、活性碳罐蒸发控制

(一) 活性碳罐蒸发控制作用

油箱中的燃油因外部空气和排气管的热辐射变热,加之从系统回油管流回的过量燃油,在流过发动机零部件时,这些部件已被热的发动机机辐射加热,导致燃油箱中的燃油变热挥发。这就产生了排放物,它主要来自燃油箱的燃油蒸气。

蒸发物排放受环保法规的限制。该法规要求安装蒸发物排放控制系统,该系统配备有安装在油箱通风管末端的活性炭滤清器(活性碳罐)。活性炭滤清器中的活性炭吸附燃油蒸气,为了使活性碳罐在饱和后具有再生功能,在发动机运行时进气管中产生真空,将这股新鲜空气和汽油蒸气经过碳罐吸进进气管。这股空气流吸收了储存在活性炭中的燃油蒸气,并把它们带到发动机中以供燃烧。

(二) 活性碳罐蒸发控制工作原理

为了使空燃比控制更精确和利于自诊断,在与进气管相通的导管上安装碳罐电磁阀,计量这股再生"清洁气流"。

清洁气流必定是不知道成分的油气混合物,因为它含有新鲜空气,也含有从活性碳罐中吸收的一定浓度的燃油蒸气。因此对于空燃比闭环控制系统,清洁气流是主要的干扰因素。相当于进气总量的1%,且主要是由新鲜空气组成的清洁气流,将会使全部进气混合气稀释1%;另外,清洁气流含有较多的汽油成分时,也可使混合气加浓30%,即活性碳罐的燃油成分会对空燃比产生1%~30%的影响。

图8-7所示为蒸发物排放控制系统。

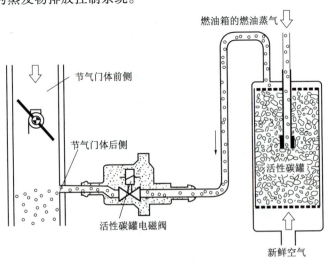

图8-7 蒸发物排放控制系统

（三）活性碳罐蒸发控制条件

活性碳罐电磁阀在保持空燃比偏移量最小的同时，确保活性碳罐有足够的通气量，才能保证活性炭的吸附能力不下降。

急速时进气歧管有最大的真空度，此时是活性碳罐电磁阀打开的最好时机，其他工况打开，由于进气歧管没有最大的真空度，活性碳罐电磁阀打开也没有实际意义。

在急速阶段，当氧传感器的空燃比反馈控制系统未工作时，只有极少的清洁气流能进入进气系统或根本不进入进气系统，因为即使氧传感器的信号进入电脑，某些工况电脑也不进行反馈调节，系统也没有能够补偿清洁气流引起的混合气浓度偏移量的程序，所以 ECU 为了让此时的混合气不受来自油箱的气流干扰，活性碳罐电磁阀在此时间段中关闭。例如，起动和急速的某些工况，活性碳罐电磁阀关闭。

另外，为防止未燃烧的燃油蒸气进入催化转化器，一旦节气门全闭时，活性碳罐电磁阀就立即断电关闭，以响应供油中断。

在热车时，急速和部分负荷节气门后有真空吸力，且空燃比反馈控制起作用，此时是活性碳罐电磁阀打开的最好时刻。

清洁气流吸收一定的气态"燃油蒸气"（"燃油负荷"），燃油负荷的大小由来自先前的再生循环数据（电脑内时间记数器记录上一次活性碳罐电磁阀打开到现在积累的时间）来确定在刚接通清洁气流时的占空比。系统选择最合适工况，由 ECU 发出占空比信号，以一定开度打开电磁阀。与此同时，控制系统减小喷油持续时间，以补偿清洁气流中的预期燃油含量，防止混合气过浓。

由于混合气调整功能是一个氧传感器的独立处理过程，因此系统可以确认任何由燃油负荷引起的空燃比偏移量，并且能根据初始状态做适当的修正。

（四）活性碳罐蒸发控制数据分析

联系以上内容，分析大众发动机的油箱蒸发物排放控制系统数据。

显示组 010（油箱通风）；

Read measuring value block	10		
0—99%	0.3—1.2	-3.0— +3.2	0.00—0.30

显示区1：活性碳罐电磁阀的占空比。

显示区2：油箱通风的空燃比校正系数。

显示区3：活性碳罐的充满程度，-3.0 时活性碳罐中无燃油蒸气，+3.2 时活性碳罐中充满燃油蒸气。

显示区4：活性罐过滤系统（AKF）的冲洗程度，数值为 0.00 时表示从 AKF 活性碳罐系统没有吸入混合气，数值为 0.30 时表示吸入空气量的30%来自 AKF 系统。

为了对清洁空气流进行"负荷敏感"控制，2000 年以后的电脑运用了进气管模型的原始参数，这些参数包括进气管的内部压力和温度，这有利于清洁气流的准确计算。系统设计范围为清洁气流所含燃油可占燃油总量的40%。

二、油箱泄漏检测控制

以上讲的是国内大众汽车现阶段的油箱蒸发物排放控制系统，即当前要求只是局限于检查活性碳罐是否处于正常工作状况。

新的油箱蒸发物排放控制系统要求采取措施探测到蒸发排放控制系统中油泵与油箱的接缝，以及油箱盖上任何一点的泄漏情况。

（一）采用真空测试诊断燃油系统泄漏

图8-8所示为采用真空测试诊断燃油系统泄漏的结构。

工作过程：先用一个截止电磁阀中断供给活性碳罐的新鲜空气，从而密封油箱系统；然后使发动机在怠速下运行，打开活性碳罐电磁阀，这样进气管的真空度会扩展到油箱的整个系统。装在油箱内的压力传感器监测到打开活性碳罐电磁阀以后的压力变化，压力变化曲线在指定时间内应下降为进气歧管压力，否则系统可确定存在泄漏。

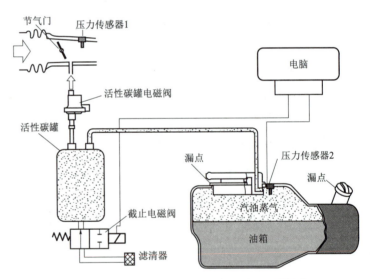

图8-8 采用真空测试诊断燃油系统泄漏的结构

微课15 真空测试诊断燃油系统的泄漏

（二）采用打压法诊断泄漏

图8-9所示为在燃油系统加压测试泄漏系统的结构，这种测试方法不再是用压力传感器监测到的压力值作为测试参数，而是用空气泵的工作电流作为测试参数。

工作过程：先用电动空气泵给燃油箱加压，加压时压力上升后，电动机的运转阻力会使电动机的工作电流加大，即如果燃油箱是个密封系统，因阻力电动机电流在标定时间内就会上升至一个指定值。

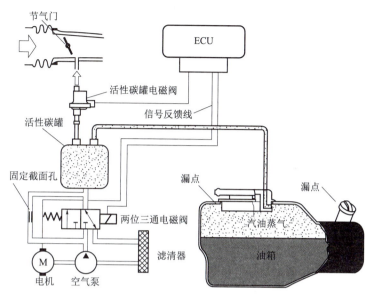

图 8-9　在燃油系统加压测试泄漏系统的结构

根据固定截面的基准孔，汽车行驶中或发动机运行时活性碳罐电磁阀会通过确定的空气流量。

发动机 ECU 控制用二位三通电磁阀将空气泵与活性碳罐接通，得到的电流曲线将指明燃油系统是否存在泄漏，甚至可以根据电流上升到标定值的时间确定泄漏孔的大小。

抽真空和打压是空调系统检测泄漏的测试方法，现已用到了油箱检漏上，其中打压测试要比抽真空测试效果好。

第四节　废气再循环控制

一、废气再循环控制作用

废气再循环（Exhaust Gas Recirculation，EGR）系统是将一部分排气引入进气管与新混合气混合后再进入气缸燃烧，从而降低燃烧温度，是目前用于降低 NO_x 排放的一种有效措施。

二、废气再循环控制基本原理

EGR 系统减少 NO_x 排放的基本原理：排气中主要成分是 CO_2、H_2O、N_2 等，这三种气体的热容量较高。当新混合气和部分排气混合后，热容量也随之增大。在进行相同发热量的燃烧时，混入部分排气，可减缓火焰的传播速度，燃烧温度降低，这样就抑制了 NO_x 的生成。

三、EGR 率

由于采用 EGR 系统,使混合气的着火性能和发动机输出功率下降,因此应选择 NO_x 排放量多的发动机运转范围,进行适量的 EGR 控制。

EGR 的控制指标大多采用 EGR 率表示,其定义如下:

$$EGR 率 = 进入气缸的排气量/进入气缸的气体总量的比值 \times 100\%$$

电子控制的废气再循环系统(Electronic Exhaust Gas Recirculation,EEGR),不仅结构简单,而且可进行较大的 EGR 率(15%~20%)控制。另外,随着 EGR 的增加,燃烧将变得不稳定,缺火严重,油耗上升,HC 的排放量也增加,当燃烧恶化时,可减少 EGR 率,甚至完全停止 EGR。

电脑控制的 EGR 控制系统的主要功能就是选择 NO_x 排放量多的发动机运转范围,进行适量 EGR 控制。

四、开环和闭环控制

1. 开环控制

早期可变 EGR 率废气再循环控制的工作原理是:根据发动机台架试验确定的 EGR 率与发动机转速、进气量等的对应关系,将有关数据存入发动机 ECU 内的 ROM 中。发动机工作时,电脑根据各种传感器送来的发动机转速、进气量等的信号与微机 ROM 中的数据对应上时,输出这个工况下的 EGR 率的指令,控制电磁阀的开度,以调节排气再循环的 EGR 率。

注:早期国内进口日本汽车大多采用这种排气再循环系统。

2. 闭环控制

由前述可知,在开环控制式排气再循环系统中,EGR 率只受微处理机预先设置好的程序控制,不检测发动机各种工况下的 EGR 率,而在闭环控制式排气再循环系统中,电脑以 EGR 率作为反馈信号实现闭环控制。

现在为了保证控制电磁阀的实际开度与电脑内控制的开度一致,并能进行自适应,加装了反馈电磁阀位置的传感器,还有执行器位置反馈信号系统,都可以设计成能自适应的系统,所以也必须有基本设定。

大众宝来 1.8 L 发动机的 EEGR 系统组成和作用。图 8-10 所示为宝来 1.8 L 发动机的 EEGR 系统位置,图 8-11 所示为宝来 1.8 L 发动机的 EEGR 系统组成。

图 8-10 宝来 1.8 L 发动机的 EEGR 系统位置

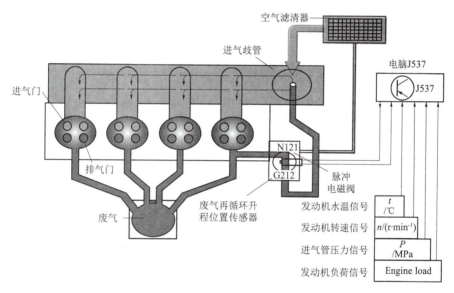

图 8-11 宝来 1.8 L 发动机的 EEGR 系统组成

五、宝来 1.8 L 发动机 EEGR 系统

1. 工作条件

由于电脑控制 EGR 时，选择 NO_x 排放量多的发动机运转范围，进行适量 EGR 控制，所以在下列不利工况应停止废气再循环。

(1) 发动机水温低于 50 ℃时，不应进行废气再循环。
(2) 怠速和小负荷时，NO_x 排放量不高，不进行废气再循环。
(3) 全负荷和急加速时，不应进行废气再循环，以防止损失发动机动力。
(4) 怠速/超速时废气再循环不工作。

NO_x 排放量随负荷增加而增加，电脑控制 EGR 率也应随之增加，废气再循环量的 EGR 率小于 18%。

2. 工作原理

废气再循环电磁阀 N18 和升程传感器 G212 如图 8-12 所示。废气再循环电磁阀 N18 接收发动机控制单元发出的脉冲控制信号，来控制再循环阀的动作，升程传感器 G212 反馈控制阀位置。

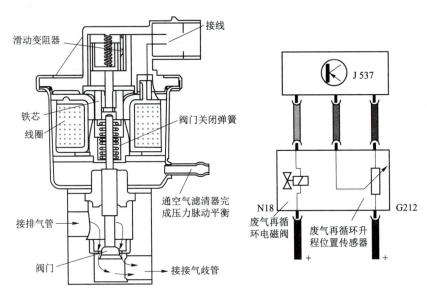

图 8-12 废气再循环电磁阀 N18 和升程传感器 G212

❄ 六、宝来 1.8 L 发动机 EEGR 系统检修

1. 基本设定

废气再循环电磁阀 N18 清洗或更换之后要做基本设定，使之与电脑内存储值相符，否则发动机怠速抖动，出现 G212 故障码。目前大众宝来 1.8 L 发动机的 EEGR 系统，基本设定 01—04—074。

如果 N18 出现故障，则废气再循环系统停止工作。发动机控制单元可以通过监测进气管压力监测到相应的故障信息。

如果废气再循环阀出现故障，因为它是机械阀，无故障记忆，故只能通过常规方法检查。

2. 数据流分析

宝来 1.8 L 发动机废气再循环阀系统的数据可以进入发动机控制单元，01-08-076 读取数据块，为保证能看到 EEGR 系统工作，发动机应以中小负荷运转。

读取数值块 76			
发动机转速	发动机负荷	EGR 电位计 G212 信号	EGR 率

七、EGR 系统自诊断

因为废气再循环可以减少废气中氮氧化物的浓度，所以必须监测该系统是否运行正常。开启 EGR 阀引入部分废气返回进气管，由于残余废气进入进气管，进入气缸，所以首先影响进气管的真空度，然后影响燃烧过程。根据这种特性，诊断 EGR 系统有以下两种方法。

1. 歧管压力传感器诊断

在节气门部分开度时短暂地关闭 EGR 阀，EGR 阀的关闭改变了进气管的真空度。这个变化由进气管压力传感器来监测，并且它的大小就是 EGR 系统工作状况的标记。此种方式较为多用。

2. 基于怠速稳定性的诊断

这种方式运用于没有热膜式空气质量流量计或没有进气管压力传感器的系统中。怠速时，电脑控制 EGR 阀稍微开启，残余气体的增加导致发动机运行状况恶化，可以通过监测系统中产生的运行恶化工况来诊断 EGR 系统工作是否正常。怠速自诊断测试中能使废气再循环正常工作，实际工作工况也能正常，此种方式较为少用。

废气再循环系统在大众汽油车上目前（2007 年）仅宝来 1.8 L 装有，其他车型采用了机内净化措施。

第五节　曲轴箱强制通风系统

现在汽车上采用将窜气引入气缸内燃烧掉的曲轴箱强制通风系统（Positive Crankcase Ventilation System，PCV）。

一、曲轴箱强制通风系统作用

早期从气缸的活塞环窜入曲轴箱的气体和曲轴箱内的润滑油蒸气，是用通风管直接排到大气中去的，这部分气体中含有高浓度的未燃烃、润滑油蒸气、不完全燃烧产物以及不同量的废气成分等。

二、开式和闭式曲轴箱强制通风

曲轴箱强制通风（PCV）有开式和闭式两种。

（一）开式曲轴箱通风

图 8-13（a）所示为开式系统，它是在早先曲轴箱通风的基础上，将曲轴箱和空气滤清器下方的进气管连通，并加装一个 PCV 阀，而将原通风管拆除后形成的。这种系统结构简单、改装方便，不必维修保养，可基本上消除曲轴箱排放。但自通气孔进入曲轴箱的空气未经滤

清,而且当曲轴箱内排放大量增加时多余窜气有从通气孔倒流到大气中去的可能性。

(二)闭式曲轴箱通风

闭式 PCV 系统,如图 8-13(b)所示。将通气孔改接在空气滤清器已滤清的一边,从而避免了开式系统的缺点。新鲜空气先经空气滤清器,然后进入曲轴箱和窜气混合,发动机工作时,利用进气管真空度把 PCV 阀打开,进入气缸进行燃烧。当发动机在高速全负荷工作时,一旦窜气量过多而不能完全吸尽,多余的窜气还可以从曲轴箱倒流入滤清器经进气管吸入气缸。这种方式既不会使窜气排入大气,又能用新鲜空气进行曲轴箱换气。由于这种装置的双重优点,现已被普遍采用。

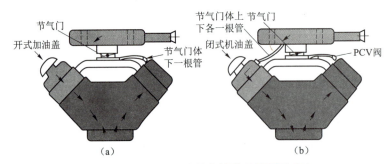

图 8-13 开式和闭式的曲轴箱强制通风系统

三、PCV 阀量控制

PCV 阀的功用是根据发动机不同的工况,利用进气管真空度的改变,自动控制曲轴箱窜气的再循环量,是一种计量阀,其结构如图 8-14 所示。

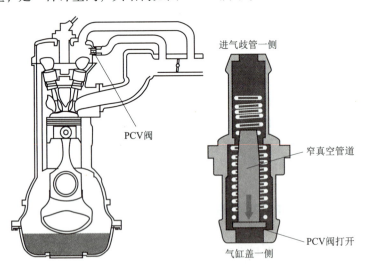

图 8-14 发动机不运行时的 PCV 阀

1. 怠速或小负荷时 PCV 阀控制

如图 8-15 所示,当怠速或小负荷时,进气管的真空度大,阀门就向通路变小的方向移动,防止过多的窜气进入气缸,影响燃烧。

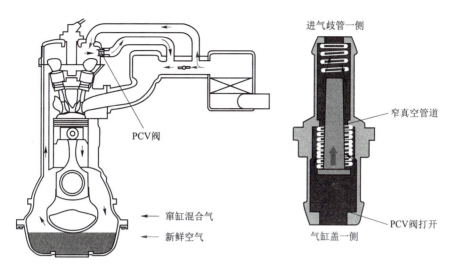

图 8－15　怠速或小负荷时 PCV 阀控制

2. 节气门全开时 PCV 阀控制

如图 8－16 所示，当节气门全开时，节气门体真空度低，发动机下窜气量更大，PCV 阀向下移动，阀门流通断面增大而提供最大的窜气流量。

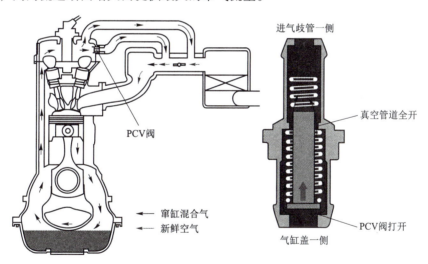

图 8－16　节气门全开时 PCV 阀控制

第九章

电控发动机的自诊断

学完了发动机的电控系统原理，下一步是在综合实训中巩固所学的相关知识。

- 能说出故障码的生成原理。
- 能说出数据流分析的注意事项。
- 能说出诊断仪的功能。
- 能说出诊断仪升级的内容。
- 能说出诊断仪过期未升级被锁定后如何解除。

- 能够分析数据流。
- 能够对元件进行基本设定。
- 能够根据故障导航进行检查。
- 能够进行诊断仪过期未升级被锁定后的解除锁定操作。

第一节　车间技术

汽车修理中，汽车车间人员专业技术素质、车间设备、车间设备使用效率和使用深度、车间技术再培训、车间资料丰富程度、车间软件等在故障诊断和故障寻找方面具有重要意义，是维护顾客利益、平衡双方心理的关键一环。

下面让我们从车间业务谈起。

一、汽车修理行业发展趋势

许多因素影响车间业务，目前的业务趋势如下。

（1）汽车零部件的长维护间隔和长的使用寿命，将导致人们很少将汽车送入车间修理。

(2) 在未来几年车间修理业务将进一步下降。
(3) 汽车上的电子份额增大，汽车成为"行驶的计算机"。
(4) 各电子系统的网络化程度增加，诊断和修理涉及整个汽车及有关系统。
(5) 只有使用先进的检测技术、计算机和诊断软件，才能保证今后的车间业务。

二、汽车修理行业发展产生的影响

1. 要求

为在今后能向市场提供高效的车间修理能力，车间必须适应目前的变化趋势。这些变化趋势直接导致如下的结果。
(1) 为能进行合格的修理，专职的故障诊断是关键。
(2) 技术信息是汽车修理的前提。
(3) 尽快利用现有的众多技术信息可保证车间盈利。
(4) 需加强车间人员的资质。
(5) 需要在故障诊断、技术信息和人员培训方面对车间进行投资。

2. 测量和检测技术

为尽可能组织好车间的维修流程，需要在正确的检测技术、故障诊断软件、技术信息和技术培训方面增大对车间的投资。图9-1所示为用故障诊断仪诊断汽车。

图9-1 用故障诊断仪诊断汽车

三、车间维修流程

与车间维修有关的工作可用流程表示。有关保养和修理工作可分两个不同的流程：第一个流程主要是具有组织特征的事务"接受委托"；第二个流程主要是针对保养和修理时的各个技术工作步骤，如图9-2所示。

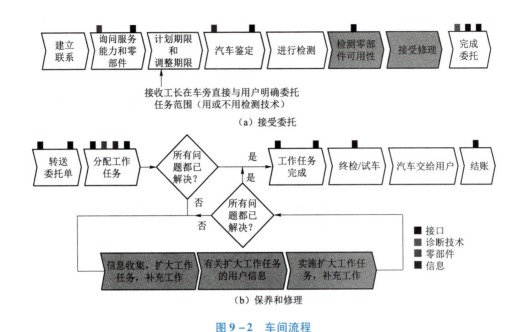

图 9-2 车间流程

1. 接受委托

在车间登记时，接受委托的 EDV 系统已将有关该车的所有有用信息从数据库中取出。在接收处就有该车在以往进行过的保养和修理记录。接下来在第一个流程中就要完成以下一些工作：用户的想法、用户想法的可实施性、计划时间、资源保证、零部件、工作措施、确定任务的第一次检查和工作范围。

2. 保养和修理

实施在接受委托范围确定的工作，如果有遗漏则需要在相应的环节重复进行，直至达到流程要求。在保养和修理范围，按流程要使用产品的所有零部件功能软件 ESI（Electronics Service Information，电子服务信息）。

四、电子服务信息

1. 支持车间流程的系统功能

ESI 是模块化的、用于技术贸易的软件产品。各个模块包含下列信息。

（1）备件和汽车装备的技术信息。
（2）备件与总成放大图样和件数目录。
（3）技术资料和调整值。
（4）在汽车上工作的劳动工值和劳动时间。
（5）汽车诊断和汽车系统诊断。
（6）汽车各系统的故障搜索指南。
（7）汽车总成的修理指南，如发电机组。
（8）电路图。

(9) 维修方案和维修图表。

(10) 部件、机组的检测值和调整值。

(11) 计算维护修理和技术管理工作的数据。

2. ESI 用户

ESI 的主要用户是汽车修理车间、部件和机组的修理工与零部件大批发商,它们利用这些技术信息的目的如下。

(1) 汽车修理车间主要是诊断、维护和修理汽车各系统。

(2) 部件和机组修理工主要是检测、调整和修理各部件及机组。

(3) 零部件大批发商主要是得到零部件信息。

汽车修理车间和部件、机组修理工补充诊断、修理和服务过程中的部件信息。产品接口可实现 ESI 与汽车车间范围内的其他一些软件（特别是商业软件）和汽车零部件大批发商的联网。

3. ESI 应用

使用 ESI 软件的目的在于它可为车间提供完成和保证业务所需的大部分信息,即利用 ESI 的生产方案可以完成车间业务,在统一的分类学顶层将信息提供给各种车型。

重要的是车间业务必须获得能覆盖大量汽车的、有用的、必要的信息。ESI 软件可保证各国专用的汽车数据库和新车的信息进入产品目录。定期更新 ESI 软件可跟上汽车技术开发步伐。图 9-3 所示为用于各车型的车间软件 ESI。

图 9-3 用于各车型的车间软件 ESI

五、汽车—系统—分析

Bosch 公司提供的汽车—系统—分析（Fahrzeug—System—Analyse,FSA）是汽车综合诊断的简单方案,依靠诊断接口和汽车电子系统的故障存储器可以很好地界定故障范围。Bosch 公司开发的 FSA 部件检测对快速确定故障范围十分有用。FSA 测试技术和显示可针对任何的部件、组件,并可在安装状态下检测。

六、测试方法

为诊断汽车，车间配备了各种寻找故障的仪器、设备：如高效便携式 KTS 650 系统测试仪、可与普通商用 PC 机（个人计算机）或笔记本电脑相连的 KTS 520 和 KTS 550 系统测试仪，通常这些系统测试仪还组合一个万用表。此外，KTS 550 和 KTS 650 系统测试仪还有一个双通道示波器。为了能在汽车上测试，通常将 ESI 软件装在 KTS 650 系统测试仪中或 PC 机中。

七、车间修理流程实例

在汽车的整个修理过程中，ESI 软件一直是车间中的好帮手。通过诊断接口，ESI 可与汽车上的各个电子系统连接。在激活服务信息系统（Service Informations System，SIS）的故障找寻指南后，PC 机进入电控单元诊断并从 PC 机中读出电控单元故障存储器中的故障信息。

在诊断仪中将没有附加输入的测量值与设定值进行比较，并将诊断结果直接传输给 ESI 的修理指南，此外还显示其他一些信息，如部件和总成的安装位置、放大图、电路图和软管连接图等。

从放大图中，用户服务部可直接转换到 PC 机有订购号的备件目录上，以订购备件，所完成的全部工作和必要的备件价格将自动转入账单。在试车结束后操作几个按键即可打出账单，同时系统诊断仪输出一目了然的汽车诊断结果，用户可收到有关修理工作和材料费用的一份完整记录。

第二节　汽车 OBDⅡ

OBDⅡ（California's second generation On—Board Diagnostic System）是美国加利福尼亚第 2 代随车故障诊断系统的缩写，而 EOBD（European On—Board Diagnosis System）是欧洲随车故障诊断系统的缩写。这些微机故障诊断系统是把汽车各系统电控单元通过 K 线连在一起，诊断仪通过 K 线可对各个电控系统进行诊断。汽车电控系统出现故障时，故障指示灯（Malfunctions Indicate Lamp，MIL）闪亮，告之驾驶员汽车电控系统出现故障，并将故障以代码的形式存储在汽车各系统电控单元（ECU）中，为汽车维修人员诊断和排除故障提供了依据。

早在 20 世纪 70 年代末、80 年代初，世界上大多数汽车制造商就开始使用电子手段并按美国环境保护局（Environmental Protection Agency，EPA）对汽车废气排放的标准来检测和控制发动机各部件功能以及诊断发动机故障。最初（1988 年以前）世界各国汽车制造商所生产的各种型号电控汽车所配置的 OBDⅠ（第 1 代随车故障诊断系统）没有统一的标准，其生产出来的故障诊断连接插座、故障代码、通信协议等形式内容都大不相同，给电控汽车的故障诊断和维修带来了诸多不便。

1988 年，美国汽车工程师协会（SAE）创建了第 1 个故障诊断连接插座和一套故障诊断试验信号（故障代码）作为标准进行推广，美国环境保护局（EPA）采用了SAE大多数标准并作为推荐世界范围统一使用的标准（第2代电控汽车微机故障诊断系统OBDⅡ），要求1996年以后生产的轿车和轻型载货汽车的电控系统都要求配置OBDⅡ，并从2000年1月1日开始，所有汽车制造商所生产的轿车及轻型载货汽车都必须配置OBDⅡ系统。

随后欧共体也相应要求欧洲各国汽车制造商生产的轿车都相应配置欧洲电控汽车微机故障诊断系统，即EOBD，其采用的故障诊断连接插座、故障代码、结构单元、系统名称、故障代码显示都相应采用SAE J962、SAE J2012、SAE J1930和SAE J1978标准，并根据欧共体条文规定，2001年欧洲所有新生产的汽油发动机轿车一律配置EOBD系统，而对于柴油发动机轿车要求到2004年必须强制配置EOBD系统，其目的就是用以经常监测废气排放的发动机各部件及子系统、汽车底盘、车身附属装置和设备及部件的工作状况，同时还可用作汽车故障诊断及网络故障诊断。

一、通信协议

根据ISO 15031—5标准，CAN（控制器局域网）采用ISO 15765—4标准，OBDⅡ和EOBD都使用3个基本的通信协议。然而有的制造商在通信模块协议上做了一些修改，但是基本型克莱斯勒汽车和所有欧洲生产的汽车以及大多数亚洲进口的汽车都使用国际标准化组织ISO 9141通信协议电路，而美国通用（GM）汽车公司生产的轿车及轻型载货汽车使用SAE J1850 VPW（可变的脉冲宽度调节）通信协议电路，福特（FORD）汽车使用SAE J1850 PWM（脉冲宽度调节）通信协议电路。可通过仔细观察OBD故障诊断连接插座来判断通信协议电路类型。如果故障诊断连接插座在4、5、7、15和16引脚有母插头，则该车使用ISO 9141—2（或KWP 2000或ISO 142300）协议电路；如果故障诊断连接插座在2、4、5、10和16号引脚有金属引头，则该车使用的是SAE J1850 PWM协议电路；如果故障诊断连接插座在2、4、5和16号引脚有金属引头，而10号引脚没有金属引头，则这些车用的是SAE J1850 VPW协议电路。

二、故障诊断连接器

按照ISO 15031—3（或SAE J1962）标准，OBDⅡ和EOBD故障连接器结构基本一样，图9-4所示为OBDⅡ或EOBD故障诊断连接器，但EOBD和OBDⅡ故障连接器在引脚内容上略有差别。

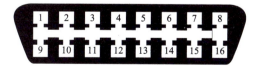

图9-4 OBDⅡ或EOBD故障诊断连接器

1. OBDⅡ故障诊断连接器引脚含义

引脚2—SAE J1850 Bus+（正极）；

引脚 4—车身搭铁；

引脚 5—信号搭铁；

引脚 6—CAN High（J—2284）(控制器局域网高端)；

引脚 7—ISO 9141—2 K Line（通信线）；

引脚 10—SAE J1850 Bus -（负极）；

引脚 14—CAN Low（J—2284）(控制器局域网低端)；

引脚 15—ISO 9141—2 L Line（激活线）；

引脚 16—蓄电池正极。

其他插口引脚暂空缺或由各制造厂自行引用。

2. EOBD 故障诊断连接器引脚含义

引脚 1—专门为制造商所留（点火开关正极）；

引脚 2—SAE J1850 Bus +（正极）；

引脚 3—专门为制造商所留（转速信号）；

引脚 4—车身搭铁；

引脚 5—信号搭铁；

引脚 6—多功能组合仪表；

引脚 7—ISO 9141—2 K Line（通信线/发动机控制器）；

引脚 8—汽车电路接线端：87；

引脚 9—底盘（ABS，ASR，ESP 和 ETS）；

引脚 10—SAE J1850 Bus（负极）；

引脚 11—电控发动机和报警系统；

引脚 12—Bus 串行数据；

引脚 13—暂空缺；

引脚 14—CAN—L（控制器局域网双向信号线）；

引脚 15—ISO 9141—2 L Line（激活线）；

引脚 16—蓄电池正极。

EOBD 连接器的引脚 2、4、5、7、10、14、15 和 16 与 OBD Ⅱ 一致，其中引脚 4、5 均为搭铁，引脚 16 均为蓄电池正极，引脚 2 均为 SAE J1850 Bus +（正极），引脚 10 均为 SAE J1850 Bus -（负极），引脚 7 均为 ISO 9141—2 K Line 控制器通信线，引脚 15 均为 ISO 9141—2 L Line（激活线），其他引脚的用途及含义各汽车制造商使用情况各不相同。

三、故障代码

根据 ISO 5031—6（或 SAE J2012，以后也可能执行 SAE J1939）标准，OBD Ⅱ 和 EOBD 都统一使用标准的故障代码，其故障代码共由 5 位数组成，其各位数的含义如下。

第一位系统英文字母代码：

B—Body 车身；C—Chassis 底盘；P—Power 动力系统（发动机电控系统）；U—网络。

第二位标准代码或生产厂家代码：

0—SAE 定义的代码；1，2，3—各厂商自定义的代码。

第三位故障范围代码：

1，2—燃油和空气控制系统；3—点火系统；4—废气或第二空气喷射控制系统；5—车速和怠速控制系统；6—微机输出电路；7，8—电控发动机控制系统；9，0—保留或 SAE 定义系统。

第四位和第五位故障码内容：

00~99 代表具体故障。

例如，P0100 为空气流动电路故障码（SAE 定义），P1456 为电子加热催化剂故障码（生产厂商自定义）。

通常厂家对一个系统的故障码，一部分用 SAE 定义，另一部分由生产厂家定义。例如，大众公司既有 SAE 定义的故障码（字母打头的五位码），也有生产厂家自己定义的 VAG 故障码。

OBD Ⅱ 和 EOBD 的自检功能不是完全相同的，基本区别为是否进行燃油箱及燃油系统的泄漏试验、探测发动机不（发）点火的转速最高还是 4 500 r/min、故障发生经历多少个驾驶周期故障指示灯才闪亮、使用的通信协议、用故障指示灯显示汽车行驶距离。

汽车故障代码及数据的读取是通过 OBD Ⅱ 或 EOBD 连接器与汽车通用诊断仪连接，使通用诊断仪与汽车建立通信，根据车型及需要选择希望的检测模块，接收所需要的诊断数据，显示读取在线动态数据。目前 OBD Ⅱ 技术除用以监测废气排放值、故障检测与诊断外，还发展到了用互联网进行在线故障诊断。

第三节　数据分析

一、什么是串行数据

串行数据是由一个电脑发出并由其他电脑接收和显示的电子编码信息，使用模拟/数字电路传递来自传感器、执行机构的电脑的数字化数据和其他计算信息，就意味着每个传感器或执行机构的数值在传递给接收的电脑之前都将被转换为一个字节（8 位）的二进制字符。

为了便于在一些经常使用的常见设备中显示这些数据，接收的电脑将把它接收到的每个二进制字符进行转换并且用模拟电压、温度、速度、时间或其他常用的测量单位显示出来。

串行数据这个名字来源于它传递的数据参数是连续的，是一个接一个的。当所有的数据被接收以后，在接收电脑上显示的上一次的每个数据将会被更新或刷新，因此数据的刷新速度取决于在数据流中有多少个字符以及数据传递的快慢。

数据传递速度与波特率有关，波特率取决于每秒所能传递数据位的个数。例如：如果一个数据流有 12 个参数，并且每个参数都被转换为一个 8 位的数据，那么这个数据传递的总尺寸为 96 位数据（12 个字 × 8 位/字）。如果这个数据每秒可以被传递一次，则该波特率为 96 位/s 或 96 b/s。在这种情况下，显示屏将每秒刷新一次数据值。

对于丰田发动机控制系统来说，有三种不同类型的串行数据可以根据使用要求被诊断测试仪接收和显示，它们是 OBD、OBD Ⅱ 和 V—BOB。在上面所有的三种情况中，数据将被电脑（ECM 或 V-BOB）数字化并且被显示在诊断测试仪上。这三种数据源之间的主要区别在于数据流中的可用特殊参数和传递数据的速度及在诊断测试仪上显示的刷新速度。图 9-5 所示为 OBD Ⅱ 数据显示发动机数据。

```
OBD数据                              OBD-Ⅱ数据

INJECTOR........5.8ms         FUEL SYS #1........OPEN
IGNITION........22°CA         FUEL SYS #2........OPEN
IAC STEP#...........53        CALC LOAD..........0.0%
ENGINE SPD....1825rpm         COOLANT TEMP.......82°F
VAF..............1.28V        SHORT FT #1........0.0%
ECT..............194°F        LONG FT #1.........1.5%
THROTTLE............7°        SHORT FT #2........0.0%
VEHICLE SPD.....45MPH         LONG FT #2........-0.8%
TARGET A/F L....1.25V         ENGINE SPD......76r/min
TARGET A/F R....1.25V         VEHICLE SPD........0MPH
A/F FB LEFT.........ON        IGN ADVANCE........0.0°
KNOCK RETARD.......ON         INTAKE AIR.........79°F
A/F FB RIGHT.......ON         MAF.........0.7lb/min
STA SIGNAL........OFF         THROTTLE POS.......9.4%
CTP SIGNAL........OFF         O2S B1,S1.....0.000volt
A/C SIGNAL........OFF         O2FT B1,S1.........0.0%
```

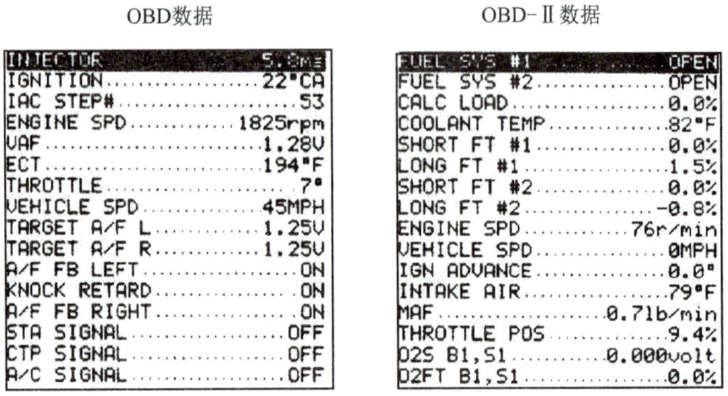

典型的串行数据参数
在OBD数据流中大约有20个数据参数，在OBD-Ⅱ中被扩展到50个以上。

图 9-5　OBD Ⅱ 数据显示发动机数据

可用的串行数据类型取决于所用的车辆。从 1989 年开始生产的带有 OBD 的丰田汽车，在 DLC1（检测接头）的 VF1 端口或 DLC2（TDCL）的 ENG 端口有串行数据流，能够提供串行数据流的车辆可以通过 TE2 电路来识别。根据车辆的不同，有约 20 种不同的传感器、执行器及诊断数据参数出现在 OBD 数据流中。

在 1994—1996 年车型的 OBD Ⅱ 系统中，在 DLC3（01962 接口）的 2 端口有高速数据流，有超过 50 个数据参数出现在 OBD Ⅱ 发动机数据流中。

从这些车辆上读取串行数据的最简单方法是使用诊断测试仪。

对于 1989 年及更早的不能提供串行数据流的车型，车辆转接盒（V-BOB）可以提供诊断测试。通过将 V-BOB 与 ECM 串接，每条线上的信息都可以被串行化并被诊断测试仪显示。虽然安装 V-BOB 需要占用一定的时间，但这样做可以无限制地获得大量的高速数据，这是非常值得的。

OBD 诊断电路单向的数据流一般由 14~20 个数据字构成，这些数据字来自主要传感器的输入和三个（输出喷油脉宽、点火提前角和怠速控制）指令。数据以 100 b/s 的速率被传递，约每 1.25 s 更新一次诊断测试仪的显示。根据不同的应用，数据将从 DLC1 或 DLC2 中被读取。数据通过对 TE2 电路接地来进行触发并且读取 VF1 电路。

诊断故障代码可以使用诊断测试仪或者通过对 TE1 电路接地并通过故障指示灯（MIL）的闪烁进行显示。检测工具可以通过对诊断连接接口（DLC）的 W 端口上的低电压脉冲的计算来读代码。代码检索是一个相对较慢的过程，特别是当有很多故障码被存储时。OBD Ⅱ 诊断电路中 OBD Ⅱ 数据线是一条双向通信连接线，可以传递和接收数据。这种特性不仅允许诊断测试仪显示系统数据，还允许诊断测试仪对系统的执行器进行操作，并且对 ECM 发送指令。

高速的 OBD Ⅱ 数据流一般由 50~75 个数据字构成，这些数据字来自所有的传感器输入、执行器输出、一些计算参数、一些与燃油反馈相关的参数和各缸失火数据。这些数据以 10.4 kb/s 的速率被传递，约每 200 ms 更新一次诊断测试仪的显示。数据从 DLC3 的 2 端口被读取，当任意的 OBD Ⅱ 功能被选定后，由诊断测试仪发出一个通信信号触发数据的读取。在具有 OBD Ⅱ 的车辆上，诊断工具直接从串行数据流读 DTC，因此代码可以立即被显示。代码仅能使用诊断测试仪或扫描工具的设备进行取回或显示。

当对发动机控制系统的问题进行诊断时，扫描工具是一种非常有用的工具，它可以从已有的诊断接口很方便地获得大量的信息。

扫描工具可以对传感器、执行器和 ECM 计算数据进行"快速检查"。例如，当检查那些可能偏移出正常工作范围的传感器信号时，扫描数据允许快速地将所选的数据与《修理手册规范》或已知的正常车辆数据进行比较。

检查间歇性故障，当线路或部件被操作、加热和冷却时，它可以提供一种简单的方法去监控其输入信号。

二、串行数据诊断的局限性

当使用串行数据去试图诊断某些类型的问题时，也必须考虑一些重要的局限性。

图 9-6 所示为 OBD Ⅱ 数据显示，串行数据是经过处理的信息而不是实际数据，它是描述 ECM 的"思考"数据而不是在 ECM 端口测量到的实际信号。串行数据能反映 ECM 已经默认的信号值而不是实际信号。

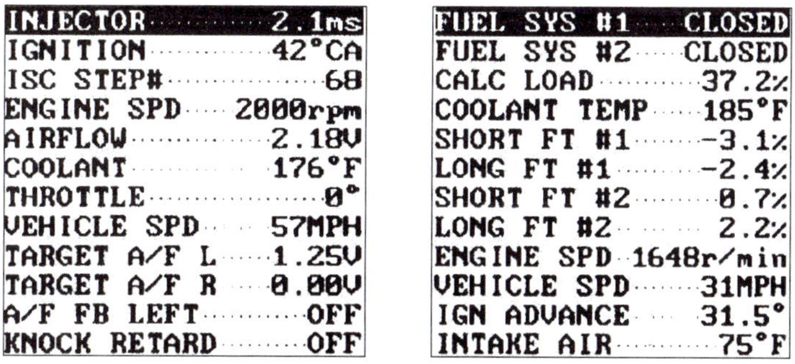

```
INJECTOR      2.1ms      FUEL SYS #1    CLOSED
IGNITION      42°CA      FUEL SYS #2    CLOSED
ISC STEP#     68         CALC LOAD      37.2%
ENGINE SPD    2000rpm    COOLANT TEMP   185°F
AIRFLOW       2.18V      SHORT FT #1    -3.1%
COOLANT       176°F      LONG FT #1     -2.4%
THROTTLE      0°         SHORT FT #2    0.7%
VEHICLE SPD   57MPH      LONG FT #2     2.2%
TARGET A/F L  1.25V      ENGINE SPD     1648r/min
TARGET A/F R  0.00V      VEHICLE SPD    31MPH
A/F FB LEFT   OFF        IGN ADVANCE    31.5°
KNOCK RETARD  OFF        INTAKE AIR     75°F
```

了解扫描工具的局限性
对于某些数据，你需要了解它们在"正常"和"非正常"之间微小的区别。你可以从显示的数据流中找出开路的发动机冷却液温度传感器吗？

图 9-6 OBD Ⅱ 数据显示

例如，有 OBD 系统的车辆，当在开路时，发动机冷却液温度传感器的数据将显示 80 ℃ 的错误保护值。如果在 ECM 的 THW 端口测量实际电压值，它将是 5 V，相当于 -40 ℃。

在输出命令时，串行数据仅反映计算的输出值，没有必要反映电路上的驱动器是否工作。例如，当发动机在燃油切断状态时，计算的喷油脉宽将被显示在串行数据中，而喷油器并没有工作。串行数据的传输速度使串行数据在用于诊断间歇性故障时具有局限性。当数据的刷新率较慢时，它的数据流的波特率也很慢，这将很容易在显示更新期间失去已经变化更新的信号。所以，在一个慢的数据流中，间歇性的信号问题经常不能被检测到。

例如，每当车辆受到一个颠簸时，节气门位置传感器信号线就会开路。如果开路情况时间短于 1.25 s，则扫描工具将可能检测不到信号值的改变。

当在没有高速串行数据（例如，OBD Ⅱ）的车辆上检查间歇性问题时，使用由 V-BOB

发出的串行数据比使用 OBD 串行数据要好。虽然将 V-BOB 与 ECM 连接需要用较长时间，但如果有一个间歇性的故障发生，则由 V-BOB 发出的高速串行数据即可捕获这个故障。

有了这些信息，当解释串行数据和使用它确定诊断结果时就必须更加谨慎。一旦了解了上述的那些错误，发生诊断错误的危险将大大降低。

三、汽车电脑诊断仪

汽车电脑解码器（诊断仪）本身也是一个小型电脑，它的软件中储存有各国不同车型的电脑及控制系统的检测程序和数据资料，并配有各种车型诊断口的检测插头。这种解码器供电后，只需将被测汽车的生产厂家名称和车辆识别码输入汽车电脑解码器，就能从软件中调出相应的检测程序，然后按照解码器屏幕提示的检测步骤，再将相应的故障检测插头和汽车上的电脑故障检测插座连接，就可以对汽车发动机、电控发动机、制动防抱死装置等各个部分的电脑及控制系统进行有选择的检测。

汽车电脑诊断仪和汽车电脑解码器都可以很方便地读出储存在汽车电控发动机电脑内的故障代码。汽车电脑解码器国内一般没有，它是早期汽车电控系统的检测设备，只能读故障码，我国没有经历这个低级阶段，而是直接进入汽车电脑诊断仪阶段，但大多数人仍习惯称它为解码器。

汽车电脑诊断仪不仅能读码，而且故障代码后还写出故障代码的含义，这样就省去了查故障码表这个过程，为检修电控发动机的控制系统节省了时间。现在诊断仪一般都具有以下 10 种功能：读电脑软件版本、读故障码、执行元件诊断、基本设定、清故障码、结束（结束与电脑通信）、单元编码、读取数据流、读单个数据流、自适应，这 10 种功能能否使用取决于不同的电控系统。

随着车型的不断更新，汽车的电脑及控制系统也在不断改进，因此专用或通用的汽车电脑诊断仪在使用几年后，应向制造厂家更换新的软件卡，以提高该诊断仪的检测能力，使它能检测各种最新车型的电脑控制系统。

第四节　电控发动机诊断技巧

我们对汽车进行故障诊断时，自诊断系统的故障码信息是人机对话的桥梁，它简化了诊断过程，使电控系统的故障诊断与维修变得快捷、方便。但并不是所有故障码都能真实反映故障所在，盲目运用将会使诊断误入歧途。

一、诊断顺序和原则

在诊断电喷发动故障时一般都遵循以下原则。

第一步，判断故障原因是在电控部分还是在机械部分？采用的方法就是利用故障诊断仪检查是否有故障记忆，如果有，则可基本确定故障原因在电控部分；如果没有，则可初步确定故障原因在机械部分。

第二步，根据故障记忆的内容及提示产生故障的相关原因去确定系统中的故障部位，这些故障部位大多发生在各类信号传感器及连接导线和接插件上。

第三步，在没有故障记忆或排除了电控系统故障的基础上，按照通常的发动机故障排除规律，根据发动机的故障现象，并通过对发动机工作状况的检查，如对电动燃油泵供油能力、油路压力状况、火花塞工作状况、点火线圈工作状况和气缸压力等状况的检查来确定可能引起故障的部件。经过上述三步工作后应该基本可以解决发动机所产生的故障了。

但有时却是经过上述三步工作之后，故障依旧，这种情况有时让人无法理解，甚至有些维修人员在遇到这种情况便束手无策了。出现这种情况，即发动机有故障现象，而电控系统的自诊断系统却又无故障代码显示，一般称电控系统存在软故障（无码故障）。

电控单元在控制发动机工作的过程中，若是发动机工作正常，则传感器的信号是不会超出"标定范围"的，而电控系统的自诊断系统功能就是判断这些传感器的信号是否超出了这个范围，只有信号超出标定范围后，自诊断系统才能知道这种信号不能作为控制信号使用，这时自诊断系统才能确定系统中有故障，才能有故障记忆，才能给出故障代码。

如果信号没有超出给定范围，但却与实际情况有较大的偏差，这种不准确信号仍会使电控单元按照提供的不准确信号控制发动机工作，从而造成发动机产生故障现象，而自诊断系统不能给出故障代码，这些就是控制系统产生软故障的根本原因。

二、发动机电控系统的软故障诊断

发动机出现上述故障现象，而其电控系统的自诊断系统又无故障记忆时，必须进行电控系统的运行数据分析，来进一步找出产生故障的原因。方法是利用故障诊断仪的数据流阅读功能，调出电控系统的实际工作参数（在出现故障现象时），这些参数可分成三种类型：第一种是基础参数，如发动机转速；第二种是重要参数，如进气量（或进气歧管压力值）、点火提前角、喷油时间和节气门开度值等；第三种是修正参数，如冷却液温度和进气温度等。

当发动机在无故障代码的情况下出现故障现象时，应首先将实际显示的数据与标准值作比较，确定其值是否超出正常范围及偏差的程度。例如：当出现怠速不稳故障时，应首先检查控制形成怠速混合气的进气参数和喷油时间参数，同时要确定氧传感器信号是否正常。如果氧传感器信号不正常，则应先确定氧传感器自身是否损坏。氧传感器信号是电控单元判断混合气空燃比是否正确的依据，如果氧传感器自身损坏，则会造成给电控单元提供错误信号，从而造成电控单元错误控制喷油量。例如，氧传感器错误地提供一个混合气偏浓的信号，则电控单元会依据这个控制信号减少喷油量，从而造成实际混合气浓度偏稀，这时发动机会出现怠速运转不稳现象；如果检查氧传感器正常，而进气量测量信号出现偏差，如给电控单元提供一个较高的进气量信号，这时电控单元会控制喷油器喷出较多的燃油以匹配这个较高的进气量信号，从而造成混合气过浓引起怠速不稳的现象，同时发动机运行油耗增大，这时检查喷油时间参数会发现其值也会偏离正常值。

有时空气流量传感器自身有故障，在怠速时不反映出故障现象，只是在发动机加速时，出现发动机无法高速运转，严重时最高转速仅能达到 4 000 r/min，造成这种现象的原因是进气量信号电压太低，电控单元接收到较低的进气量信号，从而控制发动机在低负荷、低转速条件下运转。

其他一些修正信号，如进气温度信号和冷却液温度信号，这两种温度信号如果出现偏差也会造成发动机带故障运转，如向电控单元提供较低温度信号，则电控单元会控制发动机按暖机工况运行，此时发动机的怠速会出现忽高忽低的现象。

如果检查电控系统中的信号参数都正常，而发动机仍然有故障表现，这时应按发动机的基本检查程序进行检查，如检查点火系统工作情况（火花塞状况、分缸高压线的阻值等）是否正常、供油压力是否正常、气缸压力是否正常，等等。

三、故障码的分类

故障码可分成两类：自生性故障码和它生性故障码。自生性故障码就是由故障码所指示的元器件或相关的电路故障导致的故障码；它生性故障码是非故障码所指示的元器件或相关电路，包括非电控电路所导致的故障码。若自诊断系统储存的是自生性故障码，故障可通过换件或维修相关的电路修复；若是它生性故障码，更换故障码显示的元器件或维修相关电路不但不能消除故障，有时甚至导致维修工作误入歧途。

1. 它生性故障码的使用误区

误区一：有些维修人员不管自诊断系统存储的是它生性故障码还是自生性故障码都采用换件或维修相关电路的方法修复。此时，件换了，钱花了，时间也浪费了，但故障却依旧。这就是由于忽略了它生性故障码的存在。

误区二：有些维修人员经检测发现自诊断系统存储的是它生性故障码后，就认为故障码的作用到此结束，按没出现故障码处理。其实它生性故障码对我们查找故障同样有价值，我们应对其深入分析，挖掘它的本质。

2. 它生性故障码实例及应用

例1：发动机抖动，高速时有回火现象，不平路面更易发生。调取故障码，显示故障码表示爆燃传感器有故障；检测故障码指示的传感器及线路，一切正常。最后查出原因是传动轴支撑松旷振动。

例2：发动机工作不良，排气管冒黑烟。读取故障码，有氧传感器电压过高故障码。检测氧传感器及相关电路均正常，而真正故障原因是水温传感器信号失真。

以上两个例子中自诊断系统储存的都是它生性故障码。结合以上实例，谈谈笔者应用它生性故障码时得出的一点体会。

例1中的爆燃传感器故障码经检测知其为它生性故障码。当时如果忽视故障码，仅按发动机抖动等现象检测，很可能要走很多弯路。试想，既然显示了爆燃传感器故障码，电脑很可能收到了爆燃传感器异常信号。会不会是外界原因导致爆燃传感器向电脑输送虚假信号呢？这里故障码为我们查明故障指明了一个大致方向。爆燃传感器给电脑输送虚假信号的原因主要有两方面：一是发动机振动频率接近爆燃频率，给电脑输送假爆燃信号；二是由于传感器屏蔽线不良，引起的强电磁干扰，给电脑输送不正常信号。例1是由第一个原因引起的。由于传动轴松旷振动，导致发动机振动，特别是在高速或不平路面上时发动机振动频率更容易接近爆燃频率，电脑误认为爆燃，便推迟点火，多次推迟点火无效，则误认为爆燃传感器损坏，同时由于点火过迟而产生回火现象。

例2中的故障码显示氧传感器电压过高故障，经检测氧传感器及其电路均正常，也是它生性故障码。氧传感器的作用是将检测到的排气中的氧浓度反馈给电脑，如氧传感检测到的氧浓度过高或过低并超过氧传感器的调节界限，电脑就指示氧传感器故障。因为氧传感器及其相关电路都是正常的，所以故障码显示的氧传感电压过高（或过低），说明混合气的确过浓（或过稀）。因此我们可以从混合气浓度方面着手，而不是马上怀疑电脑有问题。除氧传感器本身外，使混合气过浓的因素主要有油压、空气流量计、进气压力传感器、水温传感器、进气温度传感器、节气门位置传感器、喷油器、火花、点火正时、活性碳罐等。结合故障现象，检查发现发动机温度过高，电子风扇不工作。这是为什么呢？原来该车冷却风扇工作信号是由水温传感器提供给电脑的，风扇不转和混合气过浓，矛头都指向水温传感器。通过读取数据流发现水温传感器一直指示极低温，电脑一直按极低温度供油，因而混合气极浓，水温传感器给电脑输送低温信号，故风扇不转。

当传感器出现它生性故障码时，我们还应考虑是否相关的机械原因引起的电脑判断失误，或因传感器信号出现逻辑混乱使电脑判断错误等。例如，空气流量计故障码也常是它生性故障码，一些机械故障如进气系统漏气，进、排气系统堵塞，EGR阀漏气，曲轴箱通风装置漏气等都会使进气流量信号与节气门开度信号不匹配，使电脑误认为空气流量计故障。有时氧传感器信号失真，电脑也会误认为空气流量计故障导致氧传感器不能调节。

在维修中遇到故障码时，不要盲目地更换相关元器件，应先进行信号判断、线路检测。若检查后相关元器件及线路均正常（它生性故障码），不要马上怀疑电脑故障，也不要把故障码弃置不顾，应把故障码信息结合故障现象进行综合分析、判断，以正确寻找故障部位。

第五节　数据流分析

一、信号偏差

1. 什么是信号偏差

电控单元在控制发动机工作的过程中，它所接受的各种传感器信号是人们给定的范围，而电控系统的自诊断系统功能就是判断这些传感器的信号是否超出了这个范围，只有信号超出规定范围后，自诊断系统才能知道这种信号不能作为控制信号使用，这时自诊断系统才能确定系统中有故障，才能有故障记忆，才能给出故障代码。而如果信号没有超出给定范围，但却与实际情况有较大的偏差，这种不准确信号仍会使电控单元按照提供的不准确信号控制发动机工作，从而导致发动机产生故障现象，而自诊断系统不能给出故障代码，这些就是控制系统产生软故障的根本原因。

维修人员可以通过对这些数据流中的各项参数进行分析，判断电控系统或元器件工作是否正常，从而为查找故障提供有效依据。

2. 信号偏差影响

一般电控系统中的软故障反映在发动机上主要有以下几种表现：急速不稳，有时冒黑烟；发动机100 km体积油耗偏高；发动机在空负荷状态转速最高只能达到3 000 r/min；发动机冷车易起动，热车不易起动。

产生软故障的原因主要是电控系统的元件性能发生变化或不稳定。大家知道，电控发动机的工作主要是依靠电控单元（ECU）来控制发动机在各种工况条件下的供油量，而电控单元控制的供油量多少必须与发动机的工况相匹配，这种匹配关系必须是电控系统状况与发动机实际状况相吻合的关系。例如，驾驶员控制发动机节气门使发动机在经济车速运转时，这时反映的是发动机部分负荷工况，那么电控系统中各种传感器所提供给电控单元的反映发动机部分负荷状态的参数也应是符合发动机在部分负荷状态下的数据的。例如：转速为 2 500 r/min，节气门开度为 40%，进气质量流量为 6 g/s，喷油脉宽为 4.5 ms（校正）。这些标志发动机负荷状态的参数必须与要求发动机达到的工况状态相吻合，如果有一项参数不能达到实际要求数值，如节气门实际开度已达 40%，但节气门位置传感器提供给电控单元的节气门开度数据却是 20%，这时相对应的发动机转速也就不能提升到 2 500 r/min，这种匹配关系是发动机电控系统能否满足驾驶员实际要求的一种基础关系，也是发动机电控系统能否按照人的意愿工作的基本保证。

❄ 二、数据流的读取

我们可以利用汽车电脑解码器通过汽车上的诊断座与汽车电脑建立通信，从汽车电脑中调取数据，用来分析汽车故障。

在进行数据分析时可以读取到静态数据（KOEO）和动态数据（KOER）。静态数据中只有个别数据是实时显示的，其余大部分数据只有在系统运行过程中才有分析价值；动态数据因工作状态的变化而在不断变化。部分车型的数据达 200 多条，而有些车型的数据却只有不到 10 条，因此数据的多少取决于该电控系统的设计，同时也受其他因素的影响。例如，汽车电脑解码器，厂家在软件开发中去掉了一些数据的命令，则读取出来的数据数量也会相应减少。

❄ 三、数据的分类

数据流中的参数有两种形式，即数值参数和状态参数。

数值参数是有一定单位和一定变化范围的参数，用十进制数来表示，它通常反映出电控系统工作中各部件的工作电压、压力、温度、时间、速度、频率等。

状态参数是那些只有两种工作状态的参数，如开或关、闭合或断开、高或低、是或否、0 或 1 等，它通常表示电控系统中的开关和电磁阀等元件的工作状态。

在进行数值分析时，首先应分清读出的各个参数是电控系统中的传感器输送给电脑的输入信号，还是电脑输出给电控系统执行元件的输出指令。输入信号参数可以是状态参数，也可以是数值参数；输出指令参数大部分是状态参数，也有少部分是数值参数。

❄ 四、数据的含义

由于不同车型的电脑决定了自己的数据参数的多少及内容，同时，相同名称的数据之间也存在着一定的差异，所以在进行数据分析时，一定要理解数据的含义，否则无法进行数据分析。

五、数据分析实例

1. 发动机转速

图 9-7 所示为 OBD Ⅱ 数据显示，读取发动机系统数据流时，在解码器上所显示出来的发动机转速是由电控汽油喷射系统（ECU）或汽车动力系统（PCM）根据发动机点火信号或曲轴位置传感器的脉冲信号计算而得的，它反映了发动机的实际转速。发动机转速的单位一般采用 r/min，其变化范围为 0 至发动机最高转速。该参数本身并无分析的价值，一般用于对其他参数进行分析时作为参考基准。

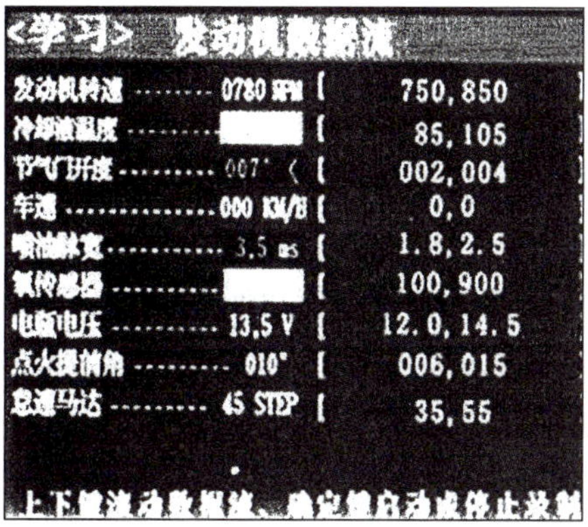

发动机数据流截取
图 9-7 OBD Ⅱ 数据显示

2. 氧传感器数据

氧传感器数据表示由发动机排气管上的氧传感器所测得的排气的浓稀状况。有些双排气管的汽车将这一参数显示为左氧传感器工作状态和右氧传感器工作状态两种参数。排气中的氧气含量取决于进气中混合气的空燃比。氧传感器是测量发动机混合气浓稀状态的主要传感器。氧传感器必须被加热至 300 ℃ 以上才能向微机提供正确的信号。而发动机微机必须处于闭环控制状态才能对氧传感器的信号做出反应。氧传感器工作状态参数的类型依车型而不同，有些车型是以状态参数的形式显示出来，其显示为浓或稀；有些车型则是将它以数值参数的形式显示出来，其数字单位为 mV。浓或稀表示排气的总体状态，mV 表示氧传感器的输出电压。该参数在发动机热车后中速（1 500 ~ 2 000 r/min）运转时呈现出浓稀交替变化或输出电压在 100 ~ 900 mV 来回波动，每 10 s 内的变化次数应大于 8 次（频率为 0.8 Hz）。若该参数变化缓慢或不变化或数值异常，则说明氧传感器或微机内的反馈控制系统有故障。

3. 短期燃油调节

解码器显示 -10% ~ 10%，短期燃油调节表示通过动力系统控制模块响应燃油控制氧气传感器在 450 mV 极限上下所消耗时间量，以便对燃油传输进行短期校正。如果氧气传感器电压保持低于 450 mV，则表示空气燃油混合气较稀，短期燃油将增加到大于 0 的正数范围，动力系统控制模块将添加燃油。如果氧气传感器电压主要保持在极限之上，短期燃油调节将减小到低于 0 的负数范围，而动力系统控制模块将降低燃油传输以补偿显示的浓度条件。在诸如过长的怠速时间和过高的环境温度条件下，碳罐清洗可能会引起正常操作时短期燃油调节出现负读数。动力系统控制模块最大控制长期燃油调节认可范围在 -10% ~ 10% 或处于接近，最大认可值的燃油调节值表示过浓或过稀的系统。

4. 长期燃油调节

解码器显示 -10% ~ 10%，长期（LT）燃油调节由短期（ST）燃油调节值得到并表示燃油传输的长期校正。0% 的值表示燃油传输不需要补偿以保持动力，系统控制模块指令的空燃比为远低于 0 的负值表示燃油系统过浓以及燃油传输减小、喷油器脉冲宽度减小。远高于 0 的正值表示燃油系统过稀以及动力系统控制模块通过添加燃油进行补偿，喷油器脉冲宽度增加。因为长期燃油调节趋于遵循短期燃油调节，由怠速时碳罐清洗而引起的负数范围内的值应认为是不正常的。

六、数据分析小结

诊断发动机电控系统的软故障时，不仅需要理解电控系统电路的工作原理，利用其工作原理去分析电路中的故障，同时还要结合汽油发动机的工作原理去分析除电控系统电路以外可能产生故障的原因，这些原因不仅包含一部分发动机的电路，还包含发动机油路和进气通道，另外也包括保证发动机能正常工作的机械部分，只有综合分析才能较快地解决电控系统存在的软故障。

在汽车电控系统越来越复杂的同时，数据也越来越多，为汽车维修带来了便利。通过数据分析可以快速有效地判断电控系统故障所在，但从目前整个维修行业的情况来看，解码器数据分析在维修中利用率并不高，其主要原因在于维修人员看不懂数据，没有掌握数据分析的方法。广大汽车维修人员在进行数据分析时往往是"知其然而不知其所以然"。由于不知道各项数据的含义，导致看到了变化的数据但不知其是否在规定范围内，也就无法判断故障所在了。数据分析的前提是要了解数据的来源和含义。

新能源汽车发动机电控系统原理与检修

理论+实训一体工单

北京理工大学出版社
BEIJING INSTITUTE OF TECHNOLOGY PRESS

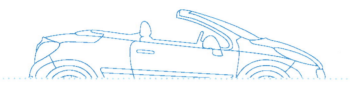

目 录
CONTENTS

第一章 汽油机燃烧理论 ……………………………… 237

第一节 汽油的使用性能 ……………………………… 237
一、汽油的挥发性 ……………………………… 237
二、含硫量多少合格 ……………………………… 237
三、燃油添加剂的作用 ……………………………… 237
四、汽油的抗爆性如何评价 ……………………………… 237
五、汽油的化学安定性和物理稳定性 ……………………………… 238
六、汽油中腐蚀性物质的影响 ……………………………… 238
七、汽油中机械杂质和水份的影响 ……………………………… 238

第二节 汽油发动机正常燃烧条件 ……………………………… 238
一、汽油发动机正常燃烧对空燃比的要求 ……………………………… 238
二、汽油发动机正常燃烧对点火正时和能量的要求 ……………………………… 240

第三节 汽油机排放基本理论 ……………………………… 242
一、不充分燃烧造成废气排放的三元气体是什么 ……………………………… 242
二、空气成份造成废气排放是怎么的产生 ……………………………… 243
三、五种主要排放气体 ……………………………… 243
四、空燃比与五种气体的排放关系 ……………………………… 244
五、发动机排放标准 ……………………………… 244

第二章 发动机系统传感器 ……………………………… 245

第一节 传感器的性能要求 ……………………………… 245
一、写出发动机传感器名称 ……………………………… 245
二、ECU 对传感器的信号性能有什么要求 ……………………………… 245

第二节 空气流量计 ……………………………… 245
一、作用 ……………………………… 245
二、空气流量计分类 ……………………………… 246

三、写出热线式空气流量计基本原理……246
四、写出电路图原理……246
五、空气流量计故障分析……246

第三节 进气歧管压力传感器……247
一、进气歧管压力传感器的作用和失效……247
二、进气歧管压力传感器的类型……247
三、半导体压敏电阻式……247
四、有关压强的概念……248
五、进气压力传感器诊断……249
六、绝对压力传感器影响因素和故障……249
七、附加内容……250

第四节 发动机温度类传感器……250
一、发动机温度传感器种类……250
二、发动机温度传感器分类……251
三、热敏式温度传感器……251
四、传感器信号采集……251
五、温度传感器替代……252
六、温度传感器诊断……252

第五节 爆燃控制……252
一、什么是爆燃……252
二、写出爆燃危害……253
三、写出爆燃传感器类型……253
四、写出丰田爆燃传感器结构……253
五、写出爆燃控制电路原理……253
六、爆燃控制……253
七、爆燃数据流如何分析……254
八、爆燃传感器如何自诊断……254

第六节 怠速转矩提升信号……254
一、负荷扭矩提升……254
二、怠速负荷提升信号……254

第七节 催化转换器……255
一、写出三元催化器的催化原理……255
二、催化转换器的结构和类型……256
三、催化转化对象……256
四、催化转化器的工作条件……256

五、氧传感器的作用 257
　第八节　窄带型氧传感器 257
　　一、什么是功能性陶瓷材料 257
　　二、氧化锆式氧传感器 257
　　三、氧化钛式氧传感器的信号特点 257
　　四、氧传感器功能 257
　　五、氧传感器加热器作用 258
　　六、氧传感器故障诊断 258
　　七、氧传感器万用表检查 258
　第九节　空燃比反馈控制 259
　　一、为什么要进行空燃比反馈控制 259
　　二、空燃比反馈控制过程 259
　　三、反馈控制实施条件 259
　　四、学习空燃比如何控制 259
　第十节　宽带型氧传感器 260
　　一、宽带型氧传感器结构 260
　　二、宽带型氧传感器原理 260
　　三、丰田宽带型氧传感器信号特点 260

第三章　燃油喷射系统 261

　第一节　汽油喷射系统简介 261
　　一、汽油喷射系统分类 261
　　二、缸外混合气形成系统 261
　　三、缸外汽油喷射发动机的优点 262
　第二节　燃油喷射方式 263
　　一、缸外喷射燃油供给系统 263
　　二、缸外喷射方式 264
　　三、缸内直接喷射系统 264
　第三节　电动燃油泵 264
　　一、燃油泵 264
　　二、燃油泵诊断 265
　　三、燃油泵电路 265
　　四、丰田油泵电路 266
　　五、燃油供给系统检修步骤 266
　第四节　喷油器 266
　　一、喷油器结构 266

二、喷油器分类 267
　　三、喷油器驱动 267
　　四、平衡测试 267
　　五、清洗喷油器 268
第五节　供油系统的其他元件 268
　　一、燃油滤清器作用 268
　　二、燃油导轨作用 268
　　三、燃油压力调节器原理 268
　　四、脉动阻尼减震器原理 269
第六节　喷油量控制 269
　　一、不同工况的空燃比如何控制 269
　　二、喷射时间组成 270
　　三、燃油停供 270
第七节　喷油器波形分析 270
　　一、信号的区别 270
　　二、喷油器驱动信号 271
　　三、喷油器波形分析 271
第八节　典型燃油压力故障 272
　　一、什么是加速不良 272
　　二、急加速不良的原因分析 272
　　三、急加速不良故障诊断步骤 272
　　四、燃油系统的日常检修注意事项 272
第九节　缸内直喷发动机简介 273
　　一、缸内直喷发动机分类 273
　　二、缸内直喷发动机优点 273
第十节　直喷稀燃发动机理论 274
　　一、直喷稀燃方法 274
　　二、直喷稀燃存在的问题 274
　　三、设计和构造 275
　　四、运行方式 276
第十一节　国内投入批量生产的直喷发动机 277
　　一、写出缸内直喷供给系统组成 277
　　二、低压系统元件作用 278
　　三、高压系统元件 278

第四章　点火系统 279
第一节　传统点火系统简介 279

一、机械触点式点火系统 279
二、电磁点火系统 279
三、霍尔点火系统 279

第二节　微机控制点火系统基础 280
一、最佳点火提前角的确定 280
二、点火能量控制 280
三、微机控制点火系统 280

第三节　尼桑汽车分电器点火控制 281
一、尼桑分电器点火系统简介 281
二、尼桑分电器结构 281
三、点火系统电路图 281

第四节　丰田汽车分电器点火系统 282
一、丰田5A—FE发动机 282
二、点火系统组成 282
三、点火控制电路 282

第五节　大众汽车点火系统 282
一、捷达ATK两阀发动机 282
二、双缸同时点火控制 283
三、单缸独立点火方式 284

第六节　其他点火系统举例 285
一、一个点火模块内置多个放大器 285
二、带正时偏差的单缸双火花塞系统特点 285
三、点火模块集成在微机内部的特点 285

第七节　气缸不做功的判断 285
一、气缸不做功的可能原因 285
二、失火率与排放的关系 286
三、监控末级功率三极管的失火监测方法 286
四、检测曲轴转速的变动的失火检测方法 286

第八节　点火系统检查 286
一、点火系统检查技能 286

第五章　怠速控制 289

第一节　怠速控制内容 289
一、怠速转矩 289
二、怠速转速 289
三、怠速控制 289

四、转矩提升 ……………………………………………………… 289
　　五、怠速控制内容 ………………………………………………… 290
第二节　怠速控制类型 …………………………………………………… 291
　　一、旁通空气道式 ………………………………………………… 291
　　二、节气门直动式 ………………………………………………… 291
第三节　旋转滑阀式 ……………………………………………………… 291
　　一、旋转滑阀简介 ………………………………………………… 291
　　二、旋转滑阀电路 ………………………………………………… 292
　　三、旋转滑阀式怠速控制机构控制内容 ………………………… 292
　　四、旋转滑阀式怠速控制机构检查 ……………………………… 293
第四节　步进电动机式 …………………………………………………… 293
　　一、六线步进电动机 ……………………………………………… 293
　　二、步进电动机式怠速控制执行机构的控制内容 ……………… 293
　　三、怠速控制执行机构检查 ……………………………………… 294
　　四、四线制步进电动机检查 ……………………………………… 295
第五节　电子节气门式 …………………………………………………… 295
　　一、大众半电子节气门 …………………………………………… 295
第六节　基本设定和自适应 ……………………………………………… 296
　　一、基本设定 ……………………………………………………… 296
　　二、怠速基本设定 ………………………………………………… 296
　　三、自适应 ………………………………………………………… 296
　　四、怠速自适应 …………………………………………………… 296
　　五、基本设定条件 ………………………………………………… 296
　　六、节气门基本设定过程 ………………………………………… 297
第七节　怠速控制故障诊断与排除 ……………………………………… 297
　　一、怠速进气量不足 ……………………………………………… 297
　　二、单、双旁通气道影响 ………………………………………… 297
　　三、节气门错误调整 ……………………………………………… 298
　　四、电子节气门体过脏导致 ASR 灯亮 ………………………… 298
　　五、空气计量方式影响 …………………………………………… 298
　　六、发动机 ECM（ECU）怠速接口驱动装置损坏 …………… 299
　　七、怠速控制系统性检查 ………………………………………… 299

第六章　节气门体控制系统 …………………………………………… 300

第一节　加速踩板位置传感器 …………………………………………… 300
　　一、加速踏板位置传感器分类 …………………………………… 300

二、霍尔式节气门位置传感器 ·· 300
三、变压器式位置传感器的工作原理 ·· 301

第二节 节气门位置传感器 ·· 301
一、节气门位置传感器的作用 ·· 301
二、节气门位置传感器的分类 ·· 301
三、接触式节气门位置传感器的工作原理 ···································· 301
四、霍尔式节气门位置传感器 ·· 301
五、变压器式节气门位置传感器的工作原理 ·································· 302

第三节 全电子节气门体控制系统 ·· 302
一、系统组成 ··· 302
二、什么叫发动机扭矩控制 ·· 302
三、加速踏板传感器失效 ··· 302
四、节气门位置传感器失效 ·· 303

第四节 节气门体故障 ·· 303
一、节气门体过脏超过自适应上限 ·· 303
二、节气门体加热管堵塞的原因 ·· 303
三、基本设定的意义 ·· 303
四、节气门电动机 V60 扫膛原因 ··· 304
五、紧急制动时发动机熄火的原因 ·· 304

第七章 进气系统控制 ·· 305

第一节 可变配气相位技术 ··· 305
一、链张紧式 ··· 305
二、叶片式正时调节机构 ··· 306

第二节 可变进气管长度技术 ·· 306
一、可变进气管长度 ·· 306
二、可变进气管长度技术 ··· 307
三、进气管长度无级调节 ··· 307
四、可变进气系统真空作用器的控制 ··· 307
五、可变进气系统检查 ·· 307

第三节 发动机谐振增压 ·· 308
一、谐振增压作用 ··· 308
二、谐振增压结构 ··· 308

第四节 大众涡轮增压系统控制 ··· 308
一、涡轮增压简介 ··· 308
二、发动机改进 ·· 309

三、两种废气涡轮增压结构 …………………………………… 309
　　四、涡轮增压控制 ………………………………………………… 310
　　五、废气涡轮增压系统的检查 …………………………………… 310
　　六、涡轮增压系统常见故障 ……………………………………… 311
　　七、与涡轮增压系统易混故障 …………………………………… 312

第八章　排放控制系统 ……………………………………………… 313

第一节　排放控制技术 ……………………………………………… 313
　　一、汽车公害有哪些 ……………………………………………… 313
　　二、汽车排污的三个来源 ………………………………………… 313
　　三、有害物处理办法 ……………………………………………… 313
　　四、燃烧前处理控制 ……………………………………………… 313

第二节　二次空气喷射控制 ………………………………………… 314
　　一、二次空气系统喷射统作用 …………………………………… 314
　　二、二次空气系统喷射统 ………………………………………… 314

第三节　油箱蒸发物控制 …………………………………………… 314
　　一、活性炭罐蒸发控制 …………………………………………… 314
　　二、油箱泄漏检测系统 …………………………………………… 315

第四节　废气再循环控制 …………………………………………… 315
　　一、废气再循环控制作用 ………………………………………… 315
　　二、废气再循环控制基本原理 …………………………………… 315
　　三、什么是 EGR 率 ……………………………………………… 316
　　四、开环和闭环控制 ……………………………………………… 316
　　五、宝来 1.8L 发动机 EEGR 系统 ……………………………… 316
　　六、宝来 1.8L 发动机 EEGR 系统检修 ………………………… 316
　　七、EGR 系统自诊断 …………………………………………… 317

第五节　曲轴箱强行通风系统（PCV）…………………………… 317
　　一、曲轴箱强行通风系统（PCV）的作用 ……………………… 317
　　二、开式和闭式曲轴箱强行通风 ………………………………… 317
　　三、PCV 阀量控制 ……………………………………………… 318

第九章　电控发动机的自诊断 ……………………………………… 319

第一节　车间技术 …………………………………………………… 319
　　一、汽车修理行业发展趋势 ……………………………………… 319
　　二、汽车修理行业发展产生的影响 ……………………………… 319
　　三、车间维修流程 ………………………………………………… 320

四、电子服务信息 320
五、汽车—系统—分析（FSA）的内容 320
六、测试方法 321
七、车间修理流程实例 321

第二节 汽车 OBD Ⅱ 321
一、什么是通信协议 321
二、故障诊断连接器 321
三、故障代码 322

第三节 数据分析 322
一、串行数据的含义 322
二、串行数据诊断的局限性 322

第四节 电控发动机诊断技巧 323
一、诊断顺序和原则 323
二、发动机电控系统的软故障诊断 323
三、故障码的分类 323

第一章

汽油机燃烧理论

第一节　汽油的使用性能

❋ 一、汽油的挥发性

❋ 二、含硫量多少合格

❋ 三、燃油添加剂的作用

❋ 四、汽油的抗爆性如何评价

五、汽油的化学安定性和物理稳定性

_____
_____
_____

六、汽油中腐蚀性物质的影响

_____
_____
_____

七、汽油中机械杂质和水份的影响

_____
_____
_____

第二节 汽油发动机正常燃烧条件

一、汽油发动机正常燃烧对空燃比的要求

(一) 空燃比和过量空气系数 λ

_____
_____
_____

(二) 不考虑排放达标的情况下空燃比对发动机动力性和经济性的影响

_____
_____
_____

(三) 在考虑排放达标的情况下对空燃比的要求

(四) 发动机工况

1. 发动机工况分类

1）不稳定工况

2）稳定工况

2. 化油器稳定工况的混合气要求

1）怠速工况

2）小负荷工况

3）中等负荷工况

4）大负荷工况

5）全负荷工况

3. 电喷发动机不同工况混合气

4. 过渡工况要求的混合气（四个不稳定工况）

1）冷车起动时

2）冷车暖机

3）发动机加速时

4）减速倒拖时

二、汽油发动机正常燃烧对点火正时和能量的要求

（一）能产生足够的点火能量

1. 能产生足以击穿火花塞电极间隙的电压

2. 火花具有足够的电流和放电时间时的点火能量

(二) 点火时刻必须适应发动机工作情况

1. 什么是点火时刻

2. 最佳点火时刻指什么

3. 影响最佳点火提前角的主要因素

写出下列影响的点火提前角是增加还是减小。

1）启动及怠速点火角

2）发动机转速

3）负荷

4）汽油辛烷值

5）空燃比

6）大气压力

7）冷却水温

8）进气温度

9）压缩比

10）火花塞的数量

第三节　汽油机排放基本理论

一、不充分燃烧造成废气排放的三元气体是什么

二、空气成份造成废气排放是怎么的产生

三、五种主要排放气体

1. 二氧化碳（CO_2）正常标准是多少？超过标准或低于标准说明什么？

2. 氧气（$O2$）正常标准是多少？超过标准或低于标准说明什么？

3. 一氧化碳（CO）正常标准是多少？超过标准或低于标准说明什么？

4. 碳氢化物（HC）正常标准是多少？超过标准或低于标准说明什么？

5. 氮氧化物（NO_x）正常标准是多少？超过标准或低于标准说明什么？

四、空燃比与五种气体的排放关系

写出图 1—11 中五种气体与空燃比的关系。

_____

_____

_____

五、发动机排放标准

国 Ⅵ 标准没有汽、柴油之分,国 Ⅵ 采用了燃料中性的原则,什么是中性原则:

_____

_____

_____

第二章

发动机系统传感器

第一节 传感器的性能要求

一、写出发动机传感器名称

写出图 2-1 皇冠发动机电控系统传感器元件组成

_____

_____

写出图 2-2 皇冠发动机电控系统传感器元件组成

_____

_____

二、ECU 对传感器的信号性能有什么要求

_____

_____

_____

第二节 空气流量计

一、作用

1. 作用

_____

_____

2. 失效替代

二、空气流量计分类

三、写出热线式空气流量计基本原理

写出图 2-4 热线式空气流量计原理。

四、写出电路图原理

写出图 2-5 热线式空气流量计电路图工作原理。

五、空气流量计故障分析

1. 空气流量计信号过小时

2. 空气流量计信号过大时

3. 对换挡的影响

4. 对空调的影响

第三节　进气歧管压力传感器

一、进气歧管压力传感器的作用和失效

1. 作用

2. 失效

二、进气歧管压力传感器的类型

三、半导体压敏电阻式

1. 什么是压阻效应

2. 结构

_____

_____

3. 写出工作原理

写出图 2-7 压敏电阻式进气压力传感器工作原理。

_____

_____

写出图 2-8 压力传感器电路图工作原理。

_____

_____

四、有关压强的概念

1. 什么是绝对压力

_____

_____

_____

2. 什么是相对压力

_____

_____

_____

3. 什么是真空度

_____

_____

_____

写出图 2-9 绝对压力、相对压力、真空度三者之间的关系：B 点相对压力为 200 kPa，而绝对压力为多少 kPa，B 点能不能用真空度表示。A 点的绝对压力为 30 kPa，真空度为多少 kPa，A 点能不能用相对压力表示。

_____

_____

五、进气压力传感器诊断

根据图 2-10 压力传感器和进气温度传感器图完成下列检查。

1. 供电检查

_____

_____

_____

2. 信号输出检查

_____

_____

_____

3. 数据流检查

_____

_____

_____

六、绝对压力传感器影响因素和故障

1. 点火时间过迟

_____

_____

_____

2. 配气相位不正常

_____

_____

_____

3. 进、排气系统泄漏和堵塞

_____

_____

_____

七、附加内容

1. 电容式进气压力传感器信号是什么类型

2. 大气压力传感器作用和位置

第四节　发动机温度类传感器

一、发动机温度传感器种类

1. 水温传感器作用

2. 进气温度传感器作用

3. 排气温度传感器作用

二、发动机温度传感器分类

_____
_____
_____

三、热敏式温度传感器

1. 负温度系数（NTC）
写出图 2-11 热敏电阻式水温传感器工作曲线特点。

_____
_____
_____
_____

四、传感器信号采集

1. 水温传感器原理
写出图 2-12 丰田车系水温传感器电路图工作原理。

_____
_____
_____

2. 水温传感器的自诊断
写出图 2-13 水温传感器的自诊断原理。
1）线路如何诊断

_____
_____

2）时间模型如何诊断

_____
_____

五、温度传感器替代

1. 水温传感器替代值

2. 进气温度传感器替代值

六、温度传感器诊断

1. 阻值测量

2. 检测仪检测

第五节　爆燃控制

一、什么是爆燃

二、写出爆燃危害

_____
_____
_____

三、写出爆燃传感器类型

_____
_____
_____

四、写出丰田爆燃传感器结构

_____
_____
_____

五、写出爆燃控制电路原理

写出图 2-20 平面型爆燃控制传感器电路图工作原理。

_____
_____

六、爆燃控制

1. 爆燃信号如何判断

_____
_____

2. 爆燃缸如何判别

_____
_____

七、爆燃数据流如何分析

八、爆燃传感器如何自诊断

第六节　怠速转矩提升信号

一、负荷扭矩提升

1. 什么是怠速扭矩提升

2. 怠速工况如何识别

二、怠速负荷提升信号

1. 发电机负荷信号如何控制怠速提升

2. 空调作用信号（A/C）如何控制怠速提升

_____
_____
_____

3. 空挡位置开关如何控制怠速提升

_____
_____
_____

4. 离合器开关信号如何控制怠速提升

_____
_____
_____

5. 制动开关信号如何控制怠速提升

_____
_____
_____

6. 动力转向开关信号如何控制怠速提升

_____
_____
_____

第七节　催化转换器

一、写出三元催化器的催化原理

写出图 2-25 三元催化器（TWC）的催化转化原理。

_____
_____

二、催化转化器的结构和类型

1. 陶瓷单体式特点

2. 金属单体式特点

三、催化转化对象

1. 双床催化转化器特点

2. 三元催化转化器特点

3. NO_x 储存式催化转化器特点

四、催化转化器的工作条件

🕸 五、氧传感器的作用

_____

_____

_____

第八节　窄带型氧传感器

🕸 一、什么是功能性陶瓷材料

_____

_____

_____

🕸 二、氧化锆式氧传感器

写出图 2-26 窄带型氧化锆式氧传感器输出信号变化。

_____

_____

_____

🕸 三、氧化钛式氧传感器的信号特点

_____

_____

_____

🕸 四、氧传感器功能

1. 什么是空燃比反馈控制

_____

_____

2. 如何监测催化器转化效率

五、氧传感器加热器作用

六、氧传感器故障诊断

1. 什么是电信号的可信度

2. 什么是传感器动态响应

3. 主副氧传感器的信号如何比较

4. 加热器的作用

七、氧传感器万用表检查

1. 直接测量间接信号

2. 间接测量氧传感器电压

第九节　空燃比反馈控制

一、为什么要进行空燃比反馈控制

二、空燃比反馈控制过程

三、反馈控制实施条件

四、学习空燃比如何控制

第十节　宽带型氧传感器

一、宽带型氧传感器结构

二、宽带型氧传感器原理

三、丰田宽带型氧传感器信号特点

第三章

燃油喷射系统

第一节　汽油喷射系统简介

一、汽油喷射系统分类

二、缸外混合气形成系统

1. 什么是单点燃油喷射

1）低压节气门体喷射系统

2）高压节气门体喷射系统

2. 多点燃油喷射

1）机械喷射系统

2）机械—电子燃油喷射

3）多点燃油喷射

三、缸外汽油喷射发动机的优点

1. 起动性能好

2. 消除化油器中的节流效应

3. 进气管内燃料沉积减少

4. 进气管造型不受制约

5. 减弱了对加速力的敏感性

6. 各缸混合气分配均匀

7. 精确控制各工况混合气浓度和混合气量

8. 滑行工况汽油切断

9. 降低发动机高度

第二节　燃油喷射方式

一、缸外喷射燃油供给系统

1. 写出图 3-3 有回油管的燃油供给系统工作原理

2. 写出图 3-4 无回油管的燃油供给系统工作原理

二、缸外喷射方式

1. 什么是同时喷射

_____
_____
_____

2. 什么是分组喷射

_____
_____
_____

3. 什么是顺序喷射

_____
_____
_____

三、缸内直接喷射系统

1. 什么是分层燃烧

_____
_____

2. 什么是均质燃烧

_____
_____
_____

第三节　电动燃油泵

一、燃油泵

_____
_____

二、燃油泵诊断

下面介绍两种快速诊断燃油泵磨损的方法。

1. 油压表指针在某一中间位置略有停顿

---

2. 打起动开关不着火,第二次或第三次才着火

三、燃油泵电路

油泵控制要求：
1）车门开关控制

2）点火开关控制

3）发动机转速控制

4）起动挡控制

5）撞车断油控制

四、丰田油泵电路

1. 3GR-FE、5GR-FE 燃油泵控制电路

写出图 3-16 3GR-FE、5GR-FE 燃油泵控制电路工作原理。

2. CROWN3.0 燃油泵无级调速电路

写出图 3-17 CROWN3.0 燃油泵控制电路工作原理。

3. 大众油泵控制电路

写出图 3-18 捷达二阀油泵控制电路工作原理。

五、燃油供给系统检修步骤

第四节　喷油器

一、喷油器结构

二、喷油器分类

_____
_____
_____

三、喷油器驱动

1. 什么是低电阻喷油器电流驱动方式

_____
_____
_____

2. 什么是低电阻喷油器电压驱动方式

_____
_____
_____

3. 什么是电阻喷油器电压驱动型

_____
_____
_____

四、平衡测试

1. 喷油量平衡测试如何做

_____
_____

2. 电阻平衡测试如何做

_____
_____

五、清洗喷油器

1. 自适应复位如何做

2. 超声波如何清洗

第五节　供油系统的其他元件

一、燃油滤清器作用

二、燃油导轨作用

三、燃油压力调节器原理

写出图 3-21 燃油压力调节器工作原理。

写出图3-22进气歧管内压力与燃油导轨内压力关系。

_____

_____

写出图3-23和图3-24滤清器总成内限压阀的工作原理。

_____

_____

_____

四、脉动阻尼减震器原理

写出图3-25脉动阻尼减震器的工作原理。

_____

_____

_____

第六节　喷油量控制

一、不同工况的空燃比如何控制

1. 起动阶段

_____

_____

_____

2. 怠速阶段

_____

_____

_____

3. 加、减速时

_____

_____

二、喷射时间组成

三、燃油停供

1. 什么叫减速时燃油停供

2. 什么叫发动机超速断油（最高转速限制）

3. 什么叫起动时燃油停供

第七节　喷油器波形分析

一、信号的区别

1. 什么是喷油器驱动信号

2. 什么是喷油器信号

二、喷油器驱动信号

1. 电压控制类型特点和要求

2. 电流控制类型特点和要求

三、喷油器波形分析

（一）电压控制型

1. 工作过程

2. 喷油器电压波形分析

（二）电流控制型

1. 工作过程

2. 电流控制型方法

3. 喷油器电压波形分析

第八节　典型燃油压力故障

一、什么是加速不良

二、急加速不良的原因分析

三、急加速不良故障诊断步骤

四、燃油系统的日常检修注意事项

第九节　缸内直喷发动机简介

一、缸内直喷发动机分类

1. 什么是均质

2. 什么是非均质

二、缸内直喷发动机优点

1. 脉冲增压可以实现

2. 采用更大的气门叠开角

3. 进气管内无燃料沉积

4. 进气管造型不受制约

5. 可以提高压缩比

6. 可以实现混合气分层

7. 冷却燃烧室部件

第十节　直喷稀燃发动机理论

一、直喷稀燃方法

1. 主副燃烧室式

2. 直接喷射式

二、直喷稀燃存在的问题

到目前为止，执行上述直喷稀燃喷射方式的装置中仍存在的问题，未来可以通过下述方法解决：

(一) 发动机转矩控制问题

1. 转矩需求如何进行

2. 转矩协调如何进行

3. 转矩执行如何进行

(二) NO_x 如何处理

三、设计和构造

1. 高压喷油器作用

2. 压力控制电磁阀作用

3. 高油压传感器作用

4. 低油压传感器作用

5. 电子节气门作用

6. 宽带型氧传感器作用

7. 进气管压力传感器作用

四、运行方式

（一）燃油供给和燃油喷射

1. 低压油路作用

2. 高压油路作用

（1）高压泵

（2）蓄压器/油轨

（3）压力传感器

_____
_____
_____

（4）压力控制阀

_____
_____
_____

（5）喷油器

_____
_____
_____

（二）混合气的形成和点火

1. 低负荷范围如何控制

_____
_____

2. 高负荷范围如何控制

_____
_____

3. 负荷范围变换如何控制

_____
_____

第十一节　国内投入批量生产的直喷发动机

一、写出缸内直喷供给系统组成

根据图 3-33 C6A6 Audi A6L 3.2L V6 FSI 发动机供油系统写出直喷燃油系统的组成。

_____
_____

二、低压系统元件作用

三、高压系统元件

(一) 高压油泵

1. 单活塞高压泵简介

2. 工作原理

1) 吸气冲程

2) 做功冲程

3) 压缩冲程

(二) 写出高压喷油器结构特点

第四章

点火系统

第一节 传统点火系统简介

【完成任务】过去三代传统点火系统的名称分别是_____、_____和_____。现代汽车点火系统控制系统是由_____系统控制。

一、机械触点式点火系统

【完成任务】在实车上找到图4-1传统点火系统组成,并将找到的元件在图中名称上直接打钩确认,防止遗漏,若实在没有此类实习车型,也可通过视频认识元件。

【完成任务】讲述一下磁感应点火系统的工作原理。

_____

_____

_____

二、电磁点火系统

【完成任务】在实车上找到图4-4传统点火系统组成,并将找到的元件在图中名称上直接打钩确认,防止遗漏,若实在没有此类实习车型,也可通过视频认识元件。

【完成任务】讲述一下磁感应点火系统的工作原理。

_____

_____

_____

三、霍尔点火系统

【完成任务】在实车上找到图4-6传统点火系统组成,并将找到的元件在图中名称上直接打钩确认,防止遗漏,若实在没有此类实习车型,也可通过视频认识元件。

【完成任务】讲述一下霍尔点火系统的工作原理。

第二节　微机控制点火系统基础

微机控制点火系统不再像霍尔点火系统是一个独立的系统，点火功能只是电控发动机微机控制功能的一个功能。

一、最佳点火提前角的确定

正常行驶的基本点火提前角由什么传感器确定？

3. 修正点火提前角包括什么修正？修正方向是什么？

二、点火能量控制

点火能量控制的信号有哪些？

三、微机控制点火系统

以图4-10大众捷达轿车控制点火的方法为例来介绍微机点火系统，其他发动机控制方式与其基本相同，电脑进行点火正时控制工作步骤如下。

（1）写出点火提前角确定方法。
_____
_____
_____

（2）写出压缩上止点前72°信号确定方法。
_____
_____
_____

（3）写出1°计算机时间计算方法。
_____
_____
_____

【完成任务】大众汽车发动机在某节气门开度下，发动机转速为1 200 r/min，查询这瞬间工况的点火提前角为24°，试问从微机收到72°信号后，微机需要多长时间开始点火：_____。

第三节　尼桑汽车分电器点火控制

❀ 一、尼桑分电器点火系统简介

❀ 二、尼桑分电器结构

【完成任务】在实车上找到图4-11点火系统组成，并将找到的元件在图中名称上直接打钩确认，防止遗漏，若实在没有此类实习车型，也可通过视频认识元件。

❀ 三、点火系统电路图

【完成任务】用四通道示波器测出尼桑2000发动机分电器点火系统上止点信号、1°信号以及中心高压线点火波形信号，描述三个信号的幅值、频率，以及随发动机转速变化的描述。
_____
_____
_____

第四节 丰田汽车分电器点火系统

一、丰田 5A—FE 发动机

二、点火系统组成

【完成任务】在实车上找到图 4-13 点火系统组成,并将找到的元件在图中名称上直接打钩确认,防止遗漏,若实在没有此类实习车型,也可通过视频认识元件。

三、点火控制电路

【完成任务】画出丰田 8A-FE 发动机分电器点火系统的结构示意图,并说出工作原理;急速时,用示波器捕捉 G、NE 信号和高压信号,并将所用的时基和幅值记录下来_____;用手机照下波形分析,描述其特征:_____;
写出点火模块的端子字母缩写的英文 C_____;EXT_____;B_____;T_____;F_____。

第五节 大众汽车点火系统

一、捷达 ATK 两阀发动机

【完成任务】根据图 4-23 画出捷达轿车电控发动机双缸同时点火系统的内部电路图,

并说出工作原理；

请在捷达双缸同时点火线圈上找到 A、B、C 和 D 标记，并插上实车的高压线，写出插对的现象是什么：_____，插错高压线的现象是什么：_____。

技师指导：捷达双缸同时点火线圈壳体开裂会引起的点火能量不足。

二、双缸同时点火控制

1. 1 缸压缩上止点前 72°信号

【完成任务】完成凸轮轴位置传感器的拆装和波形测试，并描述波形的幅值、频率随发动机转速的变化特点。

_____

_____

_____

2. 曲轴转速信号

【完成任务】完成曲轮轴位置传感器的拆装和波形测试，并描述波形的幅值、频率随发动机转速的变化特点。

_____

_____

_____

3. 凸轮轴、曲轴信号的波形与点火对应关系

【完成任务】采用四通道示波器，完成凸轮轴位置传感器、曲轴位置传感器和点火波形测试，并描述点火提前角的变化特点。

_____
_____
_____

【完成任务】

你认为使用示波器会进行哪两项调整最重要：_____和_____。

高压感应钳使用方法，你会吗：_____。

你用什么时基和幅值发现了三个波形：_____。

停车后，拆下曲轴位置传感器看发动机能否起动工作，分析原因：_____。再拆下凸轮轴看发动机能否起动工作，分析原因：_____。若发动机起动工作了，对发动机有什么影响：_____；分析这样设计的好处：_____。

三、单缸独立点火方式

1. 点火线圈结构

写出图 4-24 奥迪 1.8T 的点火线圈的特点。

_____
_____
_____

2. 单缸独立点火方式电路图

【完成任务】能够画出奥迪汽车电控发动机单缸独立点火系统的电路图，并说出工作原理。

【完成任务】 单缸独立点火系统没有高压线，无法进行高压线吊火，若给你一个备用火花塞，如何判别高压火是否产生？请实践测试火花塞的跳火颜色。

第六节　其他点火系统举例

一、一个点火模块内置多个放大器

单独的点火模块的直接点火系统特点。

二、带正时偏差的单缸双火花塞系统特点

三、点火模块集成在微机内部的特点

第七节　气缸不做功的判断

一、气缸不做功的可能原因

二、失火率与排放的关系

目前常用的失火检测方法有两种，分别是什么？

_____

_____

_____

三、监控末级功率三极管的失火监测方法

写出图 4-14 丰田初级点火反馈技术原理和优缺点。

_____

【完成任务】怠速工况时，捕捉 IGT、IGF 信号和高压电信号，并将所用的时基和幅值记录下来_____；将 IGT、IGF 信号和高压电三个波形放在一起分析。

描述特征：_____

_____。

四、检测曲轴转速的变动的失火检测方法

【完成任务】

人为制造不做功和做功弱两种失火故障，怠速工况时用示波器捕捉凸轮轴信号、曲轴信号和二次高压信号，并将所用的时基和幅值记录下来_____；通过测温仪测量火塞尾部温度为多少：_____；找出人为制造不做功的气缸，你是否能正确找出：_____；

用大众专用 VAS5052 检测仪检查是否有失火故障码：_____。

第八节　点火系统检查

一、点火系统检查技能

【完成任务】在一个正常工作的分电器点火系统中，通过吊火测试掌握方法。在这个分电器点火系统中设计一个实际中常见的故障。让学生通过吊火法判别故障在初级电路还是在次级电路，并能进行细分判别操作。请将测量感悟写下来。

_____

_____

【完成任务】让学生听一个正常调节好的分电器点火系统急加速时的声音，学生听完后，教师将分电器转动，分别制造点火提前和滞后两种情况，然后由学生听分电器点火系统点火正时是提前还是滞后，并进行相应的反向调整操作。请将测量感悟写下来。

_____

_____

【完成任务】在双缸同时点火系统中，通过"备用火花塞吊火测试"，能够判别故障在初级电路还是在次级电路，并能进行再细分的判别操作。请将测量感悟写下来。

_____

_____

【完成任务】在单缸独立点火系统中，通过"备用火花塞吊火测试"，能够判别故障在初级电路还是在次级电路，并能进行细分判别操作。请将测量感悟写下来。

_____

_____

【完成任务】通过急加速吊火测试的方法判别点火系统点火能量不足，注意观察火花颜色和听跳火的声音，正常和火弱的对比一下。请将测量感悟写下来。

_____

_____

【完成任务】通过发动机和排气管的燃烧噪声、发动机的抖动，以及排气管的烟态和味道识别发动机缸内点火系统的状态。请将测量感悟写下来。

_____

_____

【完成任务】将有故障的火花塞安装到发动机上，观察发动机工作时的故障现象，通过断缸法找出有故障的火花塞，并进行间隙、积炭和电阻的检查操作，并能进行火花塞更换的力矩操作。请将测量感悟写下来。

_____

_____

【完成任务】将有个别损坏的成组旧高压线安装在发动机上，通过电阻和漏电的检查找

第四章 点火系统

出有故障高压线，并进行新成组高压线的正确更换，注意不要乱缸。在下面写清发动机的现象及测量时的现象和数据。

【完成任务】将一支损坏的点火线圈装在四缸发动机上，由学生来检查点火线圈所在缸是哪一缸。将确定有故障的点火线圈取出后，与正常的点火线圈做低压引脚间和高压输出间的电阻测量。请将测量感悟写下来。

【完成任务】用示波器或发光二极管检查点火驱动是否正常，将检查时的方法和结果写在下面。

第五章

怠速控制

第一节　怠速控制内容

一、怠速转矩

二、怠速转速

三、怠速控制

四、转矩提升

五、怠速控制内容

1. 起动控制

___

2. 起动后控制

___

3. 暖机过程控制

___

4. 转速反馈控制

___

5. 负荷变化的控制

___

6. 学习控制

___

7. 减速控制

___

第二节 怠速控制类型

一、旁通空气道式

1. 旋转滑阀式

___
___
___

2. 步进电动机式

___
___
___

二、节气门直动式

1. 半电子节气门式

___
___
___

2. 全电子节气门式

___
___
___

第三节 旋转滑阀式

一、旋转滑阀简介

1. 单绕组式

___
___

2. 双绕组式

🌀 二、旋转滑阀电路

🌀 三、旋转滑阀式怠速控制机构控制内容

1. 起动控制

2. 暖机控制

3. 反馈控制

4. 发动机负荷变化时的控制

5. 学习控制

四、旋转滑阀式怠速控制机构检查

1. 检查 ISC 阀阻值

2. 检查 ISC 阀

第四节　步进电动机式

一、六线步进电动机

1. 步进电动机结构

2. 步进电动机电路

二、步进电动机式怠速控制执行机构的控制内容

1. 起动初始位置设定

2. 起动后控制

3. 暖机控制

4. 反馈控制

5. 发动机转速变化的预控制

6. 学习控制

三、怠速控制执行机构检查

1. 车上检查

2. 检查 ISC 阀电阻

3. 检查 ISC 阀工作情况

四、四线制步进电动机检查

1. IAC 阀结构和原理

2. 检修 IAC 阀

第五节　电子节气门式

一、大众半电子节气门

1. 节气门电位计（G69）作用

2. 怠速节气门电位计（G88）作用

3. 怠速开关（F60）作用

4. 怠速调节电动机（V60）作用

第六节　基本设定和自适应

一、基本设定

二、怠速基本设定

三、自适应

四、怠速自适应

五、基本设定条件

六、节气门基本设定过程

第七节　怠速控制故障诊断与排除

一、怠速进气量不足

1. 故障现象

2. 故障原因

3. 故障诊断与排除

二、单、双旁通气道影响

1. 单旁通气道

2. 双旁通气道

三、节气门错误调整

四、电子节气门体过脏导致 ASR 灯亮

1. 故障现象

2. 故障原因

五、空气计量方式影响

1. 外漏

2. 内漏

六、发动机 ECM（ECU）怠速接口驱动装置损坏

1. 测量端子现象

___

___

___

2. 故障原因

___

___

___

七、怠速控制系统性检查

1. 检查顺序

___

___

___

2. 诊断仪检查过程

___

___

___

大众捷达半电子节气门检查怠速数据：

___

___

第六章 节气门体控制系统

第一节 加速踩板位置传感器

一、加速踏板位置传感器分类

二、霍尔式节气门位置传感器

1. 霍尔效应的应用

2. 工作原理

3. 双传感器信号输出特点

三、变压器式位置传感器的工作原理

第二节 节气门位置传感器

一、节气门位置传感器的作用

二、节气门位置传感器的分类

三、接触式节气门位置传感器的工作原理

四、霍尔式节气门位置传感器

1. 节气门体的结构

2. 信号输出的特点

_____

_____

_____

五、变压器式节气门位置传感器的工作原理

_____

_____

_____

第三节　全电子节气门体控制系统

一、系统组成

写出图6-16丰田发动机电子节气门系统组成。

_____

_____

_____

二、什么叫发动机扭矩控制

_____

_____

_____

三、加速踏板传感器失效

1. 一个传感器的信号失效

_____

_____

2. 两个传感器的信号失效

_____
_____
_____

四、节气门位置传感器失效

_____
_____
_____

第四节　节气门体故障

一、节气门体过脏超过自适应上限

_____
_____
_____

二、节气门体加热管堵塞的原因

_____
_____
_____

三、基本设定的意义

_____
_____
_____

四、节气门电动机 V60 扫膛原因

五、紧急制动时发动机熄火的原因

第七章

进气系统控制

第一节　可变配气相位技术

一、链张紧式

1. 在中、低转速扭矩如何调整

2. 发动机高转速时功率如何调整

3. 传动链条安装注意事项

4. 可变进气正时系统的控制和自诊断

5. 大众可变进气正时机构的检查（以 BORA 数据为例）

二、叶片式正时调节机构

1. 基本要求

1）怠速如何调节

2）中等负荷如何调节

3）低速大负荷和中速大负荷如何调节

4）高速大负荷如何调节

5）低温如何调节

第二节　可变进气管长度技术

一、可变进气管长度

1. 进气管的惯性效应

2. 进气管波动效应

_____
_____
_____

✿ 二、可变进气管长度技术

1. 长进气道作用

_____
_____
_____

2. 短进气道作用

_____
_____
_____

✿ 三、进气管长度无级调节

_____
_____
_____

✿ 四、可变进气系统真空作用器的控制

写出高尔夫 A4 的真空作用元件控制原理。

_____
_____

✿ 五、可变进气系统检查

1. 一般性检查

_____
_____

2. 转换电磁阀 N156 检查

第三节　发动机谐振增压

一、谐振增压作用

二、谐振增压结构

写出图 7-27 直列发动机谐振增压工作原理。

第四节　大众涡轮增压系统控制

一、涡轮增压简介

1. 什么是涡轮增压

2. 增压的效益有哪些

❈ 二、发动机改进

1. 降低压缩比的改进作用

2. 供油系统的改进作用

3. 改变配气相位的改进作用

4. 设置分支排气管的改进作用

5. 冷却增压空气的改进作用

❈ 三、两种废气涡轮增压结构

1. 旁通阀门式涡轮增压器结构

2. 可调整叶片式涡轮增压器结构

___

四、涡轮增压控制

1. 增压控制

___

2. 超速切断控制

___

五、废气涡轮增压系统的检查

1. 检查废气涡轮增压系统的条件

___

2. 检查 G31 是否正常

___

3. 读取数据流

4. 机械部件检查

1）检查增压压力调节执行机构

2）检查空气再循环阀 N249

3）检查超速切断阀

🌀 六、涡轮增压系统常见故障

1. 增压器漏油故障的表现

2. 增压器漏油故障的原因分析

3. 预防故障应采取的措施

1）熄火前怠速运转降温

2）动机润滑系统的定期维护

3）叶片损伤

七、与涡轮增压系统易混故障

1. 空气滤清器堵塞

2. 空气流量计后漏气

3. 废气再循环阀卡滞

第八章

排放控制系统

第一节 排放控制技术

一、汽车公害有哪些

二、汽车排污的三个来源

三、有害物处理办法

四、燃烧前处理控制

1. 其他的燃烧前处理控制技术有哪些

2. 全新的发动机结构设计有哪些

_____

_____

_____

第二节　二次空气喷射控制

一、二次空气系统喷射统作用

_____

_____

_____

二、二次空气系统喷射统

写出图 8-3 奥迪 A6 二次空气系统组成和工作原理。

_____

_____

_____

第三节　油箱蒸发物控制

一、活性炭罐蒸发控制

1. 活性炭罐蒸发控制作用

_____

_____

_____

2. 活性炭罐蒸发控制工作原理

写出图 8-7 蒸发物排放控制系统工作原理。

_____

_____

3. 活性炭罐蒸发控制条件

_____

_____

_____

4. 活性炭罐蒸发控制数据分析

_____

_____

_____

✢ 二、油箱泄漏检测系统

1. 采用真空测试诊断燃油系统泄漏

写出图 8-8 采用真空测试诊断燃油系统的泄漏检查原理。

_____

_____

_____

2. 采用打压法诊断泄漏

写出图 8-9 在燃油系统加压测试检查的原理。

_____

_____

_____

第四节　废气再循环控制

✢ 一、废气再循环控制作用

_____

_____

✢ 二、废气再循环控制基本原理

_____

_____

三、什么是 EGR 率

四、开环和闭环控制

1. 开环控制

2. 闭环控制

写出图 8-11 宝来 1.8L 发动机的 EEGR 系统组成和工作原理。

五、宝来 1.8L 发动机 EEGR 系统

1. 工作条件

2. 工作原理

六、宝来 1.8L 发动机 EEGR 系统检修

1. 基本设定

2. 数据流分析

___
___
___

🌐 七、EGR 系统自诊断

1. 歧管压力传感器如何诊断

___
___
___

2. 基于怠速稳定性如何诊断

___
___
___

第五节　曲轴箱强行通风系统（PCV）

🌐 一、曲轴箱强行通风系统（PCV）的作用

___
___
___

🌐 二、开式和闭式曲轴箱强行通风

1. 开式曲轴箱通风的特点

___
___
___

2. 闭式曲轴箱通风的特点

三、PCV 阀量控制

1. 怠速或小负荷时 PCV 控制

写出图 8-15 怠速或小负荷时 PCV 如何控制。

2. 节气门全开时 PCV 阀控制

写出图 8-16 节气门全开时 PCV 阀如何控制。

第九章
电控发动机的自诊断

第一节　车间技术

哪些内容在故障诊断和故障寻找方面具有重要意义，是维护顾客利益、平衡双方心理的关键一环。

一、汽车修理行业发展趋势

许多因素会影响车间业务，目前的业务趋势是：

二、汽车修理行业发展产生的影响

1. 要求

为在今后能向市场提供高效的车间修理能力，车间必须适应目前的变化趋势。这些变化趋势将直接导致如下的结果：

2. 测量和检测技术

三、车间维修流程

1. 接受委托流程

_____
_____
_____

2. 保养和修理流程

_____
_____
_____
_____

四、电子服务信息

1. 支持车间流程的系统功能

ESI 是模块化的、用于技术贸易的软件产品,各个模块包含下列信息:

_____
_____

2. ESI 用户

ESI 的主要用户是汽车修理车间、部件及机组的修理工和零部件大批发商。它们利用这些技术信息的目的是:

_____
_____
_____

3. ESI 如何应用

_____
_____
_____

五、汽车—系统—分析(FSA)的内容

_____
_____
_____

六、测试方法

七、车间修理流程实例

第二节　汽车 OBD Ⅱ

一、什么是通信协议

二、故障诊断连接器

1. OBD Ⅱ故障诊断连接器引脚含义

2. EOBD 故障诊断连接器引脚含义

三、故障代码

第一位故障代码含义：

_____

_____

第二位故障代码含义：

_____

_____

第三位故障代码含义：

_____

_____

第四位和第五位故障代码含义：

_____

_____

_____

第三节　数据分析

一、串行数据的含义

_____

_____

_____

二、串行数据诊断的局限性

_____

_____

第四节　电控发动机诊断技巧

一、诊断顺序和原则

第一步：

第二步：

第三步：

二、发动机电控系统的软故障诊断

三、故障码的分类